DESCRIPTION

HISTORIQUE ET CRITIQUE

DE L'ITALIE.

DESCRIPTION
HISTORIQUE ET CRITIQUE
DE L'ITALIE,

OU

NOUVEAUX MÉMOIRES
sur l'état actuel de son Gouvernement, des Sciences, des Arts, du Commerce, de la Population & de l'Histoire Naturelle.

Par M. l'Abbé Richard.

*Hæc olim meminisse juvabit,
Per varios casus, per tot discrimina rerum,
Ænéid. I.*

TOME II.

NOUVELLE ÉDITION.

A PARIS,

Chez Delalain, Libraire, près la Comédie Françoise.

M. DCC. LXX.

TABLE
DES TITRES

Et Piéces contenus dans le second Tome.

1. *Etats du Duc de Parme.* Page 1
2. *Plaisance. Origine de cette Ville.* 5
3. *Eglises. Statues. Edifices publics.* 7
4. *Voie émilienne, route de Plaisance à Parme.* 11
5. *Borgo-san Domino, ville.* 12
6. *Passage du Taro.* 13
7. *Val di Taro. Fornoue. Velleïa.* 15
8. *Parme. Son origine. Sa situation.* 16
9. *Eglise cathédrale. Coupole peinte par le Correge.* 19
10. *Autres églises. Tableau de la Madonna della Scodella.* 23

Tome II. a*

TABLE DES TITRES.

11. Collége des nobles. 29
12. Palais du Duc de Parme. 30
13. Galerie. Tableau célèbre du Correge. 31
14. Grand théâtre. 34
15. Pallazo Giardino. Champ de bataille de 1733. 36
16. Idée de la Cour de Parme. 38
17. Population. Commerce. Industrie. Mœurs. 41
18. Duché de Modene. 45
19. Bords du Panaro. Fort Urbain. 48
20. Bolonnois. Etat eccléfiastique. 50
21. Bologne, ses révolutions. 51
22. Situation, grandeur, forme de Bologne. 56
23. Gouvernement de la ville & du pays. 58
24. Palais public. 61
25. Belle fontaine du Géant. 65
26. Idée générale des peintures de Bologne. 67
27. Cathédrale. Mont de piété. 69
28. S. Pétrone & autres églises. 71
29. Dominicains, bibliothéque, ma-

TABLE DES TITRES.

nuscrit célébre. 79
29. *S. Jean in Monte.* Curiosités de cette église. Epoque de la chute de la tour Garisende. 82
30. *Oratorio*, ou concert spirituel. 88
31. *S. Michel in Bosco.* 97
32. *Madonna di san Luca*, portiques qui y conduisent. 100
33. *Université.* Théâtre anatomique. 102
34. *Institut ou Académie des sciences* 107
35. *Bibliothéque*; manuscrits originaux d'Aldrovandi. 108
36. *Cabinet d'histoire naturelle à l'institut.* 115
37. *Salle d'anatomie.* Anna Mansolini habile artiste. 117
38. *Salle pour l'instruction des sages-femmes.* 119
39. *Académie Clémentine & Bénédictine.* 121
40. *Théâtres.* 124
41. *Palais & tableaux.* 126
42. *Galerie singuliere du palais Caprara.* 130
43. *Belle collection de tableaux du*

palais Zambeccari. 134
44. Mœurs & usages. 139
45. Maniere d'adoption singuliere. 142
46. Commerce. 147
47. Qualité de l'air. 150
48. Pierre & phosphore de Bologne. maniere de le préparer. 151
49. Route de Bologne à Ferrare. 155
50. Duché de Ferrare. 157
51. Situation de Ferrare. Restes de beauté. Citadelle. 160
52. Cathédrale & autres églises. 163
53. Palais du légat. Statues, &c. 166
54. Polesin de Rovigo aux Vénitiens. Sa position, ses bornes. 168
55. Rovigo, ancienne ville d'Adria. 169
56. Etats de la République de Venise. 172
57. Idée historique de Venise. Origine. Gouvernement. 173
58. Noblesse de Venise. Citadins. 178
59. Doge. Son élection. Prérogatives. 184

TABLE DES TITRES. v

60. *Mort du doge Loredan. Ses funérailles.* 188

62. *Election du doge Foscarini. Fêtes & bals de la république à ce sujet.* 195

63. *Usage de solliciter les charges. Procurateurs de S. Marc.* 202

64. *Conseils & tribunaux. Pregadi.* 210

65. *Conseil des dix.* 223

66. *Respect pour les loix & le gouvernement.* 226

67. *Cours souveraines de justice & autres magistratures.* 229

68. *Chancelier. Secrétaires de la république.* 234

69. *Gouvernement Ecclésiastique.* 237

70. *Revenus de la république.* 239

71. *Dépenses. Troupes de terre.* 240

72. *Souveraineté du golfe. Son étendue.* 245

73. *Officiers de mer & autres de terre ferme.* 249

74. *Idée générale de la ville de Venise. Beauté de ses édifices.* 253

75. *Gondoles.* 261

Table des Titres.

76. Description de Venise. Quartier de S. Marc. Eglise ducale de S. Marc. 264

77. Trésor de S. Marc. 273

78. Palais Ducal. 287

78. Salle du grand conseil. 290

79. Colonnes de la place Saint Marc. 300

80. Bibliothèque de la république. Antiques. Hôtel de la Monnoie. 301

81. Place S. Marc. Procuraties. Tour. Horloge. 208

82. Eglises de ce quartier. Palais Pisani & Bibliothéque. 315

83. Quartier di Castello. Arsenal de Venise. Gouvernement & police de l'arsenal. 323

84. Bucentaure. 335

85. San Pietro di Castello, cathédrale. Autres Eglises. La Piéta, conservatoire & Hôpital d'enfans trouvés. 338

86. S. Jean & S. Paul. Monumens curieux. Bibliothéque. Palais Grimani. Statues antiques. 351

87. Quartier du canal regio. 359

88. Services. Idée vraie & justificative de Fra-Paolo Sarpi. 366

89. Quartier Saint Paul. Pont de

TABLE DES TITRES.

Rialto. 369
90. Eglise & école de Saint Roch. 375
91. Quartier Sainte Croix. Eglises. Tableaux. 377
92. Quartier de dorso duro. Architecture. Peinture. Hôpitaux. 380
93. Magnifique Eglise de vœu. 382
94. Isles des environs de Venise. 388
95. Saint George le Majeur, Abbaye. Eglise. Maison. Jardin. 392
96. Murano, Ville Episcopale. Manufacture des glaces de Venise. 402
97. Palais Barbarigo. Tableaux du Titien. 404
98. Mœurs & usages. Inquisition. 406
99. Cérémonies religieuses. 410
100. Reproches faits aux Vénitiens. Bonnes qualités. 414
101. Choix des ambassadeurs. Soin d'entretenir l'union parmi les Nobles. 422
102. Jalousie du gouvernement républicain. 436

103. Maniere de vivre. Société. Courtisanes. 439
104. Usages particuliers des femmes. 446
105. Police de la ville. Usage de porter le masque en différentes saisons de l'année. 451
106. Citadins & peuples. Leurs mœurs & usages. 461
107. Fêtes & divertissemens publics. Cérémonies des épousailles de la mer. 470
108. Etat des sciences. 482
109. Musique & théâtres. 486
110. Soins de l'état pour le rétablissement des arts. 487
111. Gravure. Imprimerie 492
112. Commerce & industrie. 495
113. Denrées & productions du pays. 503
114. Loix somptuaires. 507
115. Qualités de l'air. 510
116. Canal de la Brenta. 512
117. Padoue. Ses révolutions. Sa situation. 514
118. Université. Cabinet d'histoire naturelle, &c. 517
119. Cathédrale. Sainte Justine. S.

TABLE DES TITRES.

Antoine. 522
120. *Féte du faint. Fertilité & productions du pays.* 528
121. *Route de Padoue à Vicence.* 530
122. *Eglifes. Palais. Edifices publics.* 531
123. *Théâtre olympique de Palladio.* 543
124. *Madonna di Monte Berrico. Grande ufine à filer la foie.* 539
125. *Vérone, fon ancienneté. Situation. Amphitéâtre & autres antiques.* 539
126. *Fortifications de la ville. Châteaux.* 547
127. *Eglifes & tableaux.* 549
128. *Palais. Cabinets de tableaux & de curiofités.* 551
129. *Théâtres.* 554
130. *Commerce. Induftrie. Température. Fertilité du pays.* 555
131. *Citadelle de Pefchiera. Lac de Guardia.* 557
132. *Breffe. Son antiquité. Population.* 559
133. *Eglifes & tableaux.* 561
134. *Bibliothéque publique. Palais*

Avogadro. 563
135. Gouvernement. Commerce. Productions. Priviléges du pays. 565
136. Bergame & pays. 568
137. Qualité du terroir. Maniere de le fertiliser. 573

Fin de la Table du Tome second.

DESCRIPTION

DESCRIPTION
HISTORIQUE
ET
CRITIQUE
DE L'ITALIE.

États du Duc de Parme. Bologne, Ferrare & Venise.

I. ES États du Duc de Parme sont divisés en quatre parties ou principautés. Le duché de Parme, celui de Plaisance, l'état de Busseto, la principauté de Val di Taro; à quoi il faut ajouter le duché de Guastalla, démembré du duché de Mantoue, dont les derniers traités de

États de Parme.

paix ont assuré la jouissance à l'infant duc de Parme. Cet état, qui a environ soixante lieues de circonférence, sur vingt dans sa plus grande longueur, & autant de largeur, est borné au couchant & au nord par le Milanois, au levant par le Modenois & une petite partie de la Toscane, au midi par les états de Gênes. Il est arrosé de beaucoup de ruisseaux & de quelques rivieres, qui coulent de l'Apennin dans le Pô, c'est-à-dire, du midi au nord. Les principales sont la Trebia, le Taro & la Parma. Quelques-unes sont navigables une partie de l'année, & sont d'une grande ressource pour le commerce. Comme elles ont toutes les inconvéniens des torrens, qu'elles sont sujettes à grossir, lorsqu'on s'y attend le moins, ne pouvant pas être retenues dans des lits fixes, le terrein étant trop plat, souvent elles arrêtent les voyageurs; & le Taro est aussi difficile à passer que la Trebia dont j'ai déja parlé, quoiqu'il y ait un bac pour en traverser la branche principale.

Ce pays, depuis la chute de l'empire d'occident, a souffert diverses révolutions peu connues : il étoit fief de l'Eglise, lorsque le pape Paul III le céda en souveraineté à Pierre-Louis Farnese son fils, pour le tenir comme vassal de l'Eglise, à la charge d'une redevance annuelle de huit mille écus romain (*a*).

L'empereur Charles V troubla le nouveau prince dans sa jouissance, il fut même assassiné à Plaisance en 1546,

---

(*a*) Le Pape Paul III, avant que d'entrer dans l'état ecclésiastique, avoit été marié; il avoit une fille nommée Constance, qui fut mariée & mourut sans enfans; & un fils nommé Pierre-Louis Farnese, qu'il fit duc de Parme & de Plaisance, villes qu'il retrancha de l'Etat de l'Eglise, auxquelles il substitua en échange la Principauté de Camerino & la seigneurie de Népi.

La maison Farnese, originaire de Toscane, est connue depuis 1288. Elle doit sa grandeur à Alexandre Farnese, né en 1468, qui fut Pape en 1534, sous le nom de Paul III. Le bourg & le château de Farnese sont dans le duché de Castro. Les ducs de Parme & de Plaisance de cette Maison ont été.... Pierre-Louis Farnese, mort en 1547..... Octave en 1586..... Alexandre en 1592.... Ranuce premier en 1622.... Odoard premier en 1646....Ranuce II en 1674.... Odoard II en 1693.... François & Antoine, dont a été héritiere Elisabeth, reine douairiere d'Espagne, morte le 11 Juillet 1766.

avant que l'empereur l'eût reconnu : mais Octave Farnese son fils ayant épousé Marguerite d'Autriche, fille naturelle de Charles V, la possession du duché de Parme fut assurée à la maison Farnese. Cette Marguerite d'Autriche est la même qui fut gouvernante des Pays-Bas, & mere d'Alexandre Farnese si connu par son gouvernement de Flandres, les guerres qu'il y fit, & son expédition en France pour le service de la ligue. Le dernier mâle de cette maison a été le duc Antoine, mort dans ce siécle, dont la princesse Elisabeth Farnese, reine d'Espagne, a été héritiere. C'est en vertu de ses droits que la branche espagnole de la maison de France posséde tous les biens de la maison Farnese en Italie ; la plupart à titre de fiefs de l'empire, ainsi que l'a reconnu l'infant Dom Carlos, roi de Naples, & ensuite d'Espagne (*a*).

(*a*) En 1738, Elisabeth Farnese, Reine d'Espagne, céda les duchés de Parme & de Plaisance à l'Empereur, pour conserver la paisible possession du Royaume de Naples à Dom Carlos son fils aîné. Par le traité de paix fait

Les ducs de Parme ont autrefois possédé les duchés de Castro & de Ronciglione, qui sont aujourd'hui réunis au patrimoine de saint Pierre, dont ils avoient été démembrés; pays dont les Farneses étoient originaires, & où l'on voit encore un bourg de leur nom.

La premiere ville des états du duc de Parme, en sortant du Milanois par la grande route qui conduit de Milan à Rome, est

2. *Plaisance.* Cette ville est située à un demi-mille environ du Pô, à près de deux milles de la Trebia, qui quelquefois l'inonde & se répand dans toute la partie méridionale de la ville. Il y a grande apparence que Plaisance doit son origine à une colonie Romaine qui y fut transportée l'an 350 de la fondation de Rome. Les Carthaginois, conduits par Amilcar, la pillerent & la brûlerent. Dans les temps qui succéderent à la destruction de Car-

<small>Origine de la ville de Plaisance.</small>

à Aix-la-Chapelle en 1748, l'Impératrice Reine de Hongrie a rendu Parme & Plaisance & le duché de Guastalle, qui a été démembré des états de Mantoue, à Dom Philippe, second Infant d'Espagne......

thage, elle fut rétablie dans un état plus brillant, & décorée des édifices qui contribuoient à la splendeur des grandes villes ; puisque dans la guerre qui s'éleva entre Othon & Vitellius, l'amphithéâtre qui étoit hors de l'enceinte de la ville, fut détruit (*a*). Avant ce temps-là, Cinna & Marius s'y étoient fortifiés contre le parti de Sylla. Cette ville a soutenu un siége fameux

---

(*a*) Plaisance, alors occupée par Spurina, partisan d'Othon, fut en vain assiégée par Cecinna, qui étoit à la tête du parti de Vittellius. Cette Ville étoit considérable. Tacite, (Hist. l. 2.) l'appelle *Coloniam virium & opum validam*, (Colonie riche & puissante.) Il y eut une action fort vive entre les troupes des deux partis, dans laquelle le bel amphithéâtre qui étoit hors de la Ville, fut brûlé. *In eo certamine pulcherrimum amphithéâtri opus, situm extrà muros, conflagravit.....* Le peuple crut que les habitans des Colonies voisines, jaloux de la beauté de cet édifice public, avoient profité de ces troubles pour le détruire par le feu. *Municipale vulgus, pronum ad suspiciones, fraude illata ignis alimenta, credidit, è vicinis coloniis invidiá & æmulatione, quòd nulla in Italiá moles tam capax foret.....* Il ne reste plus rien aujourd'hui de cet amphithéâtre si magnifique, que l'on croit avoir été au midi de la Ville....

contre Totila, Roi des Goths. Après la chute de l'Empire, lorsque le droit du plus fort étoit la loi dominante en Italie, pendant la fureur des factions des Guelphes & des Gibelins, les Scotti, les Landi, dont les descendans sont encore à Plaisance, les Turriani & les Visconti en furent successivement les maîtres; enfin elle passa sous le domaine de l'Eglise; voilà ce que l'histoire nous apprend du sort de cette ville, avant qu'elle appartint à la maison Farnese.

Aujourd'hui elle est capitale du duché de son nom, avec évêché suffragant de Bologne. Sa situation dans une plaine fertile, est belle & riante. Les princes de la maison Farnese l'ont fort embellie. La plus grande partie de ses rues sont larges & alignées; celle sur-tout qui sert de cours, est l'une des plus longues & des plus belles qu'ait aucune autre ville d'Italie. Ses murs sont bien entretenus. Ses fortifications, dont parlent quelques relations, sont peu considérables.

3. Les églises de Plaisance offrent plusieurs monumens dignes de la curiosité des voyageurs. On y voit des tableaux des meilleurs maîtres : la cou- {Eglises. Statues. Edifices publics.}

pole de la cathédrale, peinte par le Guerchin, est encore bien conservée & digne de l'attention des artistes, cette église d'une construction assez élégante, a trois nefs soutenues par des colonnes de granite d'Elbe; la croisée est partagée de même, ce qui est d'un effet piquant & noble; on y voit aussi un tableau de saint Martin, beau de couleur & d'expression. Les Bénédictins de saint Sixte possédoient autrefois un grand tableau d'autel peint par Raphaël, dont le sujet étoit une Vierge dans une gloire, avec une Sainte & un Pape à genoux. Le dernier roi de Pologne, électeur de Saxe, l'acheta en 1754, 40000 écus romains ou 200000 livres de notre monnoie.

L'église des chanoines réguliers de saint Augustin bâtie par Vignola, a cinq nefs qui ne font pas un grand effet, quoique bien éclairée, elle est trop peu élevée pour sa largeur; on montre dans la sacristie un grand tableau en bois, dont la plûpart des figures sont de plein relief, bien finies & traitées avec esprit, c'est le chef-d'œuvre de la patience & des talens d'un frere lai de cette maison.

La place principale est décorée de deux statues équestres en bronze, représentant Alexandre & Ranuce Farnese, vêtus à la grecque d'une maniere noble & gracieuse, avec le manteau flottant sur les épaules. Celle de Ranuce est la plus belle & la mieux finie. Celle d'Alexandre est plus fiere, le cheval sur-tout est magnifique à un défaut près, c'est que le sabot est retroussé de façon que le pied placé ne porteroit que sur la peince ; le cheval a l'encolure si haute & si chargée de crins, qu'elle couvre entiérement le cavalier, quoique ces masses tant par rapport à la matiere qu'à la forme du sujet, semble exiger une pésanteur réelle, elles sont cependant traitées avec beaucoup de légereté ; on y retrouve le *Svelte* qui caractérise les ouvrages de Jean de Bologne, maître de Macas qui a fait ces deux statues. Leurs piédestaux sont absolument trop petits & trop bas. Ils sont décorés de génies bien modelés, & de bas-reliefs, qui ont pour sujet quelques traits remarquables de la vie des deux princes que représentent les statues. Elles mériteroient une place réguliére & ornée, & celle-ci est environnée de bâtimens anciens, inégaux & de mauvais goût.

Le palais des ducs de Parme, bâti sur les desseins de Vignola, est d'une belle architecture : on dit que les dedans sont un modele pour la beauté des distributions, le goût & l'élégance de la décoration. Il paroît qu'il devoit être revêtu de marbre à l'extérieur, car les murailles ne sont que de brique. Il y a quelques fontaines dans cette ville, fort bien ornées. Hors des murs on voit un édifice considérable, bâti dans ce siécle aux frais du Cardinal Alberoni, né à Plaisance, pour y placer un collége ; mais il a été presque entiérement ruiné dans la derniere guerre d'Italie.

La population de Plaisance peut aller à vingt-cinq milles ames ; ce qui est bien peu pour une ville si étendue. Ce que j'en puis dire, c'est que son aspect, sa situation, ses places, ses rues, ses édifices répondent parfaitement au nom agréable qu'on lui a donné. Quoique fort ancienne, elle n'a point de ces rues étroites & tournantes que l'on remarque dans la plus grande partie des villes anciennement fondées : ce qui fait croire que les Farneſſes ont beaucoup travaillé à ſon embelliſſement.

En 1095, le pape Urbain II convoqua un concile à Plaiſance : le nombre des étrangers qui y vinrent, étoit ſi conſidérable, qu'on fut obligé de le tenir hors de la ville, en raſe campagne. On y comptoit plus de deux cens évêques, quatre mille tant abbés qu'eccléſiaſtiques, & trente mille laïques étranger. On y condamna l'héréſie de Beranger, & on y fixa le jeûne des quatre-temps aux jours auxquels nous l'obſervons.

4. L'ancienne voie émilienne, conſtruite ſous le conſulat de Lepidus & de Caïus Flaminius, commençoit à Plaiſance, & alloit juſqu'à Rimini par Parme, Modene & Bologne. Dans la ſuite des temps elle fut continuée de Plaiſance à Aquilée par Milan & Vérone, ainſi qu'on l'apprend par l'itinéraire d'Antonin, & les tables du Peutinger. On en voit encore quelques parties aſſez conſidérables, mais dans un état de délabrement qui fait craindre de les rencontrer. Le long de la route on a à droite la vue d'une partie des Apennins qui ſont fort élevés : il y a

Voie émilienne, route de Plaiſance à Parme.

quelques forêts peuplées de bêtes fauves, où l'infant du duc de Parme va souvent prendre le plaisir de la chasse. Au pied des montagnes sont plusieurs maisons de campagne & châteaux d'assez belle apparence. A gauche est la plaine où coule le Pô, dans laquelle le Milanois s'étend jusqu'au-delà de Crémone sur les frontieres du Mantouan. A douze milles de Plaisance on trouve Fiorenzuola, bourg de l'état de Busseto, dans une situation agréable. A quelques cents pas plus loin, toujours le long de la voie émilienne, est une abbaye de l'ordre de Cîteaux, dont les bâtimens sont vastes, & paroissent nouvellement construits. Antoine de Birague, abbé de ce monastere, y reçut en même temps François premier, roi de France, l'empereur Charles V. & le pape Paul III. C'est dans ces champs que Sylla défit Carbon en bataille rangée.

Borgo-san-Domnino, Ville.

5. *Borgo-san-Domnino*, petite ville épiscopale érigée par Clément VIII en 1601, est à douze milles de Fiorenzuola, sur la riviere du Stirone. On s'est trompé en écrivant que c'étoit l'ancienne Julia Chrisopolis, dont les ruines sont à cinq milles plus loin. La forme de cette ville est contre cette opi-

nion. Presque toutes les villes anciennes, sur-tout celles qui sont bâties en plaine, sont rondes, ou approchent de cette forme, & Borgo-san-Domnino n'a que deux rues en équerre fort ouverte: d'ailleurs cette ville n'est point fermée, & n'a aucun vestige d'antiquité. Il est plus probable qu'elle doit son origine & son accroissement au martyre & au tombeau de saint Domnin, officier de la maison de l'empereur Maximilien Hercule. Ce saint fuyant la cour qui étoit alors à Milan, fut arrêté par les soldats envoyés à sa poursuite sur les bords du Stirone, y eut la tête coupée, & y fut enterré en 304. Dans le même siécle, & sous les premiers empereurs chrétiens, on bâtit une église sur son tombeau: cet endroit devint si fréquenté, qu'il s'y forma une ville, ou au moins un bourg considérable. L'inspection des lieux favorise plus ce sentiment que tout autre. On sait encore que quantité de villes doivent leur origine, ou aux tombeaux de quelques martyrs, ou à des monasteres anciens.

6. A cinq milles plus loin on trouve le Taro, très-difficile à traverser quand il est grossi par les pluies. Ces torrens

<small>Passage du Taro.</small>

impétueux, qui coulent dans un terrein léger & fort mobile, se creusent, par le poids de leurs eaux, des lits inégaux, qu'il faut bien connoître pour risquer de les passer à gué, lorsqu'ils sont répandus au large. Quand il n'y a pas moyen d'avoir des barques pour les passer, il est sage d'imiter le flegme des Italiens, qui attendent patiemment que les eaux soient écoulées, plutôt que de risquer le passage. Il ne faut que voir ces lits à sec, pour être persuadé qu'ils changent de forme à chaque inondation; & que tel endroit qui étoit praticable la veille de la crue des eaux, devient un précipice, autant par la rapidité & la force des grandes eaux, qui souvent font des fouilles très-profondes, que par la quantité de terres & de gros cailloutages qu'elles entraînent dans leur cours.

Tout ce pays présente, du côté des montagnes, des points de vue très-agréables. La plaine est variée, riche, fertile, & par-tout bien cultivée. Il y a une multitude de villages & d'habitations répandues dans la campagne, surtout dans le *val di Taro*, dans le milieu duquel coule la riviere de ce nom. A en juger par la propreté & la gaieté des habitans, il paroît qu'ils y vivent dans une heureuse aisance (*a*).

7. Dans la partie du *Val di Taro*, qui est entre cette riviere & Parme, on voit encore les vignes plantées de la même maniere que Virgile les décrit, c'est-à-dire, qu'on les unit à des ormes alignés à une certaine distance les uns des autres, auxquels on laisse peu de branches, & au pied desquels le cep de vigne est planté.

Val di Taro. Fornoue. Velleia.

A la tête du Val di Taro, à dix milles environ au-dessus de Parme, est la petite ville de Fornoue, *Foronŏvo*, au pied de l'Apennin, entre la riviere de *Sporzano* & le *Taro*, célébre par la victoire que Charles VIII, roi de France, retournant de son expédition de Naples, remporta sur les troupes alliées de presque tous les souverains d'Italie, le 6 Juillet 1495. Il avoit à peine huit mille hommes déja fatigués

---

(*a*) Les paysannes sont toutes coëffées d'un petit chapeau de paille, orné d'un nœud de rubans de diverses couleurs, avec un bouquet ou une plume : cette coëffure, tout-à-fait pittoresque, donne un air distingué à toutes ces femmes, dont la plus grande partie sont bien faites & d'une figure aimable.

d'une longue route, qui avoient à paſ-
ſer deux rivieres, & à combattre une
armée de plus de quarante mille hommes de troupes fraîches. Il eſt vrai que
le roi de France avoit dans ſa petite
armée plus de braves gentilshommes
attachés à ſa perſonne, que de ſoldats.

A quelques milles plus haut du même
côté, on a découvert depuis quelques
années les ruines d'une ancienne ville
nommée *Velleïa* abymée par quelque
bouleverſement dont on ne ſait point
le temps, ni la maniere. On prétend
que l'on y trouve des monumens antiques très-précieux. L'infant duc de
Parme qui fait fouiller dans ſes ruines,
n'a pas encore jugé à propos d'en rien
mettre au jour.

Parme.
Son ori-
gine. Sa ſi-
tuation.

8. La ville de *Parme*, capitale du
duché de ce nom, ſur la riviere de
Parma, d'où elle a ſans doute pris ſon
nom, eſt une ancienne colonie des
Boïens habitans de la Gaule Ciſalpine,
qui s'en emparerent ſur les Etruſques,
auxquels elle doit ſon origine (*a*). De

─────────────

(*a*). L'an 569 de Rome, les Triumvirs M.
Emilius Lepidus, T. Ebatius Carus, L. Quin-

ces peuples elle a passé aux Romains, & dans la décadence de l'empire elle a été successivement sous la domination des Lombards, des rois d'Italie qui leur succéderent, des légats du saint Siége résidans à Ravenne. Il paroît même qu'elle a toujours été du parti des papes, connu en Italie sous le nom de Guelphes. Car en 1248 l'empereur Frédéric II l'assiégea inutilement pendant deux ans, quoiqu'il l'eût environnée d'un camp retranché, qu'il avoit nommé *Victoria*, ne doutant pas que cette ville ne succombât sous ses efforts : en quoi il fut bien trompé. Les habitans de Parme réduits à l'extrémité, firent une sortie, si heureuse, qu'ils brûlerent le camp de l'Empereur, & le forcerent à lever honteusement le siége. Depuis ce temps, il paroît ou qu'elle s'est gouvernée par ses propres loix, (*a*) ou qu'elle a été du domaine de l'Eglise,

---

tius Crispinus conduisirent, tant à Parme qu'à Modene, une colonie de deux mille citoyens Romains.... *Eodem anno Mutinæ & Parmæ coloniæ Romanorum civium sunt deductæ.... octona jugera Parmæ, quina Mutinæ acceperunt....* Liv. l. 39. 55.

(*a*) Ou plutôt agitée par des factions vio-

jusqu'au temps où le pape Paul III la donna en fief à son fils Pierre-Louis Farnese, aux conditions que nous avons expliquées plus haut.

Cette ville est située dans une plaine, & est traversée par la riviere de Parma, qui la divise en deux parties réunies par trois ponts. Elle est entourée de bonnes murailles terrassées, & flanquées de bastions d'espace en espace, & d'un fossé revêtu & plein d'eau. Au midi de la ville est la citadelle à cinq bastions royaux, qui passe pour une des meilleures places de l'Italie.

La ville est grande, elle a environ quatre milles de tour, & quarante-cinq mille habitans; la plus grande partie des rues sont belles, larges & bien alignées, sur-tout celle de la poste qui sert de cours. Il y a de grandes places, mais aucune n'est assez décorée pour en faire une mention particuliere.

Les églises, qui dans la plupart des

---

lentes, suscitées par la jalousie des principales familles les unes contre les autres, parmi lesquelles les Pallavicins & les Saint-Vital tenoient le premier rang.

villes d'Italie en font le principal ornement, ou par la richesse, ou par le goût de la décoration, n'ont pas cet avantage à Parme. Mais les curieux ne les visitent pas avec moins d'empressement, pour voir les restes des chefs-d'œuvres d'Antoine Allegri, dit le Correge, premier peintre de l'école de Lombardie, & très-digne de ce rang par ses rares talens; de même que plusieurs belles compositions de François Massola, dit le Parmegianino, autre peintre célébre de la même école, né à Parme.

9. Dans l'église cathédrale, qui est très-spacieuse, on voit la fameuse coupole peinte par le Correge. Ce maître y a représenté l'Assomption de la Sainte Vierge. On trouvoit dans cette grande composition toute la force de l'expression, la hardiesse du génie, la beauté du coloris que l'on admire encore dans ce qui reste d'ouvrages de ce maître, bien conservés. Ceux qui ont vu cette coupole dans son brillant, n'en parloient qu'avec transport, & la regardoient comme le chef-d'œuvre de l'art; mais actuellement on n'en voit plus que les tristes restes totalement dégradés; il n'y a plus une seule figure entiere.

Eglise cathédrale. Coupole peinte par le Correge.

Celle de la Vierge, où le peintre avoit en quelque sorte rassemblé tout ce qu'il avoit de force & de génie pour exprimer le contentement de cette sainte ame lorsqu'elle étoit au moment d'entrer dans la gloire céleste, est presque entiérement détruite ; on ne reconnoît plus rien dans les Anges & les Prophêtes qui l'accompagnent. Les quatre Evangélistes peints à la naissance des arcs qui soutiennent la coupole, étoient ce qu'il y avoit de plus entier lorsque je l'ai vu ; encore étoient-ils altérés au point, qu'il étoit difficile d'y reconnoître le génie & le coloris du divin Correge.

Il est vrai que les amateurs trouvent quelque dédommagement dans les estampes de cette coupole, gravées en quinze feuilles ; mais y retrouve-t-on la beauté du coloris, l'ensemble de la composition ? Ce que l'on y remarque, c'est le dessein qui n'étoit pas la partie brillante du Correge; il avoit même dans ce genre des hardiesses portées à l'extrême, & qui dans un moins grand homme que lui, auroient été des défauts réels. Pour mieux juger de la beauté du travail, on ne manque pas de faire monter les étrangers à la hauteur du dôme; on a pratiqué de petites ouvertures à fleur de la corniche, d'où on voit la coupole de très-près; mais on ne s'en apperçoit que mieux des ravages du tems : d'ailleurs cet ouvrage, qui est fait pour être vu de loin, & de bas en haut, vu de si près & nécessairement par détails, n'a plus rien qui frappe; on est forcé de donner son attention à quelques-unes des grandes masses qui le composent, & qui, séparées de l'ensemble, n'ont plus rien qui satisfasse la curiosité; il n'y a qu'un peintre qui puisse y trouver encore quelque chose à admirer. Cette coupole, tant qu'elle a subsisté dans son éclat, étoit comparable à un poëme écrit dans une langue sublime & originale ; les estampes qui en restent en sont la traduction servile qui a conservé le fond du sujet, mais où on ne retrouve ni l'agrément de la poësie, ni le génie de l'auteur, ni les beautés de style, qui lui avoient mérité l'admiration de ceux qui le connoissoient en original. Dans les petites coupoles de la même église, on voit quelques autres compositions du Correge peintes sur les bandeaux ; elles sont mieux conservées que celles de la grande.

On en pourroit dire autant d'une autre grande coupole peinte par le Correge, à saint Jean l'évangéliste, église de Bénédictins; elle avoit pour sujet le triomphe de Jesus-Christ sortant des limbes, & délivrant les Patriarches; elle a toujours été mal éclairée, ainsi on a pu jouir difficilement du plaisir de la voir. Les Bénédictins ayant été obligés de faire démolir cette coupole pour agrandir le chœur, ils en ont fait construire une nouvelle dans les mêmes proportions, où César Aretusi, peintre de réputation, a copié fidellement le sujet de la premiere. A en juger par les cartons colorés, qui sont au palais du roi de Naples à *Capo di Monte*, cet artiste imitoit très-bien la maniere & le coloris du Correge.

Dans la cinquiéme chapelle de cette église, à droite, on voit deux tableaux du Correge, l'un vis-à-vis de l'autre. Le premier est l'instant après la descente de croix; la Vierge évanouie soutient le Christ mort sur ses genoux; elle est accompagnée de saint Jean & de la Madelaine. Le second est le martyre de saint Placide & de sainte Flavie sa sœur. Il y a des beautés d'expression; ils sont assez corrects de dessein; mais on n'y retrouve pas ce coloris enchanteur que l'on admire dans d'autres tableaux du Correge, dont j'aurai occasion de parler. Il regne autour de la galerie de cette même église une grande frise peinte par le Correge; le sujet est un sacrifice qui paroît imité des bas-reliefs antiques. Les figures ont environ quatre pieds de hauteur; les parties qui en sont conservées sont excellentes, & font regreter celles que le temps a effacées.

10. L'église du *Saint-Sepulcre*, tenue par les chanoines réguliers de Latran, posséde l'un des meilleurs tableaux du Correge; il est bien conservé, & suffiroit seul pour établir la réputation de ce maître. Il est connu sous le nom de la *Madonna della Scodella*. Le sujet est un instant de repos pendant la fuite en Egypte. La figure principale est la Vierge assise sous un palmier, tenant l'enfant sur le bras gauche, & une écuelle dans la main droite pour puiser de l'eau dans une fontaine; saint Joseph arrange les branches pour mettre à l'ombre la mere & l'enfant, & cueille en même temps des dattes; au-dessus est un groupe d'Anges dans

Autres Eglises. Tableau de la *Madonna della Scodella.*

une gloire ; d'où il paroiſſent admirer avec reſpect la famille ſainte ; entre ſaint Joſeph & le bord du tableau, on apperçoit un Ange qui ne dédaigne pas d'avoir ſoin de l'âne. Telle eſt la poſition exacte des figures de cette charmante compoſition, qui eſt au-deſſus de toutes les louanges que je pourrois lui donner. Ce tableau eſt parfaitement à ſon jour. Pour bien ſentir l'impreſſion que cauſent ces chefs-d'œuvres ſans être artiſte, il faut les conſidérer avec ce goût qu'il me ſemble qu'ils donnent quand on les examine avec attention.

La Madonna della Steccata, égliſe ducale d'une belle architecture, pluſieurs princes de la maiſon Farneſe y ſont enterrés. C'eſt-là que ſe font les cérémonies religieuſes de l'ordre de chevalerie établi à Parme ſous le titre de ſaint Georges. On y remarque quelques figures à freſque, peintes par le Parmegianino ; il s'étoit chargé de la décoration de cette égliſe, dans l'eſpérance de rétablir ſes affaires qui étoient fort dérangées ; il y travailloit lorſqu'ayant fait une perte conſidérable au jeu, il vint en fureur à ſon attelier, gâta tout ce qu'il put de ſon ouvrage,
&

& s'enfuit à Cafal-Maggiore, où il mourut dans la mifere.

L'églife & le couvent des Capucins ont plufieurs tableaux excellens. Celui d'autel de la premiere chapelle en entrant à droite, repréfentant le Chrift en croix, fainte Catherine & quelques autres Saints, eft du Guerchin, de la feconde maniere. Je dois dire en paffant, que l'on diftingue trois manieres dans le coloris de ce peintre, avec une beauté de deffein toujours égale. Comme il a prodigieufement travaillé, fur-tout à Bologne, on fe fait aifément une idée de ces différentes manieres, en comparant fes tableaux les uns aux autres. Le tableau du maître-Autel qui a pour fujet une Piéta, c'eft-à-dire une Vierge s'évanouiffant, qui tient le Chrift mort entre fes bras, avec la Madeleine, Saint François & Sainte Claire, eft du bon temps d'Annibal Carrache. Les tableaux de Saint Louis & de Sainte Elifabeth, placés au-deffus des portes qui font aux côtés du maître-autel, font du même. Au-deffus de la petite porte d'entrée du couvent, en dedans, la Vierge, l'enfant & le petit Saint Jean peints à frefque par Auguftin Carrache, qui s'étoit retiré chez les Capucins peu avant sa mort arrivée en 1601, à l'âge de quarante-quatre ans. Cette petite peinture est son dernier ouvrage qu'il fit en très-peu de temps, pendant que les Religieux étoient à l'office.

Dans un monastere de Bénédictins, dont je ne me rappelle pas le nom, on voit dans le fond du réfectoire un très-grand morceau d'architecture, surmonté d'une galerie peinte à fresque, un peu noircie, & cependant du plus grand effet de perspective ; on dit que c'est un ouvrage du Correge. Ce même monastere a douze cloîtres : pendant la guerre d'Italie de 1734, il y avoit douze mille hommes campés ou logés. La multitude des maisons religieuses, & le vaste espace qu'elles occupent, contribuent beaucoup à faire paroître les villes d'Italie plus considérables qu'elles ne sont en effet.

A un mille environ hors de la ville on trouve la Chartreuse : les bâtimens en paroissent peu considérables. L'église nouvellement construite est d'une bonne architecture ; la façade & l'intérieur des murs sont couverts de peintures à fresque, déja fort effacées, quoiqu'il y ait peu de temps qu'elles soient faites.

Le Prieur de la Chartreuse nous assura que cette altération si prompte étoit occasionnée par l'humidité de l'air. Mais ce que l'on y voit de bien conservé, est un très-beau tableau du Parmegianino, qui a pour sujet l'adoration des Mages. Ce Peintre s'est plu à imiter la maniere des différens maîtres, sur-tout ceux de l'école vénitienne dans les Mages; & du Correge dans la Vierge & l'Enfant; certainement il avoit bien choisi ses modeles. Rien n'est plus noble & plus riche que Paul-Veronese dans la maniere de placer ses figures & de les habiller, & aucun peintre n'a peint les Vierges avec autant d'agrément, de finesse & de naturel que le Correge.

Voilà ce que j'ai vu de plus remarquable dans les Eglises de Parme, dont plusieurs sont grandes & bien bâties; mais on n'y voit rien de distingué ni pour la richesse de la décoration, ni pour la beauté de l'architecture, excepté *la Steccata.*

Le jour de la Toussaint j'allai à la grand'messe de la cathédrale. Elle fut célébrée par un chanoine, & l'évêque entouré de quelques-uns de ses officiers y assistoit en habit de chœur. J'y vis avec étonnement ce que j'ai remarqué depuis dans toutes les autres villes d'Italie, que pendant la grand'messe on ne cessa de dire des messes basses, auxquelles le peuple assiste sans s'embarrasser du service solemnel; de sorte que c'est un flux & reflux continuel de gens qui vont & qui viennent de tous côtés dans l'église, les uns tournés d'un côté, les autres de l'autre; ce qui cause un bruit très-indécent, sur-tout pendant la célébration des saints mysteres; mais c'est l'usage. A qui s'en prendre ? Ce n'est certainement pas au peuple, toujours docile à la façon dont il est conduit, & naturellement religieux, mais bien à une sorte d'hommes qui, pour augmenter leur crédit, diminuent autant qu'il est en eux les obligations du christianisme, & font tout ce qu'ils peuvent, selon l'expression d'un missionnaire dans le nord, pour conduire les ames au ciel à peu de frais.

Au commencement de la grand'messe, je vis défiler une procession composée au moins de cent pauvres des deux sexes & de tout âge, qui portoient chacun sur l'épaule une piece de drap d'environ deux aunes, qui leur avoit été distribuée en vertu d'une fondation faite par un gentilhomme du pays. L'évêque leur donnoit la bénédiction, à mesure qu'ils paſſoient au-deſſous de ſon trône.

11. Le collége des nobles, fondé par Rainuce Farneſe en 1599, eſt l'un des plus beaux établiſſemens de ce genre qu'il y ait en Italie. Il eſt établi pour deux cens cinquante gentilshommes qui font des preuves de nobleſſe pour y être reçus : il eſt ſous la direction des Jéſuites. On y admet indiſtinctement des ſujets nés en Italie ou en Allemagne. Tous les ans on choiſit parmi les éleves un prince de la jeuneſſe. C'eſt le mérite qui décide de l'élection. Il faut qu'il tienne le premier rang dans tous les objets d'étude & d'exercice qui ſont en uſage dans le collége. Le portrait de ce prince de la jeuneſſe reſte au collége, & en orne les galeries : il y en a une très-grande ſuite depuis le temps de la fondation juſqu'à nos jours : le nom, l'âge & la patrie ſont inſcrits au bas du tableau. Tant que les jeunes éleves ſont au collége, ils ſont vêtus uniformément avec un habit noir, un manteau de même, & un petit collet blanc : ils ont des maîtres de quartier qui les menent tous les jours à la pro-

Collége des nobles.

menade par divisions. Chaque pensionnaire a sa chambre meublée proprement ; il y a plusieurs salles d'exercice très-bien décorées ; deux théâtres, l'un pour représenter des tragédies, l'autre jouer la comédie ; un manege couvert, une salle d'armes, enfin tous les lieux d'exercices qui peuvent entrer dans l'éducation de la noblesse.

<small>Palais du Duc de Parme.</small> 12. On ne doit pas s'attendre de rien trouver dans le palais de l'Infant Duc de Parme, de cette collection magnifique de tableaux, de médailles, & de bronzes antiques que la Maison Farnese y avoit recueillis, non plus que des meubles précieux que différens Souverains y avoient rassemblés, sur-tout ceux qui avoient été apportés de Flandres après la mort du fameux Alexandre Farnese. Lorsque l'Infant Dom Carlos, aujourd'hui roi d'Espagne, passa du duché de Parme au trône de Naples, il en fit tout enlever. Il y en a une partie dans le palais qu'occupe à présent le roi à Naples ; les tableaux, les médailles, les antiques & la bibliothéque sont à Capo di Monte, près de Naples.

Le palais du Duc de Parme, quoique fort considérable, n'est point achevé.

La cour qui conduit aux appartemens est d'une grande & belle architecture; les bâtimens destinés à desservir le palais, & commencés en même-temps, occupent un très-grand espace, & paroissent au moins à l'extérieur, être fort négligés.

Les meubles & la tapisserie de l'appartement de l'Infant sont de velours cramoisi brodé en or. On voit dans quelques autres places de très-belles tapisseries de Flandres & des Gobelins. L'appartement qu'occupoit l'Infant est entiérement démeublé.

13. La galerie est telle qu'elle étoit du temps des Farneses, c'est-à-dire, d'une architecture simple, avec une frise & quelques ornemens en stucs blancs. Il n'y a qu'un tableau, le plus beau, à ce qu'on dit, qu'ait jamais peint le Correge, parfaitement bien conservé, & qui doit être mis au rang des meilleurs ouvrages des plus grands maîtres: il est connu sous le nom de la *Mandonne du S. Jérôme*. Il représente une Vierge assise, qui tient l'enfant, un S. Jérôme de grandeur naturelle, & un grand ange, de l'autre côté la Madeleine, & derriere elle, un petit ange tenant une boëte de parfums. C'est le plus beau

Galerie & tableau célebre du Correge.

coloris que l'on puisse imaginer : l'expression de la Madonne & du Bombino sont admirables. La Madeleine tient un pied de l'enfant qu'elle va baiser. On voit sur son visage, le respect, l'adoration, l'amour & la satisfaction exprimés. Cette téte est, dit-on, le chef-d'œuvre du Correge pour la beauté des couleurs & les graces du pinceau. L'enfant a une main passée dans ses cheveux. Il est occupé de l'autre côté à regarder le grand ange qui lui présente un livre ouvert, sans doute quelqu'un des ouvrages de S. Jérôme. Ce Saint est dans le coin du tableau, debout avec son Lion à ses pieds; c'est une grande figure fortement exprimée, coloriée de même, & dont l'air severe & dur est caractéristique, & fait le contraste parfait avec les autres. C'est un tableau que l'on ne se lasse point de voir; plus on l'examine, plus on se persuade que c'est la plus belle & la plus heureuse expression du génie de la peinture. Il y en a beaucoup de copies; mais quelque parfaites qu'elles puissent être, comparées avec l'original, elles ne doivent être regardées que comme de belles estampes. Le Correge a une beauté de pinceau, à laquelle aucun peintre n'est arrivé. Ce tableau étoit autrefois dans l'église des Religieuses de S. Antoine ; mais comme on vit qu'elles résisteroient difficilement aux sollicitations d'un prince qui vouloit l'acheter, & qui en offroit une somme considérable, il fut transporté par autorité publique, dans une chambre tenant à la cathédrale, & de-là dans la galerie du palais, avec d'autant plus de raison, que l'on peut dire que c'est le seul tableau vraiment digne du Correge qui reste à Parme, ville autrefois si célèbre par les ouvrages de ce maître, & où l'on vient encore les chercher. Il est conservé dans une armoire avec grand soin ; & n'étant point exposé à l'air, il durera très-long-temps.

Dans la même galerie est un tableau qui représente une charité romaine, peinte en pastel, précieux en ce qu'il est un monument du goût & des talens de Madame Marie-Elisabeth, princesse de Parme, qui a épousé en 1760 l'archiduc Joseph, fils aîné de l'Empereur (*a*). L'Abbé Frugoni, poëte célèbre, a fait un sonnet que l'on lit

---

(*a*) Morte à Vienne le 27 Novembre 1763.

dans un cadre attaché au bas du tableau, où il exhalte, avec raison, cette princesse qui savoit faire son amusement d'un art si distingué.

On y a placé depuis peu un tableau de Pompeïo Battoni, peintre vivant à Rome, qui a pour sujet l'éducation d'Achille : il remporta le prix de peinture de l'Académie de Parme il y a quelques années. Un des éleves de Battoni a remporté le prix de la même Académie en 1762, par un tableau qui a pour sujet l'assemblée des Dieux ; il est fort imité d'un des tableaux de plafond du petit palais Farnese à Rome, peint par Raphaël : j'en fais mention, parce que je l'ai vu travailler à Rome.

On voit dans cette même galerie, dont l'Infant a permis l'usage à l'Académie de peinture & de sculpture, quelques plâtres modélés après l'antique. Un très-bon buste antique de Vespasien, & un tableau que l'on dit être du Poussin.

Grand théâtre.

14. Le grand théâtre de Parme, construit par les ordres des Farneses, est sans contredit le plus beau qui existe ; il est de forme ovale, assez grand pour contenir quatorze mille spectateurs. La

scène est vaste & profonde, & capable de se prêter avantageusement à un spectacle qui exigera beaucoup de machines & d'acteurs, ou une grande étendue de perspective. Dans le fond de l'ovale sont des gradins à l'antique, qui s'élevent jusqu'à la hauteur des secondes loges des théâtres ordinaires ; au-dessus de ces gradins est un rang de loges formé par une galerie ornée de colonnes simples à distances égales, qui soutiennent des arcs surmontés par une belle corniche d'architecture ; au-dessus de ces loges est un nouveau rang de gradins, moins grand que celui du bas, mais qui peut contenir beaucoup de spectateurs. Ce théâtre, construit dans les bonnes régles, est l'ouvrage de Vignola. La voix ne s'y perd point, & l'écho n'y est pas trop fort. Du fond du théâtre, on entend à l'extrémité opposée un homme qui parle à demi-voix, ainsi que je l'ai éprouvé. Les Farneses y ont donné des spectacles de Naumachie. On garnissoit le parterre de lames de plomb, assez bien unies pour qu'elles pussent contenir l'eau. Les canaux qui y conduisoient l'eau de la riviere subsistent encore. On imagine aisément, en voyant ce théâtre, combien il doit être magnifique quand il eſt éclairé & garni de ſpectateurs; mais c'eſt ce qui arrive rarement, parce qu'il en coûte des ſommes conſidérales pour les lumieres & les machines. Tel qu'il eſt, il doit ſervir de modele pour toutes les belles conſtructions de ce genre que l'on voudra faire.

A côté eſt un autre théâtre de grandeur ordinaire ; conſtruit & décoré ſur les deſſeins du cavalier Bernin : il peut contenir deux mille cinq cens ſpectateurs.

<small>Palazzo Giardino. Champ de bataille de 1733.</small>

15. *Palazzo Giardino* eſt une maiſon de plaiſance, ſituée à la porte de la ville, & qui joint le palais de l'Infant. L'architecture en eſt noble & réguliere ; tous les appartemens en ſont peints à freſque: Auguſtin Carrache y a beaucoup travaillé; le Cignani s'y eſt diſtingué. Le ton de couleur de ces freſques eſt vif & naturel ; il y a des piéces très-bien conſervées, ſur-tout celle que l'on dit être entiérement du Carrache. Ce palais eſt tout-à-fait démeublé, & n'eſt plus habité depuis le départ de l'Archiducheſſe qui y alloit très-ſouvent, & où elle avoit pris le goût de la peinture.

A côté de ce palais, & dans la même

enceinte, est un vaste jardin tout planté en charmilles, avec des piéces de boulingrin; ce qui en est fini est de bon goût. On a dessein de l'orner de beaucoup de statues, à en juger par la quantité de piédestaux qui sont placés d'espace en espace : il y en a déja quelques-unes de sculpteurs modernes. Ce jardin est dominé par une grande terrasse nivellée sur les murailles même de la ville. Du côté de la campagne, on a une vue assez étendue. Immédiatement au bas de cette terrasse s'est donnée la bataille de Parme de 1733. Les François étoient campés dans la prairie qui joint les fossés de la ville. Les Allemands, retranchés à peu de distance derriere des haies, avec plusieurs batteries chargées à cartouche, culbuterent d'abord sept ou huit régimens François, où ils mirent le désordre ; mais le reste de l'armée, dont une partie étoit dans la ville, avançant de droite & de gauche, força les Autrichiens dans leurs retranchemens, & remporta une victoire complette. On voit très-distinctement, de cette terrasse, la métairie contre laquelle étoit placée la batterie masquée des ennemis ; & il est aisé, par ce point, de se faire une idée de la marche des François, pour forcer les Autrichiens.

Il y a peu de promenades aux environs de Parme. Entre la ville & la citadelle qui est au midi, on traçoit en 1761 un joli cours planté de quatre rangs d'arbres qui forment trois allées; une au milieu pour les voitures, deux de côté, recouvertes en partie de gazon, en partie de sable fin pour les gens de pied. Cette promenade, assez longue, est dans l'enceinte des remparts: on employoit les forçats à cet ouvrage.

Idée de la cour de Parme.

16. La Cour de l'infant duc de Parme n'est pas composée d'un grand nombre d'officiers, & cependant elle est assez brillante. Ce Prince est honnête & vraiment affable, plein de bonté pour tout ce qui lui est attaché, & pour tous ses sujets. Il reçoit les étrangers qui lui sont présentés d'une maniere qui lui concilie les cœurs. (*a*)

_____

(*a*). C'est avec autant de justice que de vérité, que l'on a dit dans l'éloge funebre de Dom Philippe, que considéré dans toutes les situations de sa vie politique & de sa vie privée, dans les armées & dans les conseils, dans l'intérieur de sa Cour & le secret de sa famille,

(Ce prince est mort de la petite vérole, à Alexandrie le 18 Juillet 1765. Il a eu pour successeur son fils le prince dom Ferdinand Marie-Philippe-Louis, infant d'Espagne, duc de Parme, Plaisance & Guastelle.)

Rien n'est plus aimable & plus gai que la princesse Louise sa sœur. Il n'est pas possible de recevoir avec plus d'agrémens, & de meilleure façon, ceux qui vont lui faire la cour. Elle avoit (en 1761) toute la naïveté de son âge, avec des attentions, une politesse, des connoissances qui supposent & de l'esprit, & une excellente éducation. (*a*) Madame la marquise de Gonzalez étoit chargée de la conduite de cette jeune Princesse, qu'on assure ressembler beaucoup, par les qualités du cœur & de l'esprit, à l'infante Louise-Elisabeth de France sa mere, qui est très-regrettée à Parme. Cette Princesse, avec un

---

on y avoit vû regner la sagesse & la magnanimité, mais toujours on y avoit vû dominer la bonté.... On peut dire qu'il étoit vraiment bon & bienfaisant

(*a*) Mariée au mois de Juillet 1766, avec Dom Charles-Antoine Infant d'Espagne, Prince des Asturies.

revenu médiocre, étoit la reſſource de tous ceux qui étoient dans le malheur, & ſoutenoit par ſes aumônes une multitude de familles : elle auroit voulu qu'il n'y eût pas un ſeul miſérable dans ſes états. Pluſieurs de ſes officiers m'ont aſſuré, que ſoit par la maniere, ſoit par l'intelligence avec laquelle elle plaçoit ſes bienfaits, il ſembloit qu'elle eût le ſecret de multiplier ſes revenus.

Le bon ordre qui regne dans la maiſon de l'Infant, dont on ſait que les revenus ne ſont pas conſidérables, & qui cependant a des troupes bien entretenues, des officiers attachés à ſa perſonne, bien payés, une cour où tout le monde paroît content; cet ordre eſt dû aux ſoins & à la grande intelligence de M. du Tillot, François, que l'on dit né à Bayonne, miniſtre qui a toute la confiance de l'Infant, & qui la mérite par ſon attachement ſincere pour ſon maître, ſon grand déſintéreſſement, & ſon application continuelle à tout ce qui peut aller au bien de l'état de Parme. Les plus petits détails ne lui échappent pas : il voit tout par lui-même, & fait ſon plaiſir des devoirs de ſa place. C'eſt le témoignage qu'on lui rend à la cour, où il paroît qu'il eſt fort aimé; & c'est ce que l'on dit dans toute la ville de Parme, où il est respecté & estimé des grands & du peuple. A tous ces talens, je dois ajouter qu'il est modeste & bienfaisant : il ne songe qu'aux intérêts de son prince, & ne s'occupe point des siens. Il a une table bien servie ; mais il a grand soin de dire lui-même que c'est l'Infant qui l'entretient. Il vit dans le célibat : sa santé est foible, & souvent il l'altere par trop de travail. (*a*)

M. le comte de Rochechouart, chevalier des ordres du Roi, & lieutenant général de ses armées, étoit alors ambassadeur de France à Parme : c'est un homme aussi respectable par les qualités de son cœur, que par son illustre naissance ; il étoit fort aimé de l'Infant, & jouissoit d'une grande considération à sa cour. (*b*)

17. Je n'ai point passé assez de temps

Population.
Commerce.
Industrie.
Mœurs.

___

(*a*) L'Infant lui a donné en 1764 le marquisat de Felino, fief à peu de distance de Parme, avec le titre de Marquis pour lui & ses descendans.

(*b*) Remplacé en 1765 par M. le Chevalier Basquiat de la Housse, avec le titre de Ministre plénipotentiaire.

à Parme pour être bien au fait des mœurs, de l'état des sciences & du commerce de cette ville. J'ai vu seulement qu'elle est beaucoup mieux peuplée que Plaisance, dans une enceinte à peu près égale. On fait monter sa population à quarante-cinq mille ames, dont, à ce que l'on assure, quatre mille François domiciliés, ayant des charges à la cour, faisant le commerce, ou exerçant quelques métiers. (*a*)

(*a*) Le mélange de François & d'Italiens qui sont dans cette ville, forment un contraste singulier. A la cour, on parle toujours François; la ville, comme ailleurs, veut imiter la cour, & on s'apperçoit déja qu'il se forme un jargon mêlé d'Italien & de François, où il entre plus de l'une ou de l'autre langue, à proportion des connoissances de ceux qui le parlent. Les anciens habitans du pays ont eu de la peine à s'y accoutumer. On a vu l'instant où, dans une conspiration formée par les principaux de l'état, on étoit venu à bout de forcer en quelque façon l'Infant à les renvoyer tous hors de ses états : il fallut tout le crédit de l'Infante, & l'attachement réel que les peuples avoient pour elle, pour les maintenir. A présent il paroît qu'ils y sont fort accoutumés ; ils ont même intérêt à les conserver, parce que presque tous les François ont épousé des Parmesanes, ou ont établi leurs enfans dans les familles du pays...

J'ai remarqué dans les assemblées où je me suis trouvé, beaucoup de connoissances, du goût pour les sciences & les arts, de la décence & de la politesse.

La quantité d'artisans François qui se sont établis à Parme, y ont porté cette industrie de luxe & de frivolité qui régne plus à Paris qu'en aucun autre endroit du monde, & qui ne laisse pas de faire fleurir le commerce en cette ville. Je sais que les marchands des autres villes d'Italie tirent de Parme plusieurs de ces petites marchandises qui n'ont qu'une existence éphémere, & qu'ils vendent comme si elles avoient été fabriquées à Paris. Un marchand Bijoutier établi à Florence, m'a dit qu'en moins de deux ans il avoit tiré pour plus de cent milles francs de tabatieres de carton, peintes & vernies, la plupart doublées en écaille, fabriquées à Parme, & qu'il vendoit comme venant de France, sur quoi il avoit fait un gain considérable, quoiqu'il les vendît un tiers de moins qu'on ne les auroit payées à Paris, & qu'elles fussent d'aussi bonne qualité.

Lorsque j'étois à Parme, M. du Tilliot étoit occupé à imaginer les moyens de faire établir dans cet état des manufactures de papiers de bonne qualité, qui ne font pas communs en Italie; mais je crois que cet établissement réussira difficilement, non pas faute d'ouvriers ou d'intelligence, mais par la difficulté de trouver en Lombardie de l'eau de bonne qualité, & assez de chiffons pour établir des fabriques qui soient réellement utiles à l'état, par la grande exportation de papiers que l'on auroit intention de faire dans les pays voisins qui en manquent.

Ce que l'on peut dire de cet état, c'est qu'il se forme. Les révolutions qu'il a essuyées dans ce siécle, n'ont pas contribué à y faire fleurir les sciences & les arts qui aiment la tranquillité, & une suite de Souverains qui, en les favorisant, leur procurent une existence solide. Les Farneses avoient rassemblé avec soin une collection précieuse de peintures, de statues, de médailles & de livres, qui pouvoient contribuer au progrès des sciences & au développement du génie: ces trésors ont été transportés ailleurs. Il n'y est point resté de ces artistes célébres qui sont en état de perpétuer les talens, & de former des éleves dignes d'eux, qui, en s'immortalifant par les chefs-d'œuvres de leur génie, contribuent à la gloire du pays qui les a vu naître. La douceur du gouvernement de l'infant duc de Parme, fes attentions pour rendre florissante l'académie des beaux arts établi dans fon palais, font d'un heureux augure pour les fuccès que l'on doit en efpérer.

Le commerce le plus confidérable fe fait avec les denrées du pays ; quoiqu'il foit fort peuplé, il y en a beaucoup plus qu'il n'en faut pour la confommation ordinaire. L'exportation s'en fait fur-tout du côté de la montagne de Gênes & des ports les plus voifins du Parmefan. On y fait beaucoup de foie, ce qui augmente encore la richeffe du pays. En général, il reffemble plutôt à un vafte jardin bien cultivé, qu'à une campagne ordinaire. Je l'ai parcouru dans l'arriere-faifon, & il avoit encore prefque toute la fraîcheur du printemps.

18. Le grand chemin de Parme à Modene eft tracé le long de la voie émilienne, ou plutôt c'eft la même route, réparée en quelques endroits, fort négligée dans les autres, qui conduit par une ligne affez droite jufqu'à

<small>Duché de Modene.</small>

Bologne. A quinze milles environ de Parme on trouve la ville de Reggio, épiscopale sous la métropole de Bologne, fondée, à ce que l'on croit, par les anciens Toscans, puis dans la suite, faite colonie romaine par le Triumvir Lepide. Ruinée par Alaric, roi des Goths, elle ne fut rebâtie par les habitans du pays qu'après que le royaume des Lombards eut été détruit en Italie par Charlemagne. La rue qui traverse la ville d'un bout à l'autre, est longue & large; elle a des deux côtés des portiques ouverts en arcades, sous lesquels sont des boutiques de marchands, dont la plupart vendent des petits ouvrages d'os & d'ivoire que l'on travaille bien dans ce pays. Cette ville est la capitale du duché auquel elle donne son nom; je n'ai fait que la traverser, ainsi je n'en dirai rien de particulier; je renvoye aux descriptions qu'en ont faites les voyageurs, sur-tout les modernes.

Entre Reggio & Modene, on traverse la Secchia, riviere qui coule de l'Apennin, & qui se joint au Pô, après avoir traversé une partie du Modenois & du duché de Guastalla: elle est très-considérable dans le temps des grandes eaux, & sujette à des crues qui interceptent toute communication entre ces deux villes, éloignées l'une de l'autre d'environ quinze milles.

Modene, ville capitale du duché de ce nom, & des autres petites principautés qui forment les états du duc de Modene, est belle ; grande & très-ancienne, puisqu'elle doit son origine à une des douze colonies que les Etrusques envoyerent au-delà de l'Apennin. Elle devint ensuite colonie romaine. Elle est connue dans l'histoire sur-tout pour avoir donné asyle à Brutus, après l'assassinat de Jules-César. Les Goths & les Lombards la détruisirent ; elle fut rebâtie par les successeurs de Charlemagne. En 1452, l'empereur Frédéric III l'érigea en duché en faveur de Borzon d'Est, dont les descendans en jouissent encore.

Cette ville est grande, il y a plusieurs bâtimens de belle apparence ; la rue principale a de part & d'autre de grands portiques à arcades ouvertes, que l'on travailloit à construire d'une architecture uniforme lorsque je la traversai. Sa situation est dans une plaine très-fertile de l'aspect le plus riant. A deux milles au-delà on passe en barque le

Panaro, riviere assez considérable qui prend sa source dans l'Apennin, mais plus aisée à traverser que la Secchia, parce que son lit est plus resserré & plus profond. Cette riviere sépare le duché de Modene des terres de l'État ecclésiastique.

{Bords du Panaro. Fort Urbain.} 19. Les bords du Panaro, du côté du Modenois, sont très-élevés, & forment une espèce de retranchement auquel la riviere sert de fossé; la vue s'étend de-là sur une plaine très-unie qui va jusqu'à Bologne, dans la longueur de dix-sept milles.

Les environs de cette riviere sont célèbres par plusieurs événemens fameux dans l'histoire d'Italie. Dans la péninsule que forment la Ghironda & le Lavino, petites rivieres qui coulent de l'Apennin, & qui se joignent à la Samoggia, pour porter de-là leurs eaux dans le Rheno; Octave, Antoine & Lepide, firent le partage du vaste empire de la république romaine, & déciderent de ce que chacun deux devoit gouverner, plutôt à titre de souveraineté, que sous les ordres du sénat; partage cependant qui fut ratifié par le sénat subjugué. C'est dans cette plaine, sur les bords du Panaro, que Rotaire,

roi

roi des Lombards, défit l'armée Romaine qui s'opposoit à ses progrès. Dans ce même endroit, les Bolonnois qui étoient en guerre depuis long-temps avec les Modenois, les défirent entiérement, & firent prisonnier Enzio, roi de Sardaigne, fils naturel de l'empereur Frédéric II, qui commandoit les troupes de leurs ennemis.

ÉTAT ECCLÉSIASTIQUE.

BOLONNOIS.

Bolonnois.
État ecclé-
siastique.

20. A un mille au-delà du Panaro, on laisse à gauche de la grande route le fort Urbain, citadelle bâtie dans le commencement du dix-septiéme siécle, par les ordres du pape Urbain VIII; elle est composée de quatre bastions revêtus, avec leurs courtines, fossé & chemin couvert; on y voit beaucoup d'artillerie; il y a une garnison pour la garde & le service de la place; les fortifications en sont entretenues avec soin; par sa position, elle domine sur tout le pays voisin.

La Samoggia est un beau village de l'État ecclésiastique, qui partage le chemin de Modene à Bologne. Avant que d'arriver à cette derniere ville, on passe sur un pont de pierre très-long, à la tête duquel est la barriere de la premiere douane de l'État ecclésiastique, & que l'on doit traverser avant la nuit, sans quoi on a beaucoup de peine à entrer, étant nécessaire d'obtenir un ordre exprès du légat ou du vice-légat résidant à Bologne, qui l'accordent aisément; mais comme cette barriere est à un mille de la porte de la ville, il faut attendre très-long-temps, & payer cherement la course du soldat qui va chercher l'ordre. Ce pont sert à joindre les deux bords du Rheno, qui comme les rivieres considérables qui descendent de l'Apennin, & qui coulent par un terrein uni & léger, étendent prodigieusement leur lit, & sont impraticables en temps de pluie. Je remarquerai à ce sujet que dans l'Etat eccléfiastique, les ouvrages publics sont mieux entretenus que dans aucun autre de l'Italie; ce pont est le seul que l'on ait construit sur ces rivieres qui coulent de l'Apennin, & dont on a une si grande quantité à traverser dans la Lombardie.

21. Bologne (*Bolonia la grassa*) grande & belle ville de l'Etat eccléfiastique dans la Romagne, située au pied de l'Apennin sur le Rheno, appellée autrefois *Felsina*, soit du nom de Felsinus, roi des Toscans, qui la fit bâtir, soit du mot Felsina, qui, en langage du pays, signifie forteresse. Elle faisoit autrefois partie de l'exar-

Bologne, ses révolutions.

chat de Ravenne, qui fut donné en toute souveraineté aux papes par Charlemagne, après qu'il eut détruit la monarchie des Lombards en Italie. Mais dans les différentes révolutions qui survinrent, sur-tout pendant la longue querelle des papes avec les empereurs d'Allemagne, au sujet des investitures, & qui fut portée aux derniers excès, les papes tourmentés en Italie par les factions qui s'y étoient élevées, furent souvent contraints de chercher un asyle hors de Rome. Les rois de France, qui les avoient quelquefois reçues dans leur état, imaginant qu'il étoit de leur intérêt d'avoir le chef visible de l'Eglise dans leur royaume, ou du moins dans le voisinage, procurerent l'élection de quelques-uns de leurs sujets, qui résiderent dans les provinces méridionales de la France, & qui acquirent ensuite de Jeanne d'Anjou, reine de Naples, le comtat d'Avignon, où ils établirent leur cour (*a*).

Ce long séjour des papes hors de

───────────────

(*a*) Jeanne I vendit Avignon & le comtat Venaissin au Pape Clément VI. 30000 écus d'or, en 1348.

l'Italie, mit une espèce d'anarchie dans les états dont ils étoient souverains, qui leur en fit perdre les plus considérables. Bologne fut de ce nombre : elle voulut d'abord se former en république, comme la plus grande partie des villes de Lombardie ; mais elle ne jouît pas long-temps des douceurs qu'elle espéroit trouver dans cette espece d'administration. Les *Lambertazzi* & les *Geremié*, deux familles puissantes qui aspiroient à la souveraineté de leur patrie, y susciterent des factions opposées, dont les prétentions dégénérerent en guerres civiles.

En 1332, le légat de Lombardie, résidant à Bologne, étoit venu à bout, par ses intrigues d'engager les Bolonnois, fatigués des factions continuelles qui se formoient parmi eux, à se mettre sous la domination de l'Eglise Romaine, & à reconnoître le pape Jean XXII pour leur souverain ; sous la promesse qu'il leur fit, que dans un an au plus tard le pape viendroit tenir sa cour dans leur ville, promesse qui les flattoit beaucoup, parce qu'il espéroient que la présence du pape, & le concours d'étrangers qui se faisoit dans le lieu de sa résidence, les enrichiroient.

Le légat fit en conséquence un traité avec les Bolonnois, & bâtit un château grand & fortifié joignant les murs de la ville, difant que c'étoit pour loger le pape; il en fit conftruire un autre pour lui-même, & marqua les plus belles maifons de la ville pour les cardinaux.

Les Bolonnois envoyerent une ambaffade folemnelle à Avignon, pour offrir la feigneurie de leur ville au pape, & le prier d'y venir au plutôt. Il accepta leurs offres, & leur promit plufieurs fois, en confiftoire public, d'aller à Bologne dans l'année; mais ce furent des promeffes fans effets. Après deux ans d'attente, les Bolonnois voyant qu'ils avoient été joués par le légat, fe révolterent contre lui, l'enfermerent dans le château qu'il avoit fait bâtir, & dont il comptoit fe fervir pour fubjuguer la ville. Ils l'y affiégerent, & vouloient le prendre pour le mettre à mort, mais il leur échappa. Ils dépouillerent fes officiers après les avoir maltraités; affommerent quelques Gafcons, dans la feule vue de faire de la peine au pape, & de braver fa puiffance; enfin ils raferent le château du légat jufqu'aux fondemens. Le pape se difpofoit à procéder juridiquement contre eux, lorfque la mort le furprit.

En 1351, Jean Vifconti, archevêque de Milan, qui, par fon état, le crédit de fa famille, & celui des Gibelins dont il étoit le chef, s'étoit rendu très-puiffant en Lombardie, ufurpa le pouvoir fouverain à Bologne, qu'il conferva pendant quelques années. C'eft ce même Vifconti qui écrivit au nom du diable au pape Clément VI, & au facré collége réfidant à Avignon, cette lettre finguliere rapportée par Villani & les hiftoriens contemporains, qu'ils affurent avoir été lue en plein confiftoire. Les Pepoli, famille puiffante de Bologne, forcerent l'archevêque de Milan à leur en céder la fouveraineté. Les Bentivoglio s'éleverent enfuite contre les Pepoli, & prirent abfolument le deffus: ils ont dominé à Bologne jufqu'au temps où Jules II, ayant accepté la fouveraineté de la ville, en fit la conquête fur les Bentivoglio, aidé par les troupes des François: il y entra les armes à la main, & y établit, de concert avec les habitans, la forme d'adminiftration qui y fubfifte encore. Peu après, le pape s'étant brouillé avec le

C iv

roi de France, le maréchal Trivulce s'empara de Bologne, & y rétablit les Bentivoglio ; mais ce rétablissement fut de courte durée, & ne subsista qu'autant que la puissance des François fut dominante en Lombardie.

Au mois de décembre 1515, le roi François I & le pape Leon X eurent une entrevue à Bologne, où se commença la négociation pour la révocation de la pragmatique sanction, & l'établissement du concordat, qui fut confirmé un an après dans la onziéme session du concile de Latran.

Situation, grandeur, forme de Bologne.

22. Voilà ce que l'histoire nous apprend de plus intéressant sur les différens états de la ville de Bologne.

Sa situation est au 33ᵉ degré 35 minutes longitude, au 43ᵉ degré 52 minutes latitude. Son territoire, avec ce qui dépend de sa légation, est borné au midi par les Apennins, au pied desquels elle est située ; à l'orient par la Romagne, ou la légation de Ravenne ; au septentrion par le Ferrarois, & au couchant par le Modenois. Elle a cinq milles de tour, deux milles de longueur, & un mille environ de largeur. On y entre par douze portes, qui toutes aboutissent à de rues longues, larges, ornées des deux côtés de portiques couverts à arcades ouvertes, élevées au-dessus du niveau de la rue, dont la plupart reconstruits nouvellement, & d'une maniere uniforme, sont d'assez bonne architecture, & de la plus grande commodité pour parcourir la ville à l'abri du soleil & de la pluie, sans craindre d'être incommodé des voitures, de la poussiere ou de la boue: presque toutes les rues de cette ville ont le même agrément. Ces portiques empêchent que l'on ne jouisse de la vue extérieure des beaux palais qui décorent la ville de Bologne, & lui donnent un air d'uniformité qui n'a rien de piquant; mais la commodité dont ils sont doit l'emporter sur toute autre considération; & avec quelque attention, on s'apperçoit aisément que cette ville est l'une des mieux bâties de l'Italie.

Sa forme oblongue la fait comparer à un vaisseau dont le grand mât est la tour *Asinelli*, haute de 376 pieds de Bologne: elle est bâtie de briques; à côté est la tour *Garisenda*, haute seulement de 130 pieds, mais singuliere en ce qu'elle surplombe beaucoup, ce qui effraye ceux qui ne sont pas accoutumés à la voir.

Une simple muraille de briques, solide & élevée, entoure la ville de Bologne, sans fossés, fortifications ni château.

C'est une des conditions auxquelles elle s'est donnée au Saint Siége. Elle n'a pas voulu que sous prétexte de sa sûreté, le souverain qu'elle vouloit bien reconnoître, eût une place fortifiée qui auroit dominé la ville, & pu donner lieu à un gouvernement arbitraire, qui eût enlevé aux citoyens les priviléges qu'ils se sont conservés.

Un canal tiré du Rheno, en conduit les eaux dans la partie de la ville située entre le couchant & le nord, & y est d'une grande utilité pour préparer les soies & les teindre, ces eaux ayant une qualité particuliere pour cela. La petite riviere de Lavena baigne les murs au nord.

Gouvernement de la ville & du pays.

23. (*a*) Cette ville & son territoire

(*a*) Il n'y a point d'autre promenade publique que les environs de la ville, qui étant très-agréables, en fournissent à toutes les portes. L'usage de la noblesse est de se promener en carosse dans quelques-unes des plus belles rues de la ville, & la promenade change suivant le

sont gouvernés par un cardinal légat, & par un vice-légat, pour ce qui regarde les droits de souveraineté. Le légat & le vice-légat sont ordinairement accompagnés de deux anciens ou sénateurs en exercice, sans la participation desquels ils ne peuvent, ou au moins ne doivent rien décider.

Un auditeur général y exerce la justice au nom du Souverain. Le gouvernement intérieur de la ville, la police, tout ce qui concerne immédiatement les intérêts des citoyens, la manutention des établissemens formés par la république, le jugement des affaires

---

vent & la saison. Dans l'intérieur de la ville, à la porte *di Galliera* joignant les murailles, il y a un petit cours planté d'arbres, sur une élévation appellée *la Montagnuola*; on ne peut y aller qu'à pied : c'est dans ce même emplacement qu'a dû être situé le château fortifié qu'avoit fait construire le nonce du Pape Jean XXII. Au devant de cette plantation, est une place considérable appellée la place du marché; les autres sont celles de S. Martin, de S. Petrone, de S. Etienne, *di Strada Magiore*, de S. François, de S. Dominique, & une multitude de belles rues alignées, bordées de larges portiques.

en premiere instance ; ces différens chefs font du ressort du gonfalonnier, & des anciens ou sénateurs tous choisis dans le corps de la noblesse, que l'on appelle les familles patriciennes.

Le gonfalonnier est le premier magistrat de la république, qui est changé tous les deux mois. La république a encore un ambassadeur résidant à Rome chargé de ses affaires auprès du Saint Siége : le temps de ses fonctions n'est point limité (*a*).

L'habit ordinaire des magistrats est une espéce de corselet juste à la taille, terminé par un tonnelet ou petit jupon qui descend jusqu'aux genoux, avec des manches rondes & ouvertes qui ne couvrent le bras que jusqu'au coude. (On voit que cet habit ressemble assez à celui des anciens Romains, tel qu'il est représenté dans les statues antiques.) Par-dessus ils portent un manteau avec une longue cravate de dentelles. Cet habit est de soie ou de drap, suivant la saison. Les magistrats inférieurs & tous

---

(*a*) Ce privilége prouve que la république de Bologne vit sous les loix du souverain pontife, plutôt à titre d'alliée, que comme sujette.

les ministres de la justice sont habillés de même.

Le légat a pour sa garde une compagnie de hallebardiers Suisses, dont un détachement l'accompagne quand il marche par la ville, & une compagnie de chevaux-légers : les uns & les autres montent aussi la garde au palais. Le gonfalonnier & le corps du sénat ont à leurs ordres un barrigel ou prévôt, avec une compagnie de sbirres qui leur font cortége dans les cérémonies publiques, & qui servent à exécuter leurs ordres.

24. Le légat, le vice-légat, le gonfalonnier & les anciens habitent un très-grand bâtiment qui a son entrée du côté de la grande place : on l'appelle *Palazzo publico*, ou hôtel-de-ville. C'est là que sont les différens tribunaux de justice : cet édifice est d'une grandeur immense, & doit être tel, eu égard à sa destination.

Palais public.

La porte d'entrée est ornée de deux statues de bronze, l'une de Boniface VII, l'autre de Grégoire XIII, tous deux nés à Bologne. A main droite en entrant, est l'appartement du vice-légat : cette place étoit occupée en 1761 & 1762, par Monsignor Archinto,

Milanois, neveu du célèbre cardinal Archinto, ministre & secretaire d'état du pape Benoît XIV. Ce jeune prélat, vraiment digne de ses illustres ancêtres, est aimé & estimé à Bologne : il joint aux mœurs les plus pures, autant de politesse que de douceur ; & sa grande modestie n'empêche pas qu'on ne s'apperçoive qu'il est très-bien instruit, & capable de remplir les emplois les plus importans.

Au-dessus du grand escalier qui conduit au premier étage, est un buste en bronze de Benoît XIV, par J. B. Bolognini : à droite de cet escalier est l'appartement où les notaires publics ou greffiers de la république ont leurs bureaux : à gauche est la grande salle d'Ercule, ainsi nommée d'une belle statue de ce héros, faite en terre cuite par le Lombardi : on voit dans ce même plan l'appartement du gonfalonnier & des anciens qui résident au palais, & y sont nourris aux frais du public, pendant qu'ils sont en exercice. (*a*)

―――――――

(*a*) L'appartement du cardinal légat est à droite, celui de l'auditeur général est vis-à-vis. Quand je passai à Bologne, le cardinal

Dans l'appartement du gonfalonnier, outre les plafonds qui pour la plus grande partie font peints de bonnes mains, on voit un très-grand tableau du Guide, qui a pour fujet la Vierge dans une gloire pofée fur une arc-en-ciel, & au-deffous les faints Patrons de la ville de Bologne. Il eft dans la maniere claire du Guide, & peint fur une étoffe de foie : il avoit été deftiné à faire une banniere d'Eglife dans le temps de la pefte de 1630.

Le Samfon qui défait les Philiftins, du même, eft bien au-deffus pour la force du coloris & la fierté de l'expreffion : c'eft une de ces admirables productions du Guide, où il a réuni toutes les beautés que l'on admire dans fes meilleurs ouvrages.

Un faint-Jean-Baptifte de Raphaël, femblable à celui que poffède le roi de France, & à celui qui eft dans la collection du grand Duc à Florence : ils paffent tous trois pour originaux ; & s'ils ne font pas du grand peintre au-

---

Serbelloni quittoit la légation ; le cardinal Spinola qui devoit le remplacer n'étoit pas encore arrivé ; ainfi le vice-légat étoit chargé du gouvernement.

quel on les attribue ; ils font affez beaux pour mériter leur réputation. Un faint Jérôme de Simon de Pefaro, très-beau tableau.

Au fecond étage eft la falle Farnefe, ainfi nommée de la ftatue du pape Paul III. Le cardinal Farnefe fon neveu fit orner les piéces de cet appartement de plufieurs peintures à frefque, qui ont pour fujet les événemens les plus confidérables de l'hiftoire de Bologne, entre autres la prife d'Enzio, roi de Sardaigne, à la bataille que les Bolonnois gagnerent fur les Modenois près du Panaro. L'entrevue du pape Léon X avec François premier, roi de France. Ce même prince faifant la cérémonie de toucher les malades d'écrouelles dans l'églife de faint Pétrone. Le couronnement de Charles V dans la même églife. Enfin ce grand & vafte palais renferme plufieurs objets dignes de curiofité, qu'il eft aifé de voir & d'examiner. Dans la partie qui eft du côté du nord, eft un jardin des fimples, où la ville entretient un démonftrateur en faveur des jeunes étudians en médecine; au milieu eft un puits entouré d'une baluftrade, & couvert d'un pavillon de marbre d'excellente architecture : ce jardin a été formé par le célèbre Ulisse Aldrovandi, citoyen de Bologne, de famille patricienne, auquel l'histoire naturelle a tant d'obligation. On voit sur les murs, du côté de la place, quelques restes des belles peintures à fresque qu'y avoient faites les Carraches, le Guide, & les autres grands maîtres de l'école de Bologne. La garde suisse & les chevaux-légers ont chacun leur quartier séparé dans le même palais.

25. Vis-à-vis de la grande porte d'entrée, au milieu de la place du Géant, est la belle fontaine, décorée par Jean de Bologne. Cet ouvrage, fait aux frais de la république en 1563, est très-beau par les parties de détail ; mais l'ensemble paroît resserré dans un trop petit espace, eu égard à la quantité d'ornemens dont il est chargé. Un Neptune de bronze, de taille héroïque, est placé au-dessus ; aux angles du piédestal sur lequel il est posé, sont quatre enfans qui tiennent des dauphins jettans de l'eau, qui retombe dans de grandes coquilles : chaque face du piédestal est ornée de l'écusson des armes des souverains Pontifes. Aux angles du soubassement sont quatre sirenes assises sur

Belle fontaine du Géant.

des dauphins, qui se pressent les mamelles pour en faire jaillir de l'eau, elles sont belles, dans des attitudues gracieuses, même trop voluptueuses : ces dauphins jettent de l'eau par le mufle, & forment deux jets d'eau à chaque coin ; entre chaque coin ; entre chaque sirene sont de grandes coquilles de marbre, & au-dessus des masques qui y versent de l'eau. Cette grande machine est placée au milieu d'un large bassin toujours plein d'eau, & où l'on va puiser : il est revêtu de marbre, & élevé de trois marches au-dessus du niveau de la place. De l'autre côté de la fontaine, vis-à-vis du palais public, est un ancien bâtiment orné de quelques bas-reliefs, & une tour fort élevée, bâtie par les Bolonnois exprès pour loger Enzio, roi de Sardaigne, qu'ils firent prisonnier en 1242, & que tout le crédit de l'empereur Frédéric II son pere ne put tirer de leurs mains, quoiqu'il offrît pour lui une rançon immense. Ce malheureux prince mourut dans cette tour, après vingt ans de prison. (a)

──────────

(a) Le Pape Jules II s'étoit fait ériger une

26. On compte environ deux cents églises à Bologne, toutes enrichies de quelques tableaux précieux; plusieurs sont très-bien bâties & richement décorées: on y trouve aussi quelques beaux morceaux de sculpture. Cette ville a encore beaucoup de palais de belle construction, dans lesquels on voit des collections précieuses des tableaux de l'école de Bologne.

Toutes ces richesses l'ont fait appeller, avec raison, le cabinet des peintures de l'Italie. Les tableaux y sont parfaitement bien conservés, les possesseurs les estiment; l'air y est fort sain; la température de Bologne est

Idée générale des peintures de Bologne.

---

statue pédestre dans la place de Bologne. Il étoit représenté dans une attitude martiale, le visage menaçant & la main haute; ce qui fit demander au peuple si c'étoit pour le benir ou le maudire que cette terrible statue levoit le bras. Le Pape répondit que c'étoit pour l'un ou pour l'autre, suivant que les Bolonnois le mériteroient. Ils se souvinrent de cette menace, lorsque les Bentivoglio, à l'aide des François, rentrerent dans Bologne: ils briserent aussi-tôt cette statue, qui étoit un excellent ouvrage de Michel-Ange, & qui devoit avoir l'air bien expressif, puisque ce bon peuple en avoit été effrayé.

telle qu'on peut la souhaiter pour leur conservation : elle n'a point l'humidité incommode & âcre de la mer qui les ronge très-vîte à Venise ; elle n'a point ces brouillards épais & pénétrans qui sont si fréquens à Rome, & qui y causent pendant tous les hivers une humidité intérieure, à laquelle il est difficile d'obvier, sur-tout dans les appartemens bas, où sont ordinairement placées les peintures. Les chaleurs brûlantes de l'été, qui succédent de près aux fraicheurs de l'hiver, changeant tout d'un coup la température, font gerser les tableaux que l'humidité a trop affoiblis pour résister à l'impression de l'air sec & chaud. Je crois même qu'à cet égard la situation de Bologne est préférable à celle de Florence, qui est fort exposée aux brouillards pendant une grande partie de l'hiver ; aussi voit-on dans les églises & dans les palais de Bologne des tableaux déja fort anciens & très-bien conservés.

Je n'annonce point ici une description complette des églises & des palais de Bologne ; on en distribue dans cette ville une imprimée, où l'on parle de tout ce qu'il y a à voir dans le plus grand détail, & toujours avec beaucoup d'éloges: il est vrai que le médiocre y est loué autant que l'excellent, & que l'on n'y dit rien de ce que les palais renferment de rare & de curieux. Cet ouvrage, comme ses semblables, que l'on vend dans presque toutes les villes considérables d'Italie, sert au moins à guider.

27. La cathédrale, située presqu'au milieu de la ville, est sous le vocable de saint Pierre & saint Paul. Elle a été érigée en archevêché par Grégoire XIII en 1583. L'église est moderne, construite dans le dernier siécle, & agrandie depuis peu de temps par les ordres du pape Benoît XIV, qui en avoit été archevêque. Le Torregiani, architecte connu, a décoré cette église, & fait construire la façade qui est toute neuve. La nef principale est soutenue de piliers d'une assez belle architecture, revêtus de stucs bien travaillés, ainsi que la voûte: les ornemens y sont placés sans confusion. Comme cette église est bien éclairée, tenue proprement & d'une belle largeur, le tout ensemble a une majesté simple, digne à mon goût d'un temple consacré au vrai Dieu. La chapelle du saint Sacrement

Cathédrale.
Mont de piété.

a été revêtue de marbres précieux aux frais de Benoît XIV. On voit dans le chœur une Annonciation peinte à fresque par Louis Carrache. Le fond de l'église, ce que les architectes appellent le cul-de-four, est couvert de peintures modernes à fresque, d'un bon ton de couleurs. (*a*) Le palais archiépiscopal tient à cette église. L'archevêque y a sa jurisdiction distincte de celle du légat, & souvent leurs officiers ont des disputes sur leurs droits respectifs.

A côté de cette église est un édifice de belle apparence, où est placé le mont de piété de saint Pierre.

Ces sortes d'établissemens sont fort communs en Italie. On appelle mont de piété une bourse ou magasin public où l'on prête sans usure de l'argent ou des denrées à ceux qui en ont besoin. Paul II, & après lui Léon X en 1515, ont autorisé, par des bulles expresses, ces établissemens. Il y a des monts de piété qui ne sont qu'à temps, parce

―――――――――

(*a*) Au-dessous du chœur est une grande chapelle souterreine appellée la Confession, où sont plusieurs autels, sous lesquels sont placées les reliques. Il y a quelques monumens respectables d'antiquités chrétiennes.

que les fonds appartiennent à des particuliers qui les retirent quand il leur plaît. Il y en a d'autres qui sont perpetuels, & dont les fonds appartiennent au public sous la manutention du Souverain. On n'exige au-delà du principal qu'un très-léger intérêt pour le payement des officiers nécessaires à la direction : on y prête toujours sur gages, & avec caution pour sûreté du principal, aux gens du pays, & point aux étrangers. Le premier mont de piété fut établi à Padoue aux dépens de quelques Juifs, qui prêtoient publiquement à vingt pour cent : on saisit leurs biens & leurs maisons, & on y établit un bureau de prêt, où l'on donnoit de l'argent à cinq pour cent. Depuis ce temps l'intérêt est beaucoup plus bas.

28. Saint Pétrone, église patronale de la ville, & collégiale sous le vocable du saint évêque dont elle porte le nom, qui vivoit dans le milieu du cinquiéme siécle. Cette église commencée en 1590, & achevée aux frais du sénat, est d'architecture gothique, grande & solidement bâtie. Le portail est décoré d'une statue de la Vierge, de celles de saint Pétrone & de saint Am-

S. Pétrone & autres églises.

broise, & de quelques bas-reliefs qui représentent des sujets d'histoire tirés de la Genese. C'est dans cette église que le légat officie pontificalement ; le gonfalonnier & le sénat y assistent en corps aux offices & services publics, & à toutes les cérémonies religieuses qu'exigent les occurrences. On y remarque quelques belles peintures.... Une Vierge placée sur un croissant, tenant Jesus entre ses bras, & saint Pétrone à ses genoux, peinte à fresque par le Franceschini... Dans la chapelle saint Roch, le tableau de ce saint, de grandeur naturelle, avec le portrait de celui qui l'a fait peindre... La chapelle des Aldrovandi, où est placé le chef de saint Pétrone, qui a été donné au chapitre de cette église par le pape Benoît XIV, a été magnifiquement décorée par le cardinal de ce nom. La peinture & la sculpture y étalent leurs beautés. Le mausolée du cardinal, sur lequel est placée sa statue faite par le Rusconi, est un très-bel ouvrage. Dans la chapelle des Ranuzzi, une très-bonne statue de saint Antoine de Padoue par le Sansovino, excellent sculpteur de Florence.

Dans la nef de côté, à gauche, est une

une ligne méridienne, tracée sur le pavé par le célébre Cassini, sur laquelle sont marqués les lieux du zodiaque, par lesquels le soleil passe depuis le mois de juin jusqu'à celui de janvier. On voit dans le même endroit deux pendules à équation, entretenues aux frais du public ; l'une marque les heures, l'autre le cours du soleil & de la lune, & les jours du mois...

Saint Sauveur, *san Salvatore*, église de chanoines réguliers, l'une des plus belles de Bologne, de construction moderne & d'une architecture noble & majestueuse. A la troisiéme chapelle on voit une Assomption peinte par Augustin Carrache, excellent tableau pour la composition, le dessein & l'expression ; le coloris en est un peu sombre, ce qui y répand un air de tristesse qui ne devroit point y être... Une Nativité, figures plus grandes que nature, beau tableau du Tiarini, qui étoit fait pour être placé au-dessus du maître-autel ; ce qui fait que de l'endroit où il est actuellement, on découvre quelques incorrections dans le dessein, mais il est d'une maniere forte, pleine d'expression, & très-bien peint... A la chapelle du saint

Sacrement, le Sauveur portant sa croix petit tableau du Guide admirablement dessiné... Saint Jean-Baptiste à genoux devant son pere Zacharie, tableau peint sur bois par Benvenuto Tisio, dit le Garofoli, peintre de Ferrare : la figure du vieillard est excellente (*a*)....

Saint Paul, église de Barnabites,

(*a*) La bibliothéque de cette maison est assez considérable, & enrichie de plusieurs manuscrits hébreux, grecs & latins.... On y voit un rouleau très-ancien fait d'une peau de veau, sur laquelle est écrit le livre d'Esther.... Dans un même volume grec écrit sur soie, sont.... un traité sur la grammaire par Théodore Prodrome, sophiste Grec, qui a aussi écrit quelques romans ou histoires érotiques..... L'art mystique des philosophes, dédié à l'Empereur Théodose par Héliodore, philosophe.... La sphere par Proclus, & le traité de la musique par Plutarque.... Un très-ancien manuscrit de Lactance sur velin, du septiéme siécle au plus tard, bien conservé & très-lisible ; les caractéres en sont un peu arrondis, & approchent pour la forme des lettres gothiques.... Les Métamorphoses d'Ovide, manuscrit du quatorziéme siécle. ....

Parmi les livres imprimés, une édition d'Aristote sur velin, la premiere qui se soit faite.... La bible de Mayence de 1462.... La premiere édition greque & latine de pseaumes à deux colonnes. Milan, 1481.....

grande & d'une belle architecture. Le maître-autel mérite toute l'attention des curieux. Il est orné de deux excellentes statues de l'Algardi, qui représentent, l'une, saint Paul à genoux à l'instant d'être décollé ; l'autre, le bourreau prêt à le frapper. Elles sont posées sous un baldaquin de la plus noble construction. Au-devant de l'autel est un bas-relief du même maître, qui est également beau. Ces morceaux sont faits pour soutenir la comparaison avec ce que l'antique a de plus parfait. La maniere de l'Algardi (*a*) est fiere & savante : il paroît avoir beaucoup étudié Michel-Ange.

Dans la croisée de cette église sont quatre grandes tribunes fort ornées, où l'on place différens chœurs de mu-

___

(*a*) Alexandre Algardi, né à Bologne en 1602, mort à Rome en 1654, a été un sculpteur du premier mérite, & un très-bon architecte ; il s'étoit formé sur l'étude de l'antique, & avoit pris quelques leçons à l'école de Michel-Ange. Outre ce qu'il a fait à Bologne, on a de lui un excellent bas-relief à S. Pierre de Rome, qui représente le Pape Saint Leon le Grand allant au-devant d'Attila... Plusieurs bustes à la Villa Pamphile, qui sont d'une excellente maniere.

siciens aux jours solemnels. Dans la seconde chapelle en entrant, est un fameux tableau du Paradis par Louis Carrache. J'ai vu cette église un jour de fête principale, très-ornée, tapissée d'un damas cramoisi à franges & galons d'or. La tapisserie suit exactement l'ordre de l'architecture, & ne cache rien des beautés de la construction. Cette décoration, éclairée le soir d'une multitude de girandoles & de lustres placés entre les colonnes, étoit aussi noble que brillante.

Corpus Domini, église de religieuses de sainte Claire, où l'on conserve le corps entier de sainte Catherine Vigri de Bologne, qui a vécu dans le quinzième siécle. Elle est assise, revêtue d'habits précieux, avec une couronne d'or enrichie de perles & de diamans; la peau du visage est extraordinairement rembrunie. On voit cette relique par une petite fenêtre ouverte au-dessus de l'autel de la quatrième chapelle à gauche. Cette chapelle est revêtue de beaux marbres; au-dessus est un tableau de la résurrection, par Annibal Carrache, très-bien dessiné: il y a des raccourcis traités avec beaucoup de vérité & de noblesse. Le ton de couleur en est triste & obscur. L'auteur de la description des peintures de Bologne prouve par ce tableau, que l'on peut être grand peintre, sans s'être formé sur les chefs-d'œuvres antiques & modernes que l'on admire à Rome, puisqu'Annibal avoit fait ce tableau avant que d'être sorti de Bologne.

Dans la premiere chapelle à droite en entrant, est un très-bon tableau de Franceschini; il a pour sujet la mort de saint Joseph, assisté de la Vierge & de Jesus adolescent. Il y a dans ce tableau une vérité d'expression qui charme: la douleur douce & noble de la Vierge, l'intérêt du Sauveur des hommes, la reconnoissance peinte sur le visage du viellard expirant, toutes ces passions sont représentées avec la plus grande vérité. On a une assez bonne gravure de ce tableau, dont il y a une multitude de copies. Cette église est d'une bonne architecture; la voûte est couverte de peintures qui représentent les principales actions de la vie de sainte Catherine de Bologne.

Sainte Agnès, église de religieuses de saint Dominique. Le tableau du maître-autel, peint par le Dominichino, repréfente le martyre de la fainte titulaire de l'églife. Il eft parfaitement confervé ; & placé affez haut pour n'être point gâté par la chaleur des cierges qu'on allume fur l'autel. Tout eft beau dans cette compofition, le deffein, le coloris, l'expreffion. Le choix des ajuftemens & des coiffures eft ingénieux. Il y a à droite un grouppe de trois femmes de la plus grande beauté. Le vifage de fainte Agnès, qui eft à l'inftant de confommer fon martyre, eft d'un caractere admirable : on voit ce que peuvent produire la douleur & la confiance bien exprimées. Ce tableau eft un de ces morceaux précieux qu'on ne fe laffe point d'admirer, & fur lequel on peut fe former le goût pour juger de ceux qui font traités dans la même maniere.

Dans cette même églife en entrant à gauche, eft un petit tableau de l'adoration des Rois, peint fur bois par François Francia, l'un des reftaurateurs de la peinture en Italie. On y remarque de la fageffe & de la vérité dans le deffein, & des couleurs encore bien confervées.

Saint Antoine abbé, collége & maison fondée par Sixte V pour l'éducation des jeunes gens de Montalte sa patrie. Les cloîtres & la cour sont d'une bonne architecture. Au-dessus de la porte de l'église est un grand tableau de Léonel Spada, qui représente la rencontre d'Abraham & de Melchisedech. La composition en est ingénieuse & noble ; il est fort de couleur, les ombres en sont noires. Le tableau du maître-autel, représentant saint Antoine, a été peint par Louis Carrache. Il faut aussi voir dans cette église une annonciation & une descente de croix du Tiarini, tableaux de bonne couleur & de belle expression.

28. *Saint Dominique*, grande & belle maison de religieux de cet ordre, nouvellement reconstruite avec magnificence. L'église a trois nefs, est belle & vaste. Les chapelles sont ornées de plusieurs tableaux excellens. La principale est celle où sont placés les reliques de saint Dominique, mort en cette maison en 1221. Elles sont enfermées dans une grande urne de marbre blanc. L'autel est revêtu de beaux marbres & de bronzes dorés, & enrichi de plusieurs piéces d'argenterie, plus pré-

Dominicains, Bibliothéque, manuscrit célébre.

cieuses par le travail que par la matiere. L'Ange qui est à droite de l'autel, est de la main de Michel-Ange Buonarotti ; il y a d'autres statues de bons maîtres, & d'excellens bas-reliefs. C'est dans cette église que l'on voit le fameux tableau du massacre des Innocens, peint par le Guide, dont il y a tant de copies & de desseins répandus dans le monde... Saint Thomas d'Aquin écrivant sur l'Eucharistie, beau tableau du Guerchin... & beaucoup d'autres des Carraches, du Franceschini, du Tiarini... Dans la croisée de cette église, on voit le tombeau d'Enzio, roi de Sardaigne, dont j'ai déja parlé.

Le cloître est rempli d'inscriptions & d'épitaphes de professeurs de l'université de Bologne, & d'écoliers de toutes les nations, qui sont morts dans le cours de leurs études. Le vestibule qui précéde la bibliothéque, est soutenu par quatre rangs de colonnes de bonne architecture : le vaisseau qui la contient est grand & vaste. Il y a beaucoup de bons livres ; mais la multitude est de scholastiques, de canonistes & de juristes ultramontains. Les belles éditions des peres, faites en France par la congrégation de faint Maur, & quelques autres, même le faint Léon du pere Quefnel, y ont leurs places. Ils ne connoiffent point les belles éditions des peres, faites à Oxford : le débit en eft défendu en Italie. L'ufage de relier les livres en parchemin blanc, avec les titres écrits à la main, donne une air pauvre à la plupart des plus grandes bibliothéques d'Italie. L'efpace qui eft entre les tablettes & le plafond, eft orné de plufieurs tableaux qui ont pour fujet les principales circonſtances de la vie de faint Thomas d'Aquin. Il n'y a point de manufcrits antiques : ceux qu'ils donnent pour tels ne doivent pas dater plus loin que du douziéme ou du treiziéme fiécle. (a) A la

---

(a) On y verra un manufcrit Arabe d'Avicenne, écrit à la fin du onzieme fiécle, précieux par la quantité de miniatures dont il eft orné. On y voit entr'autres un plan élevé d'Alexandrie, tel qu'elle etoit dans ce fiécle....
Ce qu'il faut tâcher de voir dans cette maifon, c'eft un manufcrit ou rouleau du Pentateuque, que l'on dit être l'Autographe d'Efdras, écrit par lui-même au retour de fa captivité : il eft en caracteres hebraïques fur des peaux de veau rattachées enfemble; l'encre en eft encore fort noire.... Il fut donné par des Juifs à Aimeri,

quantité de religieux que j'ai vu occupés dans cette bibliothéque, il paroît que les études n'y font point négligées.

S. Jean in Monte. Curiofités de cette églife. Epoque de la chute de la tour Garifende.

29. Saint-Jean (*San Gio in Monte,*) églife de chanoines réguliers. On y voit dans la chapelle des Bentivoglio la fameufe fainte Cécile de Raphaël, avec faint Paul, fainte Madeleine, faint Auguftin & faint Jean. Ce tableau eft dans le même endroit où il fut placé quand Raphaël l'eut fini, & il n'en a jamais été dérangé. La figure principale qui donne le nom au tableau eft d'une expreffion admirable. On voit

---

général de l'ordre des Dominicains, en 1308. Quoique rien ne puiffe affurer la haute antiquité que l'on donne à ce manufcrit, il eft certainement très-ancien, puifqu'il paffoit déja pour tel il y a plus de quatre cens cinquante ans. Le foin avec lequel il eft gardé depuis ce temps, prouve la grande idée que l'on en a toujours eu. Il eft confervé précieufement dans une armoire fermée de deux clefs, dont l'une eft entre les mains du prieur de la maifon, l'autre entre celles des magiftrats de la ville. . . . Pour la forme, il reffemble beaucoup à toutes les bibles dont les Juifs font ufage dans leurs fynagogues. . . . . Dans le même endroit, on voit un portrait original de S. Thomas d'Aquin, qui a été reftauré en 1683. . . . .

sur son visage les desirs vifs que peut inspirer l'idée du bonheur éternel, représenté par un chœur d'Anges qui forment un concert de divers instrumens. Pour les entendre, la sainte semble abandonner son orgue qui lui sera désormais inutile, & d'autres instrumens qui sont à ses pieds, & qui représentent le détachement du monde. Ce tableau est par-tout bien conservé, excepté à la hauteur où sont ordinairement les cierges ; les couleurs en paroissent brûlées. Je ne dis rien du dessein, du coloris, il est de Raphaël ; & ce tableau a toujours été regardé comme une de ses excellentes productions, qui pouvoit être comparée avec ce qu'il a fait de mieux. On voit dans cette même église un tableau du martyre de saint Laurent, par le Franceschini.... Saint Jérôme & saint Joseph, deux tableaux ovales par le Guerchin... Un grand tableau du Dominichino, dont la figure principale est une Notre-Dame du Rosaire. Il est d'un coloris éclatant ; il y a dans le bas une confusion de figures dont il n'est pas aisé de deviner le sujet (a)....

(a) On montre dans cette Eglise le chapi-

Saint Etienne, que l'on croit avoir été la premiere église de Bologne, & qui est certainement le monument le plus antique que l'on y voie, est l'ancienne église épiscopale où siégeoit saint Pétrone, évêque & patron de la ville, & où l'on conserve encore une partie de ses reliques. Elle est formée

---

teau d'une colonne de marbre d'ordre corinthien, très-bien travaillé, que l'on dit avoir servi au temple de Salomon.... On y lit une épitaphe qui fait mention d'une histoire trop merveilleuse pour être passée sous silence.... C'est celle d'une femme nommée Hélene, qui est qualifiée de bienheureuse. Elle passa de la cour de Mahomet II, empereur des Turcs, à Bologne, & fut reçue dans la maison de Dogliolo. Il arriva que tout d'un coup elle changea de forme, & parut être une des filles du maître de la maison; si bien qu'elle fut mariée comme telle. Elle conserva sa virginité même pendant son mariage; & pour récompense d'une si rare vertu, son corps est resté incorruptible jusqu'à présent.... L'inscription ne dit point ce qu'étoit devenue la jeune Dogliola dont Hélene avoit pris la forme & la ressemblance, si elle disparut, ou si les deux personnes n'en formerent plus qu'une; ce qui seroit encore plus merveilleux. Cette épitaphe me paroît une allégorie dont on savoit l'explication dans le seiziéme siécle, & que l'on a oubliée, parce qu'il n'y avoit aucun intérêt à la conserver.

par sept petites églises séparées les unes des autres, de façon qu'elles sem-

Dans le cloître de cette maison, on lit l'inscription suivante.....

Antonio Bologneto J. C. quem
Turris super Aedes repente
Lapsa misera quondam morte
Oppressit, & Jacobo Mar. filio
Integerrimo ; Jacobus Mar. eques &
Hier. Camilli filii, patri, avo,
Et proavo B. B. p. p. anno
M. DLXXII.

Je rapporte cette inscription, pour fixer à peu près l'époque de la chute de la partie supérieure de la tour de Garisende, qui doit être arrivée dans le quinziéme siecle, & qui peut très-bien avoir été la cause de la mort d'Antoine Bologneti. Ainsi c'est à tort que l'on croit que ces tours inclinées que l'on voit en quelques villes d'Italie, telle que celle de Garisende à Bologne, & la tour du clocher de Pise, ayent été construites exprès par les architectes de cette maniere. Il est bien plus naturel de penser que le terrain sur lequel elles étoient fondées, s'étant affaisé en partie, toute la masse de l'édifice a suivi la direction que leur poids a fait prendre au terrain. La tour de Garisende n'étant bâtie que de brique, toute la partie supérieure se trouvant sans appui, est tombée : celle de Pise,

blent avoir été bâties en différens temps. Elle font fort basses, d'une construction simple & ancienne. Celle du milieu est une petite rotonde plus élevée que les autres, soutenue sur des colonnes d'assez beau marbre. Elle a été autrefois un temple consacré à Isis, ainsi que le prouve une inscription en grands caracteres romains, incrustée dans le mur extérieur. Il paroît même que cette petite rotonde étoit entourée ou précédée d'une galerie ou d'un peristile de bonne architecture, à en juger par différens morceaux de marbre travaillés avec goût, & qu'une ignorance barbare a répandu sans ordre & sans desseins dans un mur construit bien postérieurement à ce petit temple, où l'on voit encore le goût de la belle architecture grecque, dont il reste beaucoup de monumens entiers dans le royaume de Naples.

La Madonna di Galiera, église de

―――――――――――――――――――

qui étoit plus solidement construite, & qui ne surplombe pas aussi considérablement, est restée dans son entier, d'autant mieux que l'architecte avant que de la finir, prit des précautions pour la soutenir solidement sur ce plan incliné.

prêtres de la congrégation de l'Oratoire d'Italie, dits Philippins, nouvellement bâtie & très-propre... Le maître-autel a un beau tableau du Guerchin, qui a pour sujet saint Philippe de Néri en extase. On place sur ce même autel quatre grands bustes d'argent, parfaitement exécutés sur les desseins de l'Algardi.... A la seconde chapelle à gauche en entrant, un grand tableau d'autel de l'Albane. Il représente l'Enfant Jésus à l'âge de dix à douze ans, acceptant les instrumens de la passion. Il est placé entre saint Joseph qui lit, & la Vierge qui s'occupe du mystere. Le Sauveur est admirablement peint, de belle couleur, avec toute la noblesse, les graces que l'on peut imaginer dans ce sujet divin : l'éclat lumineux qu'il rend, éclaire tout le reste du tableau. La tête de la Vierge est belle & gracieuse ; mais on ne retrouve pas dans l'ensemble de ce tableau cette intelligence de composition, cette science à groupper les figures que l'on admire dans les Carraches, le Guide, le Guerchin, & les autres grands maîtres de l'école de Bologne. Cependant il y a des parties de détail admirables dans ces grands tableaux de l'Albane, peu connus hors de Bologne...

A la troisiéme chapelle, un tableau de l'incredulité de saint Thomas peint par Therefa Muratori Moneta. On voit que cette femme, digne d'être mife au rang des bons peintres de Bologne, avoit habilement faifi la maniere de fes maîtres, fur-tout pour la compofition & le deffein. La facriftie de cette églife peut-être regardée comme une galerie de tableaux choifis de dévotion, peints par les Carraches, le Guide, l'Albane, Elifabeth Sirani, le Pafinelli, & autres excellens peintres de Bologne.

Oratorio, ou Concert fprituel.

30. A côté de cette églife, & fous la direction des Philippins, eft une très-grande chapelle ou oratoire d'une bonne architecture, nouvellement conftruite fur les deffeins du Torregiani, très-fagement décorée & tenue d'une grande propreté. Au-deffus de la porte qui communique du cloître à l'oratoire, eft une peinture à frefque par Louis Carrache, qui étoit autrefois fous le portique de la maifon Ercolani. La partie du mur où eft ce tableau, a été détachée avec tant de précaution, qu'elle a été tranfportée où elle eft,

sans souffrir aucune altération.

Tous les dimanches en hiver, depuis la Toussaint jusqu'à Pâques, on fait dans cette chapelle des oratorio ou concerts spirituels qui durent au moins trois heures. Ces spectacles pieux sont destinés à l'instruction & à l'amusement du peuple, qui, dans ce pays, aime beaucoup la musique. Quoique ces oratorio se donnent pendant la nuit, il y régne le plus grand silence, & beaucoup de décence & d'ordre. Le sujet de celui que j'ai entendu, est l'histoire d'un homme appelé Oreste, que sa fille veut convertir par la médiation de saint Gaëtan. Il ne les écoute pas; mais sa mere Faustine qui lui apparoît dans son état de damnation, l'effraye, & il se convertit. Le drame où il y a du pathétique bien rendu par la musique, est en deux parties, & exécuté par deux castrats, une taille & une basse-taille. Il est précédé par un salut, & par un petit discours prononcé par un jeune enfant, & qui sert d'exorde à l'oratorio. Entre les deux parties, pour donner le temps aux musiciens de se reposer, un Philippin fait une instruction morale. Les communautés chargées de donner ces oratorio, se font honneur d'avoir de la bonne musique, & des exécutans qui la rendent bien. Dans celui-ci, j'ai entendu quelques récitatifs obligés d'une grande beauté, & des ariettes d'une expression frappante, sur-tout celle où Faustine représente l'horreur de son état à son fils...

Gesù é Maria, église de religieuses de l'ordre de saint Augustin. Le tableau du maître-autel, qui a pour sujet la Circoncision, peint par le Guerchin, est au premier rang des beaux & grands ouvrages qui décorent la ville de Bologne. Il est bien composé, fiérement dessiné, peint avec soin ; les parties de détail n'y sont point négligées ; les étoffes des habillemens, dont quelques-uns sont fort riches, y sont rendues avec la plus grande vérité. La figure de la Vierge est excellente : on voit sur son visage les sentimens qu'elle éprouvoit à la vue de l'opération douloureuse qu'on alloit faire à son fils. Il y a un défaut de costume ; le prêtre qui fait l'opération, a l'air d'un ministre des faux Dieux, sur-tout à côté de l'autel copié d'après l'antique profane, & orné de bas-reliefs du même goût. Ce défaut même contribue à enrichir le tableau qui est vraiment digne de sa réputation, & qui mérite l'empressement avec lequel on va le voir... Le Pere éternel, qui est dans l'ornement qui couronne l'autel, a été peint par le Guerchin, dans une nuit, à ce que l'on assure, & à la lumiere des flambeaux. Ces grands peintres étoient si sûrs de leur maniere & de leur facilité ; que pour leur plaisir particulier ils faisoient des gageures, dont l'exécution paroît hors de la vraisemblance aux artistes de nos jours.

Gli Servi, église de Servites (a) Sous les portiques qui l'environnent, dans les ceintres des arcades, il y a plusieurs tableaux à fresque, représentant

―――――――――――

(a) Les servites ou serviteurs de la Vierge, sont une congrégation de clers réguliers suivant la regle de S. Augustin, fondés par sept marchands de Florence, dont le principal étoit Bonsilio Monaldi. Ils firent leur premier établissement à Monte Senario, à deux lieues de Florence, & reçurent de l'évêque de cette ville leur habit & leur regle en 1239. Bonsilio fut le premier général de cet ordre, qui fut approuvé au quatriéme concile général de Latran. Leur habit est comme celui de tous les clers réguliers, la soutane ou robe longue noire, & le manteau long.

les miracles de saint Philippe Benizzi, faits par de bons maîtres, & la plupart bien conservés.... Dans l'église, un tableau du Paradis par le Calvart, maître du Guide, belle & riche composition... L'instant qui précéde la présentation de la sainte Vierge au temple, par le Tiarini, tableau frais de couleurs, agréable, & d'une belle expression. ... A la chapelle saint Charles, les peintures à fresque de la voûte & des côtés; qui ont pour sujet l'apothéose du saint, ont été peintes par le Guide, dans une nuit, à la lueur des flambeaux ; fait presque incroyable, quoiqu'attesté par tous les artistes & les connoisseurs de Bologne ; & ces peintures sont très-dignes de leur auteur... *Un Spofalizio*, ou mariage de sainte Catherine, par Innocenzio da Imola, peint agréablement : les têtes en sont belles & gracieuses... Deux grands tableaux d'autel de l'Albane, ayant pour sujet, l'un, le martyre de saint André, l'autre l'apparition de Jesus-Christ ressuscité à la Madeleine, sujet connu sous le nom de *noli me tangere*, tous deux bien peints, surtout le dernier qui est d'une couleur fraîche & merveille. Le peintre a mis dans cette grande composition les finesses de détail & les graces que l'on admire dans les petits tableaux où il a excellé. (a)

Mendicanti di Dentro, église d'hôpital, ou maison de charité, dans laquelle on peut dire que les plus fameux peintres de l'école de Bologne se sont plu à placer, à l'envi les uns des autres, les chefs-d'œuvres de leur art. Les communautés des différens arts & métiers ont des chapelles dans cette église, dont la plupart sont décorées par les tableaux admirables dont je vais parler. Celui du maître-autel est du Guide & l'un des plus estimés de ce maître : il est en quelque façon partagé en deux sujets. Celui du dessus est une toile ou suaire où est peinte une Piéta, c'est-à-dire la Vierge avec le Christ mort & deux Anges. La partie d'en

―――――――――

(a) L'intérieur de la maison est d'une belle construction, & occupe un grand espace. On y montre une urne antique de marbre, haute d'un pied au moins, ornée à l'extérieur de feuillages en relief, que l'on dit être une de celles où Jesus-Christ changea l'eau en vin aux nôces de Cana ; mais qui plus probablement est une urne sepulcrale d'une belle forme, d'un travail élégant, & bien conservée.

bas représente saint Pétrone, saint Charles, & les autres saints protecteurs de la ville de Bologne, qui regardent le tableau du haut. Le ton de couleur est foncé, les ombres sont fortes & noires; il n'est pas de ce ton de couleur gracieux, ordinaire au Guide. Le sujet en est singulier, & sans doute du goût de celui qui l'a fait peindre.. A la première chapelle à droite, le tableau de l'autel & les peintures à fresque sont d'Alessandro Tiarini, que l'on appelle par excellence l'expressif. Le sujet de ce tableau est saint Joseph amené par des Anges aux pieds de la Vierge, pour lui demander pardon des soupçons qu'il a conçus sur sa grossesse. L'air humilié & repentant du saint fait imaginer ce que le peintre a cru qu'il devoit dire. La Vierge a un air sévere qui la fait paroître plus âgée & moins gracieuse qu'on ne la représente ordinairement. Ce tableau est d'un ton de couleur excellent, exactement dessiné & très-bien conservé.

A la troisième chapelle est un tableau du Guide, qui représente Job sur le trône après tous ses malheurs; il est entouré d'une multitude de personnes de différens âges & de différens sexes qui lui apportent des préfens. Le fujet de ce tableau, comme on peut juger, offroit un beau champ à la grande intelligence de cet habile peintre; auffi y a-t-il déployé avec avantage toutes les reffources de fon admirable génie: il régne une variété charmante dans les aires de têtes qui font exactement deffinées & toutes gracieufes; les animaux, les bijoux, les draperies, tout y eft repréfenté avec vérité & une grande facilité. La lumiere eft bien répandue dans tout le tableau; les ombres s'affoibliffent à mefure qu'elles s'éloignent; enfin, cette ingénieufe & fublime compofition réunit dans un dégré éminent toutes les perfections que l'on peut fouhaiter dans un tableau, & peut vraiment fervir de modele aux éleves qui veulent prendre une idée de la grande maniere de ce maître.

Il y a dans cette même églife un très-beau tableau de Louis Carrache, qui repréfente la vocation de faint Mathieu à l'apoftolat. Le Cavedone, bon peintre, peu connu hors de Bologne, y a peint des frefques qui font d'une bonne couleur.

Que l'on ne foit point étonné d'entendre un curieux, qui n'a fait que voir en passant ces tableaux, oser les apprécier. Il est dans tous les genres des beautés si frappantes, qu'elles sont faites pour être saisies par tout esprit sensible au beau, dans lequel la vérité domine, & qui est l'expression de la nature, dans un état de perfection où on l'imagine plutôt qu'on ne la trouve. Or, tels sont les beaux tableaux dont j'ai parlé ; ils ne sont autre chose que la représentation de la belle nature : c'est cette même représentation exacte qui en fait la beauté réelle. Il ne faut donc que pouvoir, en voyant l'ouvrage du peintre, s'affecter des mêmes idées qu'il a eues ; & comment s'y refuseroit-on ? Si les objets sont présentés avec un appariel avantageux, c'est en même temps avec une vérité frappante, qui n'est pas toujours celle de la nature, mais que l'on ne souhaiteroit d'y rencontrer, parce qu'elle n'a rien d'outré, rien que l'on puisse croire être tel qu'il est représenté. Je n'entreprends donc rien, en appréciant ces tableaux qui soit au-dessus de la portée d'un homme qui ne voyage que pour s'instruire, & qui a du goût pour les baux arts. J'ai fait cette réflexion une fois pour toute, afin de justifier les descriptions

tions que j'aurai occasion de faire dans la suite de ces Mémoires, & où je parlerai toujours de ce que j'aurai remarqué, suivant que j'en aurai été affecté.

Les Capucins. Le tableau du maître-autel est un Crucifix, avec la Vierge, saint Jean & la Madeleine, peint par le Guide. Il est fort vanté à Bologne ; il est dans la maniere forte de ce peintre, convenable à ce sujet, où il faut plus de majesté imposante, que de graces & de délicatesse. C'est peut-être pour cette raison que l'on regarde ce tableau comme le premier de ce genre qu'ait produit le pinceau du Guide.

31. *San Michaele in Bosco*, abbaye reguliere de moines Olivetains, située sur une montagne à un demi-mille de Bologne ; la maison est grande & bien bâtie, il y a une bibliothéque assez considérable, & il regne parmi les moines qui l'habitent un ton de politesse qu'il n'est pas ordinaire de trouver dans ces maisons.

L'église est bien bâtie & décorée avec goût. A la premiere chapelle à droite, est un beau tableau du Guerchin, qui représente le bienheureux

S. Michel in Bosco.

Bernado Tolomei, instituteur de la congrégation du Mont-Olivet, qui reçoit le livre de sa régle des mains de la Vierge. Il y a des dessus de portes ovales, où sont des enfans d'une grande beauté, peint par le Cignani, qui excelloit dans ces sujets.

A la sacristie, le tableau d'autel est une copie de la célébre Madeleine du Guide, dont l'original est au palais Barberini à Rome : cette copie, peinte par le Canuti, est très-belle. La boiserie faite par un frere convers, de marqueterie de rapport, qui représente différens sujets de l'histoire ecclésiastique, est un ouvrage qui mérite d'être examiné avec attention : il y a des parties rendues avec la plus grande industrie. A côté d'une des portes de cette sacristie, il y a une petite perspective peinte à fresque avec tant de vérité, qu'elle fait illusion : c'est une porte & un escalier....

Mais ce qui a été admirable en cette maison, ce sont les peintures du cloître, où le Guide, Louis Carrache, le Cavedone, Spada, Tibaldi & plusieurs autres peintres avoient travaillé à l'envi. Cet ouvrage immense, composé de trente-sept grands tableaux, qui, lorsqu'il subsistoit en son entier, pouvoit disputer le mérite de la peinture à toutes les plus fameuses galeries, est presque tout-à-fait détruit. Il n'en reste pas une partie qui ne soit considérablement altérée, soit par les injures de l'air, soit par l'ignorance & la méchanceté d'une quantité de gens que l'on y laisse entrer, qui ont graté les peintures, les ont rayées, se sont plu à en effacer certaines parties, & ont fait mille outrages à ces ouvrages dignes de l'immortalité. Quel regret n'a-t-on pas de voir le magnifique tableau de la Turbantine, peint par le Guide, totalement altéré. On voit encore dans le haut quelques têtes admirablement peintes. On appelle ainsi ce tableau de la figure principale, qui est une très-jolie femme coiée d'un turban, qui apporte à saint Benoît un panier d'œufs. Les autres sont différens paysans de l'Apennin, qui viennent de même faire des présens au saint Patriarche. On peut juger de l'ordonnance de ce tableau, par une copie qui est dans le chœur des moines. Le tableau le mieux conservé est celui de la folle qui court à saint Benoît, qui la guérit sur le champ. Les autres ont pour sujet différens miracles du même saint, & les traits principaux de l'histoire de sainte Cécile. Ce cloître, de forme octogone, est de très-bonne architecture. Les différens points de vue qui se présentent des terrasses qui environnent la maison, sont agréables & variés. On voit la ville de Bologne dans toute son étendue ; la vue même peut se porter jusqu'à Imola, Cento & autres villes, à travers une plaine de la plus grande fertilité, & très-bien cultivée. Les environs de la montagne offrent de jolies promenades, où le peuple de Bologne se rassemble en très-grand nombre les jours de fête en été.

Madonna di San Luca, portiques qui y conduisent.

32. *La Madonna di san Luca*, église de religieuses de saint Dominique, située au-dessus d'une montagne à près de trois milles de Bologne. On y va à couvert sous un portique à arcades ouvertes, qui aboutit à la porte même de l'église. C'est une des grandes constructions qui ait été faite depuis le siécle brillant des Romains : il y a sept cents arcades qui conduisent de la porte de la ville au haut de la montagne, entreprises au commencement de ce siécle par la maison Monti, & conti-

nuées par plusieurs particuliers. Les corps de marchands, les arts & les métiers, les domestiques même des deux sexes se sont cotisés & ont fait construire plusieurs arcades; ceux qui ne pouvoient contribuer de leurs bourses, alloient servir les ouvriers; les confesseurs obligeoient leurs pénitens à y travailler; plusieurs y alloient par dévotion; enfin on a si bien fait, que cet ouvrage immense est terminé. Vers le milieu du chemin est un grand pavillon d'architecture, décoré par Bibiéna. Il est soutenu sur des ponts sous lesquels passe un grand chemin. A chaque arcade on voit le nom & les armes des particuliers, des compagnies, des confraires & des corps de métiers qui les ont fait bâtir; il y en a quelques-unes construites aux frais du public : celleslà s'achetent d'ordinaire par des mourans qui chargent leurs héritiers de les payer, & d'y faire peindre leurs armes avec leurs noms.

L'église est formée par un grand dôme, quatre chapelles aux angles, & un enfoncement allongé pour le maîtreautel. L'architecture en est belle & majestueuse, & fort dans le goût de la Superga, qui est au-dessus de Turin.

Elle a été bâtie sur les desseins de Dotti, architecte moderne. On y révere une image miraculeuse de la Vierge que l'on dit peinte par saint Luc & qui est l'objet de la grande dévotion des Bolonnois. Tous les malades, tous les gens en peine font des vœux à la Madonna di san Luca, & on obtient par son intercession mille faveurs du ciel; aussi l'église est couverte d'une confusion d'*ex voto*, qui empêchent d'en voir la belle construction.

Si je me borne à ces seules églises, ce n'est pas qu'il n'y en ait quantité d'autres à Bologne, où l'on voit de belles peintures; mais outre que je ne les ai pas toutes visitées, le détail en seroit d'une longueur qui pourroit être ennuyeuse. Je crois seulement avoir rapporté ce qu'il y a de plus célèbre, & en avoir assez dit à ce sujet, pour inspirer aux voyageurs quelque curiosité pour ces chefs-d'œuvres de l'art que l'on a tant de plaisir à examiner.

Université. 33. *Lé Scuolé*, ou l'Université. Elle reconnoît pour son fondateur, en 425, l'empereur Théodose. Charlemagne, & Lothaire un des successeurs, l'augmenterent considérablement par les privileges & les biens qu'ils lui accorderent. Il est certain que cette école ou université va de pair, pour l'ancienneté & la célébrité, avec celle de Paris. On la nomma université d'études, pour montrer qu'elle les renfermoit toutes, & qu'en une même ville on enseignoit toutes les sciences & les arts libéreaux, qu'il falloit auparavant aller apprendre en divers lieux. Les divisions que les factions des Guelphes & des Gibelins causerent en Italie, & sur-tout à Bologne, troublerent considérablement la tranquillité & l'ordre que demande un pareil établissement. Plusieurs écoliers s'en étoient retirés, & les études y languissoient, lorsque Pierre Thomas, de l'ordre des Carmes, né à Sarlat en Périgord, évêque non résident de Palti en Sicile, nonce du pape Clément VI, se rendit à Bologne en 1362, pour terminer les différends qui étoit entre le Pape & Jean Visconti, par rapport aux prétentions qu'ils avoient l'un & l'autre sur la ville de Bologne.

Pendant le séjour de Pierre Thomas dans cette ville, il contribua beaucoup au rétablissement de son université, & les docteurs le reconnoissent aujourd'hui pour le reſtaurateur. Ce prélat mourut en Egypte en 1366 des bleſſures qu'il avoit reçues au ſiége d'Alexandrie, où il portoit la croix en qualité de légat du pape dans l'armée des Croiſés. La congrégation des rites l'a mis au nombre des martyrs, & l'univerſité de Bologne l'honore en conſéquence d'un culte public.

Les fameux juriſconſultes Jérôme Oſorio, Jean André, Azon, Bartolea Accurſe, ou ſe ſont formés dans cette école, ou y ont enſeigné. C'eſt à Bologne que le moine Gratien compila ſon décret. On dit que du vivant d'Azon l'univerſité de Bologne comptoit dix mille écoliers. C'eſt à cette école que Grégoire IX adreſſa le livre des Décrétales, Boniface VIII le Sexte, & Jean XII le livre des Clémentines. Il y a des profeſſeurs pour toutes les facultés, les langues & les humanités. Les profeſſeurs de la faculté de médecine ſe font connoître avantageuſement dans la république des lettres, par les ouvrages utiles qu'ils publient de tems en tems. Les noms des *Muratori*, des *Sbaraglia*, des *Malpighi*, médecins de cette univerſité, ſont célébres. Les bâtimens où ſe tiennent les écoles, que l'on doit regarder comme le vrai centre de l'Univerſité, eſt vaſte, & pluſieurs de ces parties ſont bien décorées. Les cours, les ſalles, les galeries répondent à la beauté de l'établiſſement. Sous les portiques, dans les galeries, aux plafonds des ſalles, dans la chapelle, on voit de bonnes peintures à freſque; pluſieurs inſcriptions à la louange des profeſſeurs les plus célébres, (à la tête deſquels on n'a pas oublié de mettre Apollon & Eſculape) dont quelques-unes, décorées avec goût, ornent les galeries.

Le théâtre anatomique eſt diſpoſé avec beaucoup d'intelligence; il eſt orné de quelques ſtatues en bois fort bien exécutées; celles qui ſoutiennent le baldaquin de la chaire du profeſſeur, ont été nouvellement faites par Ercole Lelli, très-bon ſculpteur & grand anatomiſte: elles repréſentent deux hommes écorchés, dont les muſcles, les nerfs & les veines ſont à découvert. On regarde ces deux ſtatues comme des chefs-d'œuvres dans ce genre. Pendant la plus grande partie de l'hiver, on fait en cet endroit deux leçons d'anatomie par jour; on disséque sur la table qui est au milieu du théâtre. Il est fort libre d'y entrer, & ceux qui ne veulent pas être connus, peuvent y venir masqués; usage très commode, sur-tout pour les femmes. Le colége de Montalte, fondé par Sixte V, & celui du Cardinal Albornos, établi pour la nation Espagnole, sont du corps de l'université. Ce dernier collége étoit destiné à entretenir des Espagnols déja reçus docteurs dans d'autres universités, qui venoient se perfectionner à Bologne, pour être envoyés de-là exercer les principaux emplois de judicatures dans les deux Siciles, le Milanois, & les autres états de la Monarchie Espagnole. Le recteur de ce collége avoit une maison assez bien entretenue pour y recevoir les cardinaux & les embassadeurs de sa nation qui passoient à Bologne; il y avoit même deux carosses exprès pour leur usage.

La quantité d'universités établies dans tous les états de l'Europe, est cause qu'il y a peu d'étrangers qui viennent actuellement faire leurs études à Bologne; on n'y voit plus que quelques Vénitiens & Allemands. Mais ce qui fait un très-grand honneur à cette ville, eſt...

34. L'inſtitut de Bologne, ou l'Académie des ſciences & beaux arts, formée dans ce ſiécle par le comte Louis-Ferdinand Marſigli, officier général des armées de l'empereur homme vraiment né pour être le reſtaurateur des ſciences & des arts dans ſa patrie. On peut voir dans les mémoires imprimés de l'inſtitut, & dans l'hiſtoire de l'académie de peinture & de ſculpture de Bologne, connue ſous le nom de Clémentine, qui lui vient de ſon protecteur Clément XI, ce que ce généreux citoyen a fait pour ſa patrie. On a vu cet homme illuſtre à la tête des armées, dans les négociations les plus importantes, remplir les fonctions de général ou de miniſtre avec des talens diſtingués, & s'occuper en même temps de l'hiſtoire naturelle, de la phiſique expérimentale, de toutes les parties des mathématiques, faire des recherches, des expériences & des obſervations, enfin ne laiſſer échapper rien de ce qui pouvoit ſatisfaire ſon goût pour les ſciences, bien connu par quantité de beaux ouvrages dont il a enrichi la république des lettres. Ce que je peux dire

Inſtitut ou Académie des ſciences.

de l'inftitut, c'eft qu'il eft étonnant de voir un établiffement formé dans ce fiécle, porté au point de perfection où eft celui-ci, & dans beaucoup de genres très-intéreffans, dont je donnerai une notice abrégée. Il eft vrai que le pape Benoît XIV, né à Bologne, & qui avoit un amour de prédilection pour fa patrie, a achevé, avec la magnificence d'un fouverain qui aime les fciences & les arts, ce que le comte Marfigli avoit commencé avec tant de fuccès.

Le bâtiment eft vafte, & d'une beauté de conftruction vraiment digne d'être le fanctuaire des mufes. La tour de l'obfervatoire, qui eft au milieu, eft fort élevée, & d'une conftruction folide; la plate-forme eft affez large pour y placer aifément tous les inftrumens néceffaire aux obfervations aftronomiques. Les falles font très-belles; celle qui fert aux affemblées publiques de l'académie Clémentine, eft décorée d'une très-belle frife peinte par Nicolo Labbate, élève du Primatice. Dans une autre falle on voit les plus beaux monumens de Rome peints par Pellegrino Tibaldi.

Bibliothé-

35. La bibliothéque de l'inftitut eft

très-nombreuse, composée, à ce qu'assure le bibliothécaire, de cinquante mille volumes, tant manuscrits qu'imprimés. Il y a peu de manuscrits anciens ; mais on y voit quantité de porte-feuilles, de lettres & autres ouvrages manuscrits du comte Marsigli ; plusieurs du pape Benoît XIV ; tous les manuscrits originaux, & les desseins coloriés de la grande histoire naturelle d'Ulisse Aldrovandi, qui, après avoir fait de longs voyages pour la perfection de l'ouvrage qu'il avoit entrepris, étant de retour en sa patrie, craignant que ses héritiers ne dissipassent ses trésors littéraires, les donna au sénat de Bologne qui les plaça dans une salle du palais public. La garde en fut confiée à un homme habile en état de conserver avec soin cette précieuse collection, & de l'augmenter par ses propres recherches. Il est faux, comme on l'a débité, qu'Aldrovandi, après avoir consommé son patrimoine aux dépenses nécessaires pour achever son entreprise, soit mort de misère dans un hôpital, à la fin de sa carrière qui fut fort longue. Il fut enterré avec honneur dans le tombeau de ses ancêtres à saint Etienne. Il est vrai qu'il fut

que, manuscrits, originaux d'Aldrovandi.

aidé des libéralités du sénat de Bologne; le pape Grégoire XIII, dont il étoit parent, Sixte V & le cardinal Alexandre Peretti, le secondèrent; le duc d'Urbain, François-Marie de la Rovere, & Ferdinand premier, grand duc de Toscane, favorisèrent son entreprise par de grandes largesses ; & voilà ce qui le mit en état de faire cette collection qui étonne dans nos bibliothéques, par la dépense prodigieuse qu'elle a exigée : mais pour en bien juger, il faut la voir en original dans la bibliothéque de l'institut, & alors on est persuadé que c'est la plus belle entreprise qui se soit faite pour les progrès de l'histoire naturelle.

Les manuscrits & le cabinet d'histoire naturelle de Ferdinando Cospi, noble Bolonnois, qui marcha sur les traces d'Ulisse Aldrovandi, ont été aussi transportés à l'institut. Ce savant, aidé des libéralités de Ferdinand II & de Cosme III, grands ducs de Toscane, continua la belle entreprise commencée par Aldrovandi, & mit, avant que de mourir, dans le même dépôt public, les curiosités qu'il avoit rassemblées, & ce qu'il avoit écrit à ce sujet. Ces deux collections, déja fort riches, ont fait le fonds d'un tréfor, qui, dans ce genre, eft l'un des plus confidérables qui exifte en Europe.

Outre ces manufcrits, la bibliothéque eft fournie de tous les bons livres connus, & des meilleures éditions : on y voit un recueil confidérable d'eftampes, beaucoup de deffeins d'originaux des meilleurs maîtres ; plufieurs manufcrits orientaux en langue originale, deux exemplaires bien confervés de la bible de Mayence, & en général tous les grands livres & les belles éditions qui font l'ornement des bibliothéques les plus fameufes. Celle-ci occupe deux grandes galeries & plufieurs chambres. Elle eft publique. Les tablettes de la premiere galerie font grillées, & on n'entre librement que dans celle-là, jufqu'à ce que l'on ait mis la feconde galerie dans le même état de sûreté.

Il y a plufieurs falles deftinées, foit aux affemblées publiques de l'inftitut, & de l'académie Clémentine, foit aux affemblées particulieres, & aux confeils qui fe tiennent en préfence des magiftrats nommés pour préfider aux exercices & aux affemblées ; ce n'eft point le fort qui en décide, c'est une élection libre qui se fait toujours en faveur de ceux qui, par leur goût & leurs talens, sont portés à prendre un véritable intérêt aux progrès & à l'honneur de ces établissemens.

L'atrio ou vestibule est décoré de la statue de Benoît XIV, & de celle d'Hercule, par Angelo Pio, sculpteur Bolonnois. Les murs sont revêtus de plusieurs inscriptions, bas-reliefs & autres monumens antiques. Les trois chambres, appellées des Présidens, sont ornées des desseins & des modeles qui ont concouru ou remporté le prix d'architecture, de dessein & de sculpture. On voit incrustés dans la boiserie d'une de ces chambres, deux plats d'ivoire fait autour, d'un travail excellent, ornés au centre de bas-reliefs très-bien exécutés, qui ont été donnés par Benoît XIV.

On voit dans la salle des antiques beaucoup de monumens étrusques & égyptiens; plusieurs morceaux précieux & originaux; les plâtres des plus belles statues & des bas-reliefs les plus célébres qui soient à Rome & à Florence, d'après lesquels les éleves de peintures & de sculptures dessinent pendant l'été. Pendant l'hiver, ils dessinent ou ils modelent sur le nud tous les jours à la lampe, pendant deux heures au moins, dans une salle basse destinée exprès à cet exercice. Dans cette même salle est une suite de médailles grecques & romaines en grand bronze, depuis Pompée jusqu'à Héraclius, donnée par Benoît XIV, ainsi que la plus grande partie des plâtres modelés après l'antique.

Tous les instrumens propres à tourner, que le comte Marsigli avoit acquis en Allemagne sont rassemblés dans une même chambre.

La chambre de la dioptrique, outre beaucoup de télescopes, de lunettes de toutes longueurs, à tous les instrumens propres à fabriquer les verres, & les tours pour les polir. Benoît XIV acquit pour l'institut, tout ce que possédoient dans ce genre les héritiers du célébre Joseph Campana, professeur d'optique & de dioptrique.....

La salle destinée à la chymie est pourvue de tous les alambics, fourneaux, creusets, vases, & autres instrumens nécessaires à ses opérations.

Les murailles de le salle de l'art

militaire font couvertes d'une multitude de deffeins de toutes les machines de guerre, tant anciennes que modernes, de plufieurs trophées d'armes des peuples orientaux, & des fauvages de l'Amérique. Au-deffous fur des tablettes font les modeles en relief de ces mêmes machines & armes travaillées en bois avec un art infini.

Dans la grande falle qui précéde l'appartement deftiné à la phyfique expérimentale, on voit le portrait en grand de Benoît XIV, incrufté dans le mur; il a été exécuté en mofaïque à la fabrique du Vatican...... Cet appartement eft compofé de trois piéces; on y trouve des aimans d'une groffeur & d'une force confidérable; toutes les machines pour les expériences à faire fur la lumiere & les couleurs, fuivant le fyftême de Newton; les miroirs ardens; les machines pneumatiques des meilleurs ouvriers d'Angleterre; les balances hydroftatiques, & tous les inftrumens propres à déterminer le cours des liqueurs, & leurs poids; enfin, ce que l'on peut fouhaiter de plus parfait dans ce genre, & qui a prefque tout été donné par Benoît XIV.

36. L'appartement destiné à l'histoire naturelle, est composé de six piéces. Dans la premiere, sont les marbres & les albâtres: le prince de Massa Carrara & le général Montecuculli ont fort enrichi cette partie.... Dans la seconde, sont les terres à l'usage de la médecine & de la peinture; les sels fossiles, les soufres, les bitumes, les stalactites, les cinabres, les antimoines, les minéraux & les métaux, chacun dans leur matrice; les bois, les plantes & les poissons pétrifiés. On voit dans une des armoires, une petite montagne artistement formée de tous les minéraux qui se trouvent en Saxe, surmontée par une croix de vermeil: ce morceau est un présent fait au comte Marsigli, par le roi de Pologne, électeur de Saxe.

Cabinet d'histoire naturelle à l'institut.

Dans la troisiéme, sont les plantes marines, les éponges, les mousses, & une belle suite de coraux, suivant leurs différences & leurs degrés. Dans la quatriéme, on voit les plantes terrestres, rares & singulieres de l'europe & des pays étrangers, & remarquables, soit par leur forme, soit par leur beauté; les racines & bois étrangers d'usage dans la médecine; les gommes, les résines, les fruits & les graines: cette collection paroît complette. La cinquiéme contient plusieurs momies d'Egypte de différentes formes & grandeurs, de la plus belle conservation; quelques-unes par leur richesse font juger qu'elles ont été de personnes distinguées; la plupart sont encore dans les boîtes où on les a trouvées, qui sont chargées d'hyérogliphes; des animaux conservés dans leur forme naturelle; un crocodille; des cristaux de roche; quelques grandes piéces de coraux; plusieurs peaux de ces poissons coloriés de la mer du Brésil; quelques morceaux d'or & d'argent fossiles, qui enrichissent & ornent en même-temps les cabinets d'histoire naturelle, entr'autres une pépite d'or pesant plusieurs marcs, piéce plus rare encore qu'elle n'est précieuse. (On appelle pépites les morceaux considérables des minéraux qui se trouvent dans le lavage de la mine qui n'a point encore été exposée à l'action du feu).

Dans la sixiéme piéce, sont les animaux les plus rares, conservés en entier ou par parties; une belle suite de coquillages pris dans les mers des Indes; les oiseaux de l'Amérique les plus curieux; des serpens de toutes les formes, conservés dans l'esprit-de-vin, on en

INSTITUT DE BOLOGNE. 117

voit à plusieurs têtes ; une suite nombreuse de bézoars. Cette partie de l'histoire naturelle est d'une richesse étonnante, d'un choix précieux, & de la plus belle conservation. Dans cette collection on voit un morceau rare, en ce que c'est une côte de baleine prise dans la Méditerranée sur les côtes de Pise, environ 1730.

La salle destinée aux exercices de géographie & de nautique, a les cartes, les instrumens & les livres de toute espece qui concernent ces sciences ; il y a outre cela des modeles de vaisseaux, galeres, frégates & autres bâtimens, les uns entiers, les autres en coupe, assez grands non-seulement pour en bien distinguer les parties, en connoître la construction, mais encore pour en démontrer la manœuvre. Un citoyen de Bologne, nommé *Marco Sbaraglia*, fonda en 1724 une chaire de professeur pour ces sciences, qui manquoit à l'institut.

37. La salle d'anatomie établie par Benoît XIV, est d'une richesse singuliere, par la quantité de tableaux & de figures en cire qui la meublent & la décorent, toutes exécutées par Ercole Lelli, sculpteur & anatomiste, mort

Salle d'anatomie. Anna Marsolini, habile artiste.

prince de l'académie Clémentine. On voit deux statues d'homme & de femme de grandeur naturelle ; quatre autres disséquées & découvertes en partie, pour voir & suivre l'ordre des muscles, des nerfs, des veines jusqu'aux os ; des squelettes artificiels ; plusieurs tableaux où sont représentés dans le plus grand détail les organes qui servent à former les sens ; les statues & les morceaux différens exécutés en cire de diverses couleurs, sont de la grandeur, de la forme & de la couleur qu'elles ont dans les corps naturels. Cet habile artiste, qui travailloit avec autant d'application & de promptitude que d'adresse, à en juger par la quantité de ses ouvrages qui sont à Bologne & dans les pays étrangers, sur-tout à Turin, a été beaucoup aidé dans ses traveaux par sa femme nommée *Anna Mansolini*, qui vit encore, & qui pratique cet art admirable. Elle fait, sur les modèles qu'elle a formés elle-même, des démonstrations anatomiques en faveur des étrangers curieux de juger de ses talens par eux-mêmes. On voit chez elle des tableaux en cire & en relief de toutes les parties du corps humain, sur-tout des plus délicates, telles que celles de l'œil & de l'oreille, dans le plus grand détail, & avec une précision lumineuse. Toutes les parties constitutives de l'organe de l'ouïe y sont détaillées; & comme il est difficile de faire bien connoître le méchanisme du marteau, de l'enclume, des nerfs & autres petites parties intégrantes, & d'une délicatesse extrême, elle les a rendues six fois plus grande que nature, mais toujours dans la vérité des proportions. Pour exécuter ces sortes d'ouvrages, il faut autant de sagacité que de patience. Elle m'a assuré qu'elle avoit fait la dissection de trente têtes, pour porter son anatomie de l'œil au point où elle est. Cette femme, vraiment respectable par ses talens, est âgée d'environ quarante-cinq ans; elle a de l'esprit & de la vivacité, & rend compte de ses opérations comme le meilleur démonstrateur d'anatomie. Je lui ai vu expliquer les parties & le méchanisme de l'œil, de l'oreille & de quelques autres parties du corps humain. Elle fait des bustes en cire aussi vrais que la nature; on voit chez elle celui de son mari & le sien que l'institut lui a demandés: elle n'a pas parfaitement réussi dans le dernier pour la ressemblance.

38. Je reviens à l'institut, pour par- *Salle pour*

l'inſtruction des ſages-femmes. ler d'un établiſſement nouveau, qui fait honneur à ceux qui l'ont imaginé, & qui eſt infiniment utile pour le bien de l'humanité. Dans une très-grande ſalle boiſée & garnie de tablettes, ſont rangés un grand nombre de modeles en grand, de toutes les façons dont peut ſe préſenter l'enfant pour ſortir de la matrice. Il y a de ces modeles où les mains ſont placées comme elles doivent l'être pour l'extraction de l'enfant & de l'arriere-faix; pluſieurs où ſont des enfans jumeaux dans diverſes poſitions. Cette ſalle eſt deſtinée uniquement à l'inſtruction des ſages-femmes, qui viennent y recevoir gratis les leçons d'un profeſſeur en chirurgie: elles ne ſont admiſes à opérer, qu'après qu'elles ont fait un cours d'études à l'inſtitut. A la ſpéculation on joint la pratique. Dans une chambre voiſine de cette ſalle, eſt la figure d'une femme ſur un lit de couche, & conſtruite de façon que l'on y peut placer un des modeles qui ſont dans la ſalle: cette figure eſt couverte. La ſage-femme opere devant le profeſſeur, les yeux bandés, & il faut qu'elle rende compte de ſon opération. Après pluſieurs eſſais de ce genre, ſi elle a donné des preuves ſuffiſantes de ſon intelligence

telligence & de sa dextérité, on lui permet d'exercer son talent. Il suffit de donner une idée de cet établissement, pour sentir combien il est utile & intéressant pour l'humanité ; il ne paroît pas possible de porter les précautions plus loin pour instruire ces femmes, & prévenir les accidens occasionnés par l'ignorance, dès qu'il se présente le moindre embarras dans les circonstances qui exigent le ministere de ces femmes.

Outre les bâtimens dont j'ai fait mention, & qui sont considérables, il y a une aile entiere nouvellement construite qui n'a encore aucune destination, qu'à favoriser les progrès de l'institut, & à placer les nouvelles richesses qu'il acquerra.

39. C'est de l'académie Clémentine unie à l'institut, que sont tirés les professeurs de peinture, de sculpture & d'architecture.

{Académie Clémentine & Bénédictine.}

L'académie Bénédictine, ainsi appellée du nom de Benoît XIV. son fondateur, a pour objet les sciences & les belles-lettres, & est également uni à l'institut. Elle est composée de vingt-quatre académiciens, au nombre desquels le souverain pontife voulut que fût agrégée la célébre *Laura-Maria-Ca-*

therina Baffi Verati, qui occupe une chaire de philosophie dans l'université de Bologne. Cette académie tient ses séances tous les jeudis. C'est du nombre des académiciens que sont tirés les professeurs de chymie, d'architecture militaire, de physique, d'histoire naturelle, de géographie, de nautique & d'astronomie, qui donnent des leçons publiques à l'institut. Ils ont tous des adjoints ou substituts qui les remplacent en cas d'absence ou de maladie, ainsi que le secrétaire perpétuel & le bibliothécaire.

D'après la légere idée que je viens de donner de l'institut de Bologne, on doit convenir qu'il y a peu d'établissemens formés pour le progrès des sciences & des arts, qui puissent lui être comparés ; & on peut dire que c'est l'amour de la patrie qui a formé celui-ci, & qui l'a porté tout d'un coup à ce point de perfection que l'on y admire : il doit tout aux Bolonnois. Benoît XIV, qui l'a si considérablement enrichi, en avoit fait son objet de prédilection. Depuis le temps de la naissance de l'institut, jusqu'à celui de son élévation sur le trône pontifical, il n'avoit cessé de contribuer à son embellissement. Dès qu'il fut pape, il s'y porta avec la magnificence & les attentions d'un souverain, né pour le bonheur & l'accroissement des sciences & des arts. Il donna à l'institut un état de consistance qui répond de sa durée. S'il ne fit pas davantage pour rendre l'état de professeurs plus utile, c'est qu'il connoissoit l'ame noble de ses compatriotes, qui s'empresseroient toujours de consacrer leurs talens à l'honneur de leur patrie, & de l'institut qui en fait la gloire.

Tel est en général la façon de penser des Bolonnois. Un habile homme préfère une place d'un revenu médiocre qui l'attache à l'institut, qui le met en état de le servir de ses connoissances, à un établissement plus brillant & plus utile qu'il trouveroit hors de sa patrie. Il y a plusieurs substitutions considébles faites en faveur de l'institut, après l'extinction des familles qui jouissent des biens dont il a l'expectative. Enfin il y a peu de villes où l'amour de la patrie soit aussi en recommandation qu'à Bologne; tout ce qui a rapport à l'utilité ou à l'honneur du public, ou à la décoration de la ville, y est traité avec autant de distinction que de soin.

Théâtres. 40. Il y a plusieurs théâtres à Bologne, comme dans toutes les villes considérables de l'Italie ; quelques-uns ont été construits par des particuliers dans l'enceinte même de leurs maisons, & leur appartiennent propriétairement, quoique l'usage soit de les faire servir aux plaisirs du public : ceux-là n'ont rien de remarquable.

Le principal, celui que le sénat a fait construire, est élevé dans un très-grand emplacement sur les ruines du palais des Bentivoglio, qui ont été les souverains de Bologne. Cet édifice, qui, par sa situation, son étendue & sa construction, pouvoit être regardé comme une forteresse, fut rasé : c'est sur ses fondemens que l'on a construit tout nouvellement un grand théâtre, l'un des plus vastes & des plus beaux qui soit en Italie. Il a été bâti sur les desseins de Bibiena, peintre & architecte, actuellement vivant : il est tout construit en pierres, à cinq rangs de loges séparées par des cloisons de briques sur champ. L'architecture en est assez noble. Le proscenium est formé par des colonnes cannelées d'ordre composite très-riche ; les bases & les chapiteaux en sont dorés, de même que les pilastres qui séparent les loges. Celle du légat qui est en face du théâtre, aussi grande que deux autres, & plus élevée, fait saillie; elle est ornée d'un fronton soutenu par deux colonnes. Autour du parterre regnent des bancs en amphithéâtre, jusqu'à la hauteur des premieres loges. Il y a outre cela trois rangs de bancs dans la longueur du parterre. On bâtissoit à côté du théâtre, en 1761, des logemens fort commodes pour les acteurs étrangers. Les corridors & les entrées sont grandes & également bâties en pierre & en brique. En général, la distribution de ce théâtre est bien entendue. Pour la commodité & la solidité, il est préférable à tous ceux que j'ai vus en Italie: il n'est pas si régulier que le grand théâtre de Parme, mais il est plus solide, & n'a rien à craindre des incendies. Au fond de la scène est une grande porte qui donne sur un terre-plein assez étendu, qui est au niveau du théâtre, & qui peut servir ou allonger la perspective, ou à faire entrer les animaux & les machines lourdes qui sont nécessaires au spectacle. On n'avoit pas encore représenté sur ce théâtre; on travailloit aux décorations sur les desseins de Bibiena, qui présidoit lui-même à l'ouvrage: j'en ai vu quelques piéces très-bien entendues pour la perspective, qui est le genre où Bibiena excelle.

<small>Palais & tableaux.</small> 41. Je n'ai encore rien dit des palais de Bologne, qui sont en grand nombre, enrichis d'une multitude de beaux tableaux : j'ai vu les plus célébres, & je suivrai la méthode que je me suis prescrite, en ne faisant mention que de ce qui m'a plu davantage.

Tous les nobles établis à Bologne, sur-tout ceux qui sont aggrégés au sénat, & qui passent à leur tour à la place de gonfalonnier, premiere dignité de la république, ont de grandes maisons ou palais qui paroissent plus servir à la représentation qu'à leur usage ordinaire. La coutume à Bologne, lorsqu'un sénateur a été élu gonfalonnier, est d'ouvrir sa maison, non-seulement aux personnes de son rang, mais au peuple que la curiosité y conduit : c'est un spectacle que les patriciens lui doivent, chacun à leur tour, de deux mois en deux mois. Dans ces cas, où la représentation extérieure est de devoir, chacun se fait un honneur d'avoir des meubles de prix, des tableaux précieux, une longue suite d'appartemens que le peuple puisse admirer, & qui serve à lui donner une grande idée de la magnificence & du pouvoir du possesseur.

Palais Sampierri. On y conserve trois tableaux admirables. Saint Pierre qui pleure son péché dans la prison, & que saint Paul console, par le Guide: il y a une expression si admirable dans les deux têtes, qu'on croit à tous instans que les Apôtres parleront ; les parties de détail ne sont pas moins belles. Les habillemens sont traités avec une vérité frappante : la couleur est excellente. Enfin, c'est tout dire, on regarde ce tableau comme le plus parfait qu'ait produit le pinceau du Guide ; où il a réuni à un dégré éminent toutes les qualités que l'on peut y souhaiter.

Abraham qui chasse Agar, par le Guerchin; figures de grandeur naturelle, que l'on ne voit que depuis le genou en haut : il est aussi parfait dans son genre que celui du Guide.

L'enlevement de Proserpine, par l'Albane, tableau composé de trois parties; dans le milieu est une danse d'enfans autour d'un arbre ; dans un coin du tableau à gauche, l'enlevement ;

vis-à-vis, & sur un nuage, l'Amour qui montre à sa mere ce que fait Pluton. Ces trois parties, qui ne forment qu'un seul sujet, sont exécutées avec une perfection admirable ; le tableau est bien conservé, frais de couleurs, & a toutes les graces, l'élégance & le fini que l'Albane mettoit dans ces sortes de compositions. (M. Cochin s'est trompé en faisant deux tableaux de ces sujets qui sont certainement peints sur la même toile.) On assure à Bologne que M. le duc d'Orléans, régent de France, avoit voulu acheter ces trois tableaux ; mais comme ils sont l'ornement du palais Sampierri, on ne voulut pas les séparer des autres ; ce qui avoit déterminé le prince à acquérir toute la collection. Le marché étoit conclu, lorsqu'il fut surpris par la mort. Ce palais a encore d'autres tableaux de distinction, tel que la Samaritaine d'Annibal Carrache, connue par l'estampe que l'on en a gravée... Le combat des Centaurs & des Lapithes, par le Tintoret, sujet bien digne du génie & du feu de ce maître qui aimoit le fracas. Quelques beaux tableaux de plafond ; un de Louis Carrache, représentant Hercule & Jupiter.... Un autre du Guerchin, qui a pour sujet Hercule étouffant Antée. La couleur, le dessein & l'intelligence sont portées à un haut dégré dans ce tableau.

Palais Aldrovandi; grande & magnifique maison d'une architecture noble. A la suite du grand atrio appuyé sur plusieurs rangs de colonnes, on voit trois cours en enfilade, décorées de galeries soutenues par des colonnes couplées. Deux escaliers fort larges, & d'une belle construction, conduisent à des appartemens vastes & meublés avec goûts. On voit dans ce palais un assez grand tableau que l'on dit être du Guide. Il représente l'Amour dormant sur un matelas de velours cramoisi. La figure est d'une vérité frappante, qu'on ne se lasse point de considérer, & admirablement peinte. Une Madeleine de Vandervef, peintre Flamand, qui, pour la beauté du coloris & l'agrément du pinceau, approche dans ce tableau de la maniere excellente du Correge. Une très-grande galerie, où sont six tableaux de plafond, peints par Vittorio Bigari & Stephano Orlandi, peintres vivans à Bologne. Les sujets sont des faits particuliers à la maison Aldrovandi, & sur-tout au dernier

F v

cardinal de ce nom. On travailloit sur le plancher de cette galerie un tapis de Turquie, formé par des stucs de couleur très-brillante.

Une seconde galerie moins grande que la premiere, partie dorée, partie peinte en grisaille, avec des niches qui renferment une collection vraiment précieuse de bustes antiques grecs & romains : il y en a quarante au moins, & des plus beaux temps de la sculpture.

Au-dessus de la porte du grand sallon, on lit une inscription à la gloire de Benoît XIV, qui prouve l'équité & la grandeur d'ame de ce pape. Le cardinal Pompeïo Aldrovandi avoit fait l'Eglise Romaine, ou la Chambre Apostolique son héritiere ; il avoit cru devoir en agir ainsi, parce qu'il avoit été chargé de plusieurs affaires importantes & utiles. Il laissoit très-peu de bien à sa famille. Mais le saint pere croyant l'Eglise Romaine assez riche, annulla le testament de son autorité, & rendit le bien du cardinal à sa famille, dont les meubles & les tableaux font aujourd'hui le plus bel ornement de ce palais.

Galerie fin-   42. *Palais Caprara,* moins vaste

que le précédent. Les meubles y font de la plus grande richesse. Il y en a un de velours brodé en or, un autre de velours cramoisi ciselé à fond d'or, plusieurs de velours plein galonnés en or. Un grand étalage d'immenses plats, bassins d'argent ciselés, d'urnes, de vases de toutes les formes, de coffres & d'autres meubles d'orfévrerie. Mais ce qu'il y a de vraiment curieux, ce qui est unique en Italie, c'est la galerie de ce palais, ornée des dépouilles des Turcs, qui furent le partage du général Caprara, qui commandoit une partie des troupes de l'empereur, lorsque le roi de Pologne, Jean Sobiesky, força les Barbares à lever le siége qu'ils avoient mis devant Vienne en 1683. On y voit toutes les armes à l'usage des Orientaux, arcs, flèches, carquois, casques, sabres, mousquets, étandars, turbans, selles, caparaçons des plus riches étoffes, brodés en perles, enrichies de pierres précieuses. Cet étalage est fait pour donner une idée de la magnificence orientale. Plusieurs cinturons d'orfévrerie, ornés de pierres fines ; une multitude de nippes & de bijoux à l'usage des Turcs & de leurs femmes. Toutes ces dépouilles

gulière du palais Caprara.

forment des trophées élégamment arrangée dans cette galerie, au bas desquels sont des coffres couverts de glaces, où sont renfermés la plupart de ces effets précieux, parmi lesquels on voit l'équipage du comte Tekeli, sa vaisselle, ses cantines & ses goblets d'argent doré, l'écritoire du Prince Ragotski, & plusieurs de ses bijoux. Cette collection est de la plus grande richesse. On peut juger par cette portion de butin qui échut au général Caprara, & qui fut peu considérable en comparaison de ce que durent avoir le roi de Pologne, le duc de Lorraine, les électeurs de Saxe & de Baviere, & les autres princes généraux en chef, de la magnificence barbare des Orientaux. La tente seule du grand visir, qui fit partie du butin du roi de Pologne, valloit plusieurs millions.

Dans la piéce qui sert de vestibule à cette galerie, est un grand buste du général Caprara, orné de la toison d'or; il est de bronze doré, & porté par un esclave Turc courbé, qui lui sert de piédestal : imagination ingénieuse, qui se rapporte & au général, & à la galerie qui lui sert de trophée.

Palais Ranuzzi. L'architecture en est noble ; le grand escalier est d'une belle construction. Dans les appartemens, on voit une sainte Agathe par Raphaël, demi-figure de grandeur naturelle, où l'on remarque la sagesse & la beauté de composition de l'Homere de la peinture. Un petit tableau de Moïse sauvé des eaux, par François Francia ; l'ordonnance en est bonne, & il est encore assez frais de couleur. Je parle avec plaisir de ces anciens tableaux, parce qu'il est rare d'en trouver qui soient bien conservés. L'enlevement de Proserpine & celui d'Hélene, par Luc Jordan, peintre Napolitain ; deux grands tableaux composés avec génie & beaucoup de feu, d'une belle couleur. Deux tableaux du Gambarini, peintres Bolonnois, qui a peint dans le goût Flamand avec beaucoup de correction. Ils représentent des religieux de saint François & des religieuses du même ordre qui font la charité... Il y a quelques autres tableaux de ce même peintre. Joseph & Putiphar, grand & beau tableau du Guide... Dans ce palais, comme dans beaucoup d'autres, il y a un luxe d'ornement fort singulier ; c'est de mettre dans les différens ap-

partemens de grandes piéces de vaiſ-
ſelle d'argent, qui ne ſervent qu'à l'oſ-
tentation. J'ai remarqué dans celui-ci
quatre grandes urnes faites ſur des modeles antiques, d'un beau choix & très-
bien ciſelées; un fuocone ou machine
à porter un braſier, d'une grandeur
conſidérable & d'un beau travail. Un
obéliſque en filigramme d'argent, de trois
pieds de hauteur, qui eſt un chef-
d'œuvre de patience & de délica-
teſſe.

Belle col-
lection du
palais Zam
beccati

43. *Palais Zambeccari.* Maiſon
peu vaſte, mais qui a la plus grande
collection de tableaux qui ſoit à Bologne,
& l'une des plus conſidérables d'Italie.
On prétend y conſerver cinq cens originaux, parmi leſquels je citerai ceux
qui m'ont plu davantage.

Deux enfans, de Simon da Peſaro,
beaux de couleur & d'un deſſein correct. Loth & ſes deux filles, par le
Guerchin, digne de ce grand peintre.
Une femme & deux enfans, du Pordenone, auſſi vrais & plus beaux que
nature. Une Aſſomption par Louis
Carrache, compoſition noble & gra-
cieuſe, & dont le coloris eſt très-frais.
La reine de Saba, grand tableau de
Lavinia Fontana ; l'ordonnance eſt

dans le goût de Rubens : les figures font habillées avec une magnificence & un travail digne de Paul Veronese. Une Judith au moment où elle a coupé la tête à Holopherne, par Michel-Ange de Caravage : il est d'une vérité effrayante. Un S. Sebastien, beau tableau du Titien. Une Suzanne de Paul Veronese : la figure principale est charmante ; on ne peut lui reprocher que trop d'agrémens & de gaieté ; mais on dit à Bologne que c'est une Suzanne Vénitienne qui ne sait pas se fâcher : la couleur en est excellente. Un S. François, du Guide, parfaitement dessiné & peint de même. Saint Jérôme, par le Mutiano, tableau frappant par son expression, d'un coloris vigoureux, & fierement dessiné. Abraham qui reçoit les Anges, par Louis Carrache. Bacchus & Ariane. La figure d'Ariane est l'une des plus aimables qu'ait peint le Guide : le Bacchus est du Gessi son éleve. Une sainte famille, du Titien ; un saint Pierre, du Guide ; une Madonne avec saint Jérôme, très-beau, du vieux Palme. Un jugement de Pâris, tableau gracieux de Nicolo l'Abbate. Une descente de croix, de Paul Veronese, très-beau tableau, où la richesse du coloris & la beauté du génie de ce grand peintre se déploient avec avantage... Tarquin tenant le poignard sur la gorge à Lucrece, par Guido Cagnassi, éleve connu du Guide. Rien n'est plus beau, plus vrai, plus séduisant que la figure de Lucrece : c'est le plus beau corps qu'il soit possible d'imaginer. Le Tarquin est bien peint il a l'air ignoble, quoique furieux. L'éleve dans ce tableau va de pair avec le maître. Une musique du Primatice, tableau agréable, dans le goût de l'école Vénitienne. Une Madonne avec S. François & sainte Catherine, beau tableau du vieux Palme. Un mariage de sainte Catherine, tableau charmant du Guastarola. Deux enfans du Cignani, qui sont excellens.... Une Madonne, belle d'expression & de couleur, par Elisabteh Cirani. Un tableau de Brissio, qui représente l'homme dans tous les âges. C'est la plus immense & la plus singuliere composition que l'on puisse imaginer. Ce tableau a trente pieds en quarré, & occupe le fond d'une grande salle. Il y a des figures de toutes les tailles, & des grouppes fort ingénieusement traités. La couleur en est bonne & forte : il est mal éclairé à raison de sa grandeur.

A côté de ce palais est un souterrein antique fort obscur, appellé *Ponte di Ferro*, qui n'est remarquable que par la tradition, qui assure que c'est dans cet endroit que fut commencé la construction de la ville de Bologne.

Le Palais Bovi. On y voit de beaux Bassans d'une maniere plus noble que ce peintre n'a coutume. Une sainte famille de Raphaël, tableau de forme ronde, frais de couleur & bien conservé, sous la galerie qui entoure la cour : quelques bas-reliefs & des inscriptions antiques ornent la muraille. On remarquera que dans les inscriptions, les noms des consuls ou autres magistrats de l'ancienne Rome ont été rayés, pour y substituer celui de Bovius...

Palais Monti. Il y a plusieurs beaux tableaux, & sur-tout des desseins originaux de grands peintres de l'école de Bologne.

En voyant cette multitude de tableaux si précieux dans tous les genres, on regrette que du temps des Carraches, dont les éleves admirables se sont formés en examinant leurs ouvrages, il n'y ait pas eu une académie de peinture & de deſſein établie à Bologne, dont ces grands hommes euſſent été les profeſſeurs. Dans leurs leçons ſavantes, ils auroient appris le ſecret de leur art à des élèves ſi capables de s'élever juſqu'à eux : ils euſſent rendu le vrai génie de la peinture héréditaire dans leur patrie. On regrette que le Comte Marſigli & Benoît XIV n'ayent pu profiter des talens de ces grands hommes. On doit lire les réflexions judicieuſes qu'a faites à ce ſujet M. Cochin dans ſon voyage d'Italie, à la fin de l'article de Bologne, où il dit avec grande raiſon, qu'un jeune peintre ſe formeroit avec plus de ſuccès dans cette ville qu'à Rome, eu égard à la quantité de chefs-d'œuvres dans tous les genres & dans toutes les manieres que l'on y conſerve. Je dois ſeulement ajouter que les poſſeſſeurs ſe font un plaiſir de contribuer aux progrès de l'art, en donnant aux jeunes artiſtes toute la liberté & la facilité qu'ils peuvent ſouhaiter, ſoit pour deſſiner, ſoit pour peindre d'après les originaux qui leur appartiennent. Le caractere des Bolonnois eſt vraiment la bonté & l'honnêteté.

On remarque dans quelques palais appartenans aux maisons qui ont autrefois dominé dans Bologne, une sorte de construction qui annonce plutôt des maisons destinées à se fortifier en cas de révolution, que des habitations faites pour être le séjour de la paix & de la tranquillité. Le palais des Pepoli, qui est d'une ancienne construction, & fort grand, m'a fait naître cette idée. Peut-être que lorsque ses possesseurs le firent bâtir, ils avoient lieu d'espérer qu'une heureuse révolution leur rendroit la souveraineté de leur patrie qu'ils avoient eue autrefois. Dans les temps de troubles qui ont précédé l'établissement fixe de la domination de l'Eglise sur Bologne, on voyoit encore tant de nouveaux états se former en Italie, tant de princes s'élever, soit par la protection des empereurs, soit par celle des papes, que pour le peu qu'un gentilhomme particulier eût de richesses & d'intrigues, il pouvoit prétendre à tout.

44. La ville de Bologne, sans avoir à l'extérieur rien de magnifique dans ses édifices, est en général bien bâtie; ses portiques couverts, si commodes pour l'usage, & qui bordent des deux

Mœurs & usages.

côtés presque toutes les rues, ont empêché ceux qui ont bâti dans ces derniers temps, de faire ces belles façades extérieures qui contribuent tant à la décoration des villes ; mais l'intérieur des maisons n'en est pas moins bien entendu & moins beau. Aucun particulier n'a osé sacrifier la commodité publique à son goût pour cette magnificence extérieure. Ainsi l'architecture y offre peu d'édifices remarquables. J'ai rapporté tout ce que la sculpture y a de vraiment beau, soit dans l'antique ; soit dans le moderne. J'ai beaucoup parlé de la peinture ; mais que ne peut-on pas en dire encore sans craindre d'exagérer ?

On ne peut que se former une idée avantageuse des mœurs des Bolonnois après ce que j'en ai déja rapporté. Il paroît qu'ils vivent entr'eux d'une manière fort unie & avec peu de faste. La religion y est respectée plus que dans la plupart des autres villes de la domination Ecclésiastique. Les sciences qui y ont toujours fleuri depuis une longue suite de siécles, ont contribué à y conserver le dépôt de la foi dans sa pureté. On voit dans les derniers établissemens qui se sont faits en faveur des sciences & des arts, avec quelle attention on les a mis sous la protection publique de quelqu'un des saints patrons de la ville. Toutes les fonctions publiques de l'université & de l'institut, sont précédées par quelque acte religieux solemnel, & terminées de même. En général, il régne une régularité apparente dans cette ville, qui engage à juger favorablement des sentimens.

Le peu de savans que j'y ai vu, sont honnêtes & modestes; dans le nombre, je dois citer avec éloge le docteur Francesco-Maria Zanotti, sécrétaire perpétuel de l'institut, très-digne d'occuper cette place par la diversité de ses connoissances & leur solidité. J'y ai vu aussi le comte Francesco Algaroti, né sujet de la république de Venise, décoré de l'ordre royal de Prusse, connu par ses ouvrages, de physique & de poësie. Il étoit très-aimable dans la société. Il est mort à Pise en 1764.

Après avoir parlé de l'université & de l'institut, il ne me reste rien à dire de l'état des sciences à Bologne. Elles n'ont pas actuellement de ces astres brillans qui éblouissent l'univers par leur éclat; mais on peut dire en revanche qu'elles ont beaucoup de sujets excellens qui travaillent avec émulation, &

qui en suivant la route où ils marchent, ont tout lieu d'espérer de grands succès, & de voir naître parmi eux des sujets rares qui feront un jour époque dans la république des lettres.

Le peuple est doux & tranquille à Bologne ; il se croit heureux de vivre sous le gouvernement de l'Eglise Romaine, & cette idée fait réellement son bonheur. Il ne paroît pas que le soin de la fortune l'occupe beaucoup. Les descendans des plus fameux artistes y vivent dans la médiocrité où étoient leurs arrieres-grands-peres. J'ai vu avec étonnement que le célébre *Ercole Lelli*, mort depuis peu de temps avec tous les honneurs dûs à ses talens, n'ait laissé aucuns biens. Sa veuve *Anna Mansolini*, si habile elle-même, & dont j'ai déjà parlé, vit dans une grande médiocrité ; elle auroit été embarrassée pour l'éducation de ses enfans, à laquelle elle auroit eu peine à fournir, sans les ressources que l'on trouve dans cette ville, & qui sont une nouvelle preuve de l'amour pour la patrie qui y domine.

Maniere d'adoption singuliere. 45. Il y a, comme dans les autres villes d'Italie, différens conservatoires, où l'on éleve les enfans orphelins, & où on leur procure des métiers ou des talens, qui les mettent en état de fournir eux-mêmes à leur subsistance & à celle de leur famille, quand il s'établissent. Il paroit que l'on y forme par préférence beaucoup de musiciens; car la plus grande partie des acteurs & des actrices répandus sur les différens théâtres d'Italie, sont Bolonnois, & beaucoup s'y distinguent par leur talent.

Mais il y a des conservatoires ou colléges fondés pour l'entretien d'un certain nombre de jeunes gens, & ausquels on donne une éducation distinguée; c'est le sénat qui nomme aux places de ces conservatoires. Plusieurs Bolonnois de familles Patriciennes ont substitué leurs biens, à défaut d'héritiers en ligne directe, à la république à la charge de choisir un sujet parmi les enfans élevés dans ces conservatoires, qui doit porter leur nom & leurs armes, & qu'ils adoptent, en conséquence du choix qui en sera fait par les loix établies. Le testament est déposé dans les archives de la ville après la mort du testateur; & dès qu'il y a lieu à l'exécution, les sénateurs choisissent un des élèves, qui alors prend le nom & les armes de la famille dans laquelle il est adopté, & jouit de tous les priviléges de la noblesse. On conserve à ces enfans les palais, les meubles & les tableaux des testateurs. On les choisit ordinairement à l'âge de seize ans ; & depuis ce temps jusqu'à leur majorité, un commissaire nommé par le sénat gere les biens qui leur sont destinés, en met à profit les revenus, après avoir prélevé ce qui est nécessaire pour donner à l'adopté une éducation conforme à son nouvel état. Ces revenus accumulés servent ou à réparer les fonds, ou à les améliorer, ou à faire des acquisitions que l'on joint à la masse principale. Je crois que la façon de les élire n'est point arbitraire. On met dans une urne le nom d'un certain nombre d'éleves, d'âge & de mérite égal; celui dont le nom sort le premier, est l'heureux. Un des fils d'Ercole Lelii, dont j'ai parlé, a succédé nouvellement au nom & aux biens de la maison Solimeni, qui venoit de finir. Par cette précaution, qui ne peut avoir été suggérée que par un esprit vraiment patriotique, les familles ne s'éteignent point, les biens ne passent pas en main étrangere à l'état ; & ces avantages réels contribuent à perpétuer les talens dans cette république assez ignorée,

mais

mais où il y a des établissemens respectables & vraiment dignes des beaux siécles de l'humanité.

Le bourgeois & l'artisan y sont assez dans l'usage de vivre au jour la journée ; ils s'embarrassent peu du soin d'avoir chez eux des provisions de bouche pour un long espace de temps. Je ne sais si cette façon de penser ne les met pas au-dessous de bien des inquiétudes. Quoi qu'il en soit, on voit à Bologne, comme dans presque toutes les villes d'Italie, une multitude de cuisines établies dans les rues, où l'on vend les denrées & les viandes de la saison cuites & prêtes à être mangées ; ainsi dans toute la matinée, on voit hommes & femmes faire leurs provisions pour le reste du jour. A en juger par ce qu'ils achetent, ils vivent très-frugalement. Ceux qui se croyent par état au-dessus de ces soins, n'aiment pas que les étrangers les voyent faire ces sortes d'emplettes, ils s'en cachent avec soin, & pour cela les font ou de bonne heure le matin, ou fort tard le soir. Parmi la plupart des Italiens domiciliés, la fantaisie du peuple ou des gens peu à leur aise, est de faire croire à ceux qui ne les connoissent pas, sur-tout aux étrangers, qu'ils font ou d'un rang diftingué, ou d'une fortune tout au moins aifée, pour ce qui eft public, & que l'on peut remarquer en paffant; ils font fatisfaits, s'ils peuvent avoir donné d'eux une idée avantageufe. On a beau connoître leur manie, & leur en parler, il ne croient pas tout le monde auffi bien inftruit que celui auquel ils ont affaire pour l'inftant; alors ils changent avec lui de maniere, ils n'épargnent ni foupirs, ni flatteries, ni follicitations, pour avoir part aux libéralités de celui qu'ils croyent en état de leur en faire.

Je ne puis rien dire de bien affuré fur la beauté du fang à Bologne : on y voit de très-jolies perfonnes, plus encore dans le fecond ordre & parmi le peuple, que dans le premier rang. Les femmes qui fortent à pied, portent une efpece de voile de taffetas noir fort avancé, qui leur couvre le vifage; mais quand elles ont quelque intérêt à le faire voir, elles y réuffiffent avec une adreffe merveilleufe, fans qu'elles paroiffent le faire exprès; il eft vrai qu'elles retirent le voile affez promptement, quand elles jugent à propos de s'appercevoir qu'on les regarde : mais à tout ce jeu on voit que les temps changent, mais que les caracteres font les mêmes; elles font encore telles que Virgile les dépeint :

Et fugit ad falices, & fe cupit ante videri.

46. (*a*) Le commerce à Bologne n'eſt pas fort riche. Les ouvrages que compoſent les profeſſeurs de l'univerſité & de l'inſtitut, font rouler les preſſes, & ſe débitent aſſez chez les étrangers. On y vend des tableaux que l'on annonce, pour la plus grande partie, comme venant des grands maîtres de Bologne; mais on ſait à quoi s'en tenir. Il eſt étonnant que la gravure n'y ait fait aucun progrès depuis le temps des Carraches juſqu'à nos jours. Il n'y a point de ville au monde qui pût fournir plus à ce bel art. Il y a une multitude de tableaux originaux, que l'on

Commerce.

___

(*a*) Dans le temps des dernieres guerres d'Italie, auxquelles la nation Françoiſe a eu part, les miniſtres jugerent à propos d'établir à Bologne un conſul, plus pour tenir la main aux approviſionnemens que l'on tiroit de ce pays, que pour les affaires du commerce : il y eſt reſté juſqu'à préſent au même titre. Cette place eſt occupée depuis très-long-temps par M. Gratian, qui ſe plaît à rendre ſervice aux voyageurs de ſa nation.

ne peut connoître qu'à Bologne, dont on se formeroit une idée par des estampes bien gravées, dont cette ville seule fourniroit un recueil immense, moyen d'y attirer beaucoup d'argent, sur-tout à présent que le goût de la gravure est par-tout à la mode : mais cet art y est au premier pas.

Les liqueurs de toutes sortes, les mortadelles ou saucissons, les jambons de Bologne sont connus, se débitent dans toute l'Europe, & font une branche de commerce considérable dans ce pays. Cependant celui de soie y tient le premier rang ; les eaux du Rheno ont une qualité propre pour la disposer à la teinture. Quand elle est préparée, on la transporte ailleurs. Il y a peu de fabriquans dans cette ville.

Ses environs fournissent abondamment des denrées pour toute espece de consommation. La campagne y est d'une fertilité étonnante, & de l'aspect le plus riant, du côté d'Imola & de Parme. Il n'en est pas de même de la partie qui avoisine Ferrare. Comme le terrein y est extrêmement bas, que les eaux n'ont pas d'écoulement en plusieurs endroits, que le Pô dans le temps des crues rompt, passe ses digues &

se répand au loin ; toutes ces causes réunies ont formé des marais très-étendus qui ont absorbé une partie des terres & des prés, & rendu le pays inhabitable. Le commerce ne répare pas ces pertes, qui depuis quelques temps se font sentir vivement à Bologne; plusieurs familles Patriciennes y ont perdu considérablement ; quelques-unes même ont été réduites à un état vraiment à plaindre. Le sénat & les particuliers ont fait plusieurs tentatives pour apporter quelques remedes à cette espèce de fléau ; ils ont payé fort cher des ingénieurs qui prétendoient pouvoir déssécher ces marais, & les mettre en état de produire. Mais la situation même du pays a rendu leurs entreprises infructueuses. Les terres sont trop basses ; les eaux par leur abondance les ont détrempées de façon, qu'en partie elles n'ont plus de solidité, en partie elles se sont affaissées au point que le niveau des eaux est beaucoup au-dessus de celui des terres. Il y a donc grande apparence que les eaux ne feront qu'augmenter dans cette partie de la Romagne, & du Ferrarois qui la joint, qui à la fin deviendra tout-à-fait inhabitable. On est vraiment fâché, en voyant un pays autrefois si riche, exposé à pareil malheur. Les parties qui sont habitées, & dont on éloigne les eaux à force de digues, sont de la plus grande fertilité. Dans les points les plus élevés, on profite des temps de sécheresse pour y semer des chanvres & des légumes, qui y croissent assez vite pour qu'on ait le temps de les recueillir avant que les premieres pluies d'automne augmentent le voulume des eaux.

Qualité de l'air. 47. L'air, à ce que disent les habitans de Bologne, y est pur & sain ; ils en apportent pour preuve la vue même des édifices de la ville, qui ne sont pas chargés de crasses & de poussieres, de mousses vertes & autres plantes parasites, dont l'humidité de l'air est la cause occasionnelle. Les eaux y sont d'assez bonne qualité, comparées à celles des autres villes du pays plat de Lombardie. Il y a quelques sources dans les montagnes voisines, qui, conduites dans la ville par des canaux, entretiennent les fontaines publiques, & fournissent assez d'eau pour l'usage ordinaire. Cependant la gale est une incommodité très-commune dans cette ville, ce qu'on ne peut attribuer qu'à l'âcreté du sang. Est-elle occasionnée par un usage trop fréquent des viandes salées & des liqueurs, par la qualité de l'air ou des eaux, ou même par celle du sel dont on use dans le pays? J'attribuerois cet inconvénient à la derniere cause plutôt qu'à aucune autre, attendu que dans tous les états & à tous les âges on est sujet à la gale; il est vrai que l'on dit qu'elle n'y est pas fort incommode.

48. Dans les environs de Bologne, & sur-tout au pied du mont Paterno, qui en est éloigné de trois ou quatre milles, on trouve la pierre qui, préparée au feu, sert à former le phosphore, connu sous le nom de phosphore de Bologne, que l'on met au second rang parmi les phosphores artificiels. Cette pierre, grise, pesante, tendre & sulphureuse, dans laquelle on trouve des parties considérables d'un talc argenté, qui ressemble plutôt à un minéral qu'à une cristallisation, se trouve par morceaux répandue dans la terre. Une espèce de chymiste, que l'on dit avoir été cordonnier de son premier métier, & dont le nom étoit Vincenzo Casciarolo, ayant amassé beaucoup de ces pierres, auxquelles on n'avoit fait d'a-

Pierre & phosphore de Bologne. Maniere de le préparer.

bord aucune attention, efpéra qu'en les faifant fondre au feu, il en tireroit l'argent qu'il imaginoit y être renfermé : mais il ne parvint qu'à en faire un phofphore nouveau, qu'il ne cherchoit point, & dont il négligea affez l'invention, pour ne pas s'en faire honneur. Dans la fuite des temps, lorfque la phyfique eut fait des progrès plus confidérables, M Homberg, médecin-chymifte de M. le duc d'Orléans, régent de France, fit un voyage exprès à Bologne, pour connoître la pierre dont je parle, & trouver le moyen de la préparer : il réufsît très-bien ; & c'eft felon fa méthode qu'on la prépare encore à l'inftitut. Cette pierre, préparée & calcinée felon les régles de l'art, devient très-abforbante : on l'expofe quelques inftans au grand jour, & aux rayons du foleil, s'il eft poffible ; la lumiere la pénétre : enfuite on la porte dans les ténébres, & elle y eft auffi lumineufe qu'un charbon ardent : elle conferve fon éclat pendant quelques minutes, & ne le perd que par dégrés. Alors elle n'a ni odeur, ni chaleur, on peut la toucher impunément. Pour lui rendre la lumiere, il faut l'expofer de nouveau au jour ; car ni la lumiere de la lune, ni celle des flambeaux ne lui communiquent aucune vertu. Cette pierre, telle qu'on la diftribue à Bologne, eft de la figure & de l'épaiffeur d'une noix un peu applatie. Sa couleur eft celle d'une pate grife à laquelle on auroit mêlé du foufre. On trouve dans ces pierres de petits coquillages de terre, qui s'y pétrifient, & y prennent la couleur argentée & brillante du talc, fans rien perdre de leur forme. Les tranfactions philofophiques rapportent, d'après le témoignage du célébre Malpighi, qu'un fculpteur nommé Zagonius avoit trouvé le fecret de faire avec la pierre de Bologne, des peintures & des ftatues qui brilloient dans l'obfcurité, mais qu'il étoit mort fans avoir laiffé fon fecret à perfonne. D'après ce que j'en ai dit, & à l'infpection de la pierre, on imagine aifément comment on pourroit faire de petites figures qui auroient le même effet que le phofphore...

Maniere de préparer la pierre de Bologne, & de faire le phofphore.

On calcine cette pierre en l'expofant à un feu vif de charbon. Il faut avoir attention de la pofer fur une plaque percée de cuivre, parce que les parties de fer qui pourroient se mêler avec la pierre par l'action du feu, empêcheroient que la pierre calcinée, ou le phosphore n'absorbât aussi aisément la lumiere, & ne la rendît ensuite dans l'obscurité. Il faut avoir soin de nettoyer la pierre de toutes les matieres étrangeres qui peuvent l'environner, avant que de la mettre au feu. On la peut nettoyer avec l'eau-de-vie, & l'envelopper d'une pâte faite avec la même pierre pulvérisée dans un mortier de cuivre, avec un pilon du même métal, délayée dans l'eau-de-vie. Lorsque la pierre est posée sur la plaque de cuivre; on la recouvre de charbon arrangé de façon que la chaleur soit entiérement concentrée, & que l'air n'agisse que par dessus & par dessous. Le dessous de la plaque doit aussi être garni de charbon : le charbon minéral ne vaudroit rien pour cette opération. Sur cet exposé, il est aisé d'imaginer la forme du fourneau que l'on doit employer. Pour bien réussir dans cette préparation, il faut choisir de préférence les pierres les plus petites & les plus dures, & prendre garde qu'elles ne soient mêlées de corps étrangers qui en empêcheroient le succès...

DUCHÉ DE FERRARE.

49 LA route de Bologne à Ferrare se fait par un pays qui seroit très-fertile, s'il n'étoit pas inondé en grande partie. Il s'y forme d'espace en espace des amas d'eaux considérables. Quand ils sont arrivés à une certaine hauteur, il se fait par leur propre poids, & je crois sous la direction des vents, des écoulemens qui vont inonder d'autres parties, rompent les chemins & les rendent impraticables; de sorte que les postillons même des postes sont obligés de prendre de village en village des guides du pays, qui connoissent les inondations nouvelles & les fassent éviter. Sans cette précaution, on courroit beaucoup de risques; & malgré ces soins, il arrive souvent que l'on est obligé de retourner sur ses pas, ou de prendre de grands détours pour éviter les mauvais pas occasionnés par l'épanchement des eaux. C'est ce dont j'ai été témoin dans la route de Bologne à Ferrare, pendant la plus belle saison de l'année, environ le 15 de Mai. On peut juger de-là que ces chemins doi-

Route de Bologne à Ferrare.

vent être impraticables après les pluies de l'automne & pendant tout l'hiver.

De Bologne à Ferrare on compte cinq postes, qui peuvent faire environ quinze lieues de France, que l'on ne parcourt pas habilement, quoique les chevaux soient bons, à cause de tous ces détours, sur-tout de Bologne à la Pieve, village qui partage à peu près le chemin. Au sortir de la Pieve, on marche sur une digue ou chaussée très-élevée & fort étroite ; il n'y a d'espace que pour passer une voiture. D'un côté coule le Pô, qui est large & profond ; de l'autre est un fossé, qui aboutit à une vallée de la plus grande fertilité, quand elle n'est pas inondée. La grande production de ce pays est le chanvre, dont on fait un commerce considérable avec l'étranger. Dans les endroits les plus élevés, on voit quelques vignes & assez de terres à bleds pour la consommation du pays, & en général beaucoup de graines & de légumes, que l'on peut semer & recueillir dans la saison de l'année où les eaux sont le moins abondantes. Les eaux ont causé tant de changemens dans la surface de ce pays, que la route qui se fait, tantôt par des chemins de traverse, tantôt sur des chaussées, quelquefois dans des chemins alignés & bien entretenus, est fort variée ; elle n'est pas absolument sûre, eu égard à tous les inconvéniens dont j'ai parlé, sans compter celui de ces digues étroites & élevées, où il est dangereux de rencontrer d'autres voitures, sur-tout de la Pieve à San Carlo. Depuis ce village jusqu'à Ferrare, le chemin est plus sûr & mieux tenu ; on trouve quelques chaussées, des ponts, beaucoup de caneaux, qu'il a fallu nécessairement creuser, pour établir quelque communications dans le pays, dont la culture aux environs de Ferrare, du côté de Bologne, paroît très-négligée.

50. Le duché de Ferrare est aujourd'hui une province de l'Etat ecclésiastique, gouvernée par un légat. Il est borné au nord par l'état de Venise, au couchant par les duchés de Mantoue & de la Mirandole, au midi par le Bolonnois & la Romagne, & au levant par le golfe de Venise. Ce pays est entouré de toutes parts par les différentes branches du Pô, qui forment des atterrissemens à leurs embouchures dans la mer Adriatique, &

Duché de Ferrare.

dont les eaux ne s'écoulant plus avec facilité, refluent dans les terres, y forment une grande étendue de marais qui rendent l'air mal-fain, & nécessairement le pays inculte & inhabité. C'est par cette cause que se sont formés les marais de Commachio dans le Ferrarois, dont on a tiré quelque utilité, en y établissant des salines qui fournissent du sel au Bolonnois, au Ferrarois, à la Romagne, & à une partie de la Marche d'Ancone. Pour empêcher les inondations qui font la ruine de ce pays, il n'y auroit que deux moyens : le premier, de faciliter l'écoulement des différentes branches du Pô dans la mer Adriatique, en détournant les sables qu'elles ont entraînés à leurs embouchures ; ce qui paroît presque impossible : le second, de multiplier les canaux, de construire des digues, qu'il faudroit d'une force & d'une élévation considérable ; ce qui paroît très-difficile dans un pays où l'on auroit peine à trouver assez de matériaux pour toutes les constructions qui seroient à faire : à quoi il faut ajouter que ces entreprises sont au-dessus des forces des particuliers, quand même ils se réuniroient pour le tenter. On ne peut pas citer ici l'exemple des Hollandois, qui ont élevé des villes magnifiques dans des marais inhabitables, & qui y ont porté la population au plus haut degré : c'est le commerce immense de ce peuple laborieux qui a opéré ces merveilles. L'Europe & les Indes, tributaires des négocians Hollandois, ont fourni les frais de ces grandes entreprises. La nation à présent a les mêmes ressources, & est assez riche par elle-même pour les entretenir. Mais ici il n'y a ni commerce, ni émulation, ni industrie. Il n'y auroit donc que la protection du souverain qui pût faire réussir les ouvrages nécessaires à ce pays ; il faudroit pour cela une suite de souverains pontifes & de légats animés des mêmes vues pour cette partie de leur domination, ce que l'on ne peut pas espérer, outre que la dépense à faire excéderoit peut-être les forces de la Chambre Apostolique. Ainsi on ne peut que s'attendre à voir ce pays, autrefois si riche, se dégrader de plus en plus par les eaux, devenir inhabitable.

Après la longue anarchie qui suivit l'extinction de la puissance des Lombards, & des rois d'Italie de la race de Charlemagne, dans la maison d'Est posséda le duché de Ferrare depuis 1336 jusqu'en 1597. Alphonse II d'Est, duc de Ferrare, étant mort sans enfans, le pape Clément VIII réunit cet état à son domaine, comme fief de l'Eglise, malgré les dispositions qu'avoit faites Alphonse en faveur de Cefar d'Est son neveu, duc de Modene, auquel il vouloit laisser ses terres en héritage, mais comme le pere de Cefar n'étoit que fils naturel d'Alphonse I, duc de Ferrare, le pape ne le gugea point capable de succéder à son oncle, & n'eut aucun égard à son testament.

Situation de Ferrare. Restes de beauté. Citadelle.

51. Ferrare, capitale du duché de ce nom, située sur la plus petite branche du Pô, appellée dans le pays *Pô morto*, à vingt-neuf degrés cinquante-cinq minutes de longitude, & quarante-quatre degrés cinquante-quatre minutes de latitude nord, est presque au centre du pays dont je viens de parler, dans une plaine fort basse. On ne fait pas remonter sa fondation plus haut que le sixiéme siécle. On prétend qu'alors l'Exarque Smaragdus fit entourer de murailles le petit endroit appellé

Ferrariola, & qu'il le fit mettre au rang des villes. En 657, le pape Vitalien y transféra l'évêché de Viguenza, qui n'est plus aujourd'hui qu'un village du Ferrarois. L'empereur Frédéric II, dans le temps de ses démêlés avec les papes y fonda une université, à laquelle il accorda de grands priviléges, dans l'intention de faire tomber celle de Bologne, qui étoit attachée au saint siége. Cette ville étoit encore peu considérable ; mais dès que les marquis d'Est y eurent été établis, ils donnerent tous leurs soins à l'embellir & à l'agrandir. L'Italie étoit alors possédée par une multitude de petits souverains, ou de petites républiques, qui n'épargnoient rien pour rendre leur capitale brillante, riche & peuplée. C'est la raison pourquoi on trouve plus de belles villes dans ce pays, que dans le reste de l'Europe, & sur-tout dans la Lombardie, où il y a peu de villes considérables qui n'ayent été capitales d'un petit état souverain.

La maison d'Est posséda Ferrare à titre de marquisat jusqu'au temps de Paul II, qui l'érigea en duché en faveur de Borzo d'Est. Cette ville, par les soins de ces princes, étoit devenue l'une des plus belles d'Italie : ce qui en reste ne permet pas d'en douter. L'aspect est noble & majestueux, & annonce une place considérable ; les murs sont terrassés, revêtus de bastions d'espace en espace, & entourés de larges fossés à eau vive, & bien entretenus, les édifices publics & particuliers sont construits avec magnificence ; les rues sont grandes & larges, & presque toutes alignées : mais après cette belle apparence, ce qui étonne, sur-tout en entrant, c'est qu'elle a l'air d'un désert ; la plus grande partie des maisons sont inhabitées, beaucoup tombent en ruine : en approchant du centre, on trouve un peu plus de mouvement dans le peuple ; mais on s'apperçoit très-bien qu'il y a peu de commerce. Les habitans eux-mêmes se plaignent que les arts, la population & l'industrie y diminuent sensiblement ; ce qu'ils attribuent au mauvais air causé par la grande étendue des marais voisins, & au dépeuplement de la campagne des environs. Dès que les papes se furent mis en possession de la ville en 1598, ils firent construire les fortifications extérieures. Clément VIII fit ensuite bâtir la citadelle, où ses successeurs ont toujours entretenu une garnison, d'où on tire aussi des soldats pour la garde des portes qui sont au nombre de cinq, ayant chacune au-devant d'elles un pont pour traverser le fossé (*a*).

52. L'église cathédrale de Ferrare, bâtie en croix grecque, est grande & belle; elle doit les embellissemens modernes dont elle est décorée, au cardinal Ruffo son archevêque. Il y a plusieurs tableaux précieux, entre autres un martyre de saint Laurent, par le Guerchin, de la plus grande beauté, & de toute la force de ce maître. Dans le fond du sanctuaire, un grand & beau tableau du jugement dernier, fort imité

Cathédrale & autres églises.

(*a*) Cette Citadelle est flanquée de six grands bastions royaux d'une construction solide. Au milieu de la place d'armes est une statue de marbre du pape avec cette inscription sur la base.... *Ne recedente Paulo, Ferrariæ fortitudo recederet, Martem Neptuno substituit....* Une crainte chimérique a donné lieu à cette inscription, & à la pensée brillante qui la termine. Il y a bien plus à craindre que la ville de Ferrare devienne inhabitable par la submersion dont elle est menacée, qu'elle ne soit jamais exposée à la discrétion de l'ennemi, parce que les eaux qui l'entourent se retireroient entièrement.

de celui de Michel-Ange, qui est dans la chapelle Sixtine du Vatican. On voit encore dans cette église plusieurs peintures du Dossi, peintre Ferrarois de réputation, de même que le tombeau de Lilio Gregorio Giraldi, célébre littérateur du quinziéme siécle.

Aux Théatins, un grand tableau de la présentation de Jesus-Christ au temple, peint par le Guerchin : il est beaucoup dans la maniere de celui de la circoncision par le même maître, dont j'ai parlé à l'article de Bologne.

Il faut voir l'église des Bénédictins ; il y a plusieurs tableaux de distinction, qui amuseront les amateurs de la peinture ; & un voyageur instruit doit y aller par reconnoissance jetter quelques fleurs sur le tombeau de l'Arioste, au-dessus duquel est son buste en marbre blanc. Son épitaphe apprend qu'il est mort en 1533, âgé de cinquante-neuf ans.

A saint Dominique, les tombeaux des Strozzi pere & fils, tous deux poëtes ; ceux de Nicolas Leocenigo & Celio Calcagnino, & de plusieurs autres savans qui ont fleuri à Ferrare dans le quatorziéme siécle & au commencement du quinziéme, & qui ont beaucoup contribué au rétablissement des lettres en Europe.

L'église de saint Georges des moines Olivetains est célébre par le concile général que le pape Eugene IV y assembla en 1438. Ce souverain pontife, après avoir fait de vains efforts pour dissoudre le concile de Basle, qui se regardoit même dans ses dernieres sessions comme représentant l'église universelle, & qui, pour le prouver à l'univers, déclara le pape suspens & interdit, & enfin le déposa ; le pape qui avec raison n'eut aucun égard à ces procédés illégitimes, indiqua l'assemblée d'un concile général à Ferrare, où devoit se traiter la grande affaire de la réunion de l'église Grecque à l'église Latine. L'empereur de Constantinople, Jean Paleologue, y vint avec le patriarche de cette ville. Bessarion de Nicée, qui depuis fut cardinal, & Marc d'Ephese, étoient à la tête de la députation des Grecs. Les premieres séances de ce concile se tinrent à Ferrare : ensuite il fut transféré à Florence, à cause des maladies qui s'éleverent à Ferrare; & la réunion des Grecs avec les Latins fut consommée à Florence, par le fameux décret d'union, connu sous le nom de décret d'Eugéne IV. Les Arméniens & les Jacobites, qui faifoient partie de l'église Grecque, envoyerent auffi leurs députés, qui accéderent au décret d'union ; de forte que cette grande affaire fut terminée en 1440 aux dépens de l'église Romaine, qui paya tous les frais du voyage des Grecs.

Palais du légat. Statuts, &c.
53. Le légat réfide dans l'ancien palais ou château des ducs de Ferrare, fitué au centre de la ville. Il eft entouré de larges foffés revêtus & pleins d'eau, que l'on traverfe fur des ponts-levis. Quatre groffes tours à chaque angle, unies par quatre grands corps de logis, compofent cet immenfe bâtiment, qui eft de la conftruction la plus folide. Vis-à-vis de ce château eft un magnifique palais qui appartient à la branche de la maifon d'Eft régnante à Modene : elle tient ce palais en fief relevant d'églife, avec les biens qui y font attachés, & qui font fitués dans le Ferrarois. Au-devant de cet édifice font deux ftatues de bronze de deux ducs de Ferrare ; l'une équeftre ; l'autre affife dans une chaire confulaire, & en habit long ; l'une & l'autre font de petite maniere, & pofées fur des colonnes très-hautes. Vis-à-vis eft la place du dôme, qui eft fort gran-

de, mais qui n'eſt point réguliere, & n'a aucune décoration.

Voilà ce qui j'ai remarqué à Ferrare, où je me ſuis peu arrêté. Ce que je puis en dire, c'eſt que peu de villes ſont conſtruites auſſi régulierement, & ſe préſentent ſous un aſpect plus favorable : il n'y manque que des habitans, & un air dans lequel on puiſſe vivre. Quelques voyageurs m'ont aſſuré que la ſociété de Ferrare étoit très-aimable, que la nobleſſe y étoit affable, honnête & pleine d'eſprit.

La célébre Renée de France, fille de Louis XII & d'Anne de Bretagne, mariée à Hercule II d'Eſt, duc de Ferrare & de Modene, connue par ſon attachement à la religion réformée, par la protection qu'elle accorda aux ſavans, & par ſon goût pour les belles-lettres, vécut dans cette ville pendant trente-trois ans, depuis 1527 juſqu'en 1560. Elle quitta l'Italie après la mort de ſon mari, pour ſe retirer en France à Montargis, ou elle mourut en 1575. Il eſt certain que l'on n'auroit pas ſouffert patiemment que cette princeſſe continuât plus long-temps à retirer dans ſes états quantité de perſonnages, illuſtres par leur ſavoir, mais qui avoient le malheur d'être infectés du venin des nouvelles héréfies, & qui cherchoient par-tout à faire des profélites.

POLESIN DE ROVIGO.

Polefin de Rovigo aux Vénitiens. Sa pofition, fes bornes.

54. IL y a peu loin de Ferrare à Rovigo, ville capitale du Polefin, province de l'état de Venife ; mais le chemin en eft difficile & fort allongé, par la quantité de détours qu'il faut faire avant que d'arriver à une des branches du Pô, que l'on traverfe en barque à dix ou douze milles plus loin que Ferrare. On voit de tous les côtés, que malgré les précautions que l'on prend pour fe garantir des inondations, on en vient difficilement à bout. Quand on eft arrivé dans le Polefin, on s'apperçoit que le terrein eft beaucoup plus élevé que dans le Ferrarois.

Cette petite province, qui peut avoir feize lieues de long fur fix de large, eft entourée d'une des branches principales du Pô, de l'Adige & de la mer Adriatique, qui en font une prefqu'ifle d'où elle a pris fon nom de *Polefine*. Les Vénitiens s'en emparerent en 1500 fur les ducs

ducs de Ferrare, & l'ont gardée depuis ce temps.

Le pays arrosé d'une multitude de ruisseaux est d'une fertilité étonnante ; il ne faut que jetter les yeux sur la campagne, pour voir avec quelle force se fait la végétation : on y recueille toutes les denrées de consommation ordinaire, des grains de toute espece, des fruits en abondance & de bonne qualité, beaucoup de chanvres. La plus grande partie de ces denrées se transportent à Venise, où elles sont à grand marché.

Les chemins, dans ce pays, sont mal entretenus & difficiles à tenir ; les plus beaux sont ceux où deux voitures peuvent passer à peine.

55. La ville de Rovigo n'a rien de plus remarquable que d'avoir été la patrie du savant Celius Rodiginus. Le palais qu'occupe le podestat, est situé sur une grande place, qui a pour tout ornement une colonne de pierre, & au-dessus le lion de saint Marc. A un des coins de la place, est le corps-de-garde d'une compagnie d'infanterie que la république y tient pour la sûreté de la ville. L'église cathédrale, lorsque je l'ai vue, étoit en mauvais ordre : on travailloit à la réparer. A une des extré-

Rovigo, ancienne ville d'Adria.

mités de cette ville, dans un quartier assez désert, est une grande chapelle ronde entourée au-dehors d'une galerie soutenue d'une colonnade : elle est totalement remplie de tableaux de vœux, qui paroissent tous être des peintres de l'école Vénitienne. Cette chapelle est dédiée à la sainte Vierge, dont on y conserve une image miraculeuse. La république de Venise a donné le titre de ville à Rovigo, depuis qu'elle est sous sa puissance ; elle l'a fait entourer de murailles, & y a fait construire quelques édifices publics. Le siége épiscopal de l'ancienne ville d'Adria sur le Taro, colonie romaine qui avoit donné le nom de mer-Adriatique au golfe de Venise, a été transféré à Rovigo. La bonté du pays fait que les nobles Vénitiens achetent de préférence tous les fonds qu'ils peuvent acquérir dans ce territoire, qui sont d'un revenu considérable. Quant à la ville d'Adria, elle a été réduite à peu de chose par les inondations qui l'ont submergée en partie. Son territoire, du temps de Pline l'ancien, étoit renommé par les vins qu'il produisoit : encore à présent on y fait quelques vins blancs qui approchent de la bonté du muscat ; mais en général tous les vins que l'on recueille dans ce terrein, font de la plus médiocre qualité, & on les confomme tous dans le pays & à Venife.

A trois milles environ au-deffus de Rovigo, on paffe l'Adige en barque : delà on va à *Montcelefe*, beau village du Padouan, fitué au pied d'une montagne élevée. On en voit une fuite dans ce canton qui font partie des Alpes. Il eft aifé de les reconnoître à leur extérieur ; elles ne reffemblent en rien aux Apennins, dont elles font féparées par l'extrémité de la plaine de Lombardie, le long de laquelle la mer Adriatique fait canal. Ces montagnes font couronnées de rochers, couvertes de bois en partie, en partie arides & incultes.

Au fortir de *Montcelefe*, on traverfe un ruiffeau, & on fuit un canal navigable qui borde le chemin prefque jufqu'à Padoue. Des deux côtés du canal on voit plufieurs belles maifons de campagne, dont les plus magnifiques font aux nobles Vénitiens. Pendant douze à quatorze milles, ou une pofte & demie, le territoire, à droite du chemin, eft de la plus grande fertilité ; c'eft une vafte plaine qui va aboutir fur le Polefin, & qui n'eft pas moins riche.

Je réferve à parler de Padoue, & de

quelques autres villes de l'état de terre ferme de la république, après que j'aurai dit quelque chose de son gouvernement & de sa capitale.

RÉPUBLIQUE DE VENISE.

États de la république de Venise.

56. LA république de Venise possède une partie considérable de l'Italie; elle jouit encore de la Dalmatie, de plusieurs places sur les côtes d'Albanie & de Morée, & de quelques isles de l'Archipel; ce qui donne lieu de diviser ses états en trois parties, 1. La seigneurie de Venise, qui comprend son état de terre ferme en Italie. 2. La Dalmatie & les villes du Levant. 3. Les Isles de l'Archipel.

Les provinces qui forment le domaine de terre ferme, s'étendent du quarante-cinquième degré de latitude au quarante-sixiéme & demi, & tiennent en longitude du vingt-septiéme au trente-deuxiéme degré, en approchant des Alpes Rhétiques, Trentines & Carniciennes; ce qui fait que la température d'une partie de ce pays tient plus du froid que du chaud. Elles sont bornées au nord par la Carinthie, l'évêché de Trente, & la Valteline; au couchant par le Milanez; au midi par la partie du Milanez où est Cremone, le Mantouan & le Ferrarois; au levant par la mer Adriatique.

On divise cet état en onze petites provinces. Le Dogado, ou duché de Venise, qui s'étend depuis l'embouchure de l'Adige jusqu'à Merano, dans lequel Venise est située; le Frioul; la Marche Trevisane, qui comprend le Trevisan, le Feltrin, le Bellunois & le Cadorin; le Vicentin; le Padouan; le Polesin de Rovigo; le Veronois; le Bressan; le Bergamasque; le Cremasque enclavé dans le Milanez; l'Istrie Vénitienne; séparée des autres par la Carniole, & située sur le golfe de Trieste.

La Dalmatie, dont Zara est la capitale; les villes du levant, dont les principales sont Butrinto & Perga; sur les côtes de l'Epire, Suada; & Spina-Longa sur celles de Candie.

Les Isles de l'Archipel, dont les principales sont Corfou, Cephalonie, Zante, Zerigo, Tiné & Sainte-Maure....

57. L'histoire de Venise est trop connue pour que j'entreprenne d'en don- *Idée historique de Venise*

nise. Origine. Gouvernement.

ner ici un abrégé. Je ne prétends que tracer une esquisse légère de son gouvernement, tirée des écrits les plus authentiques; à quoi j'ajouterai ce que j'en ai appris étant à Venise, ce que j'ai observé dans plusieurs circonstances intéressantes. Si ces Mémoires ont l'utilité que je me propose pour ceux qui feront le voyage d'Italie, ils me sauront gré de leur avoir donné une idée juste de ce que l'on peut savoir du gouvernement de Venise; connoissance nécessaire pour n'être pas étonné du spectacle unique que donne cette ville admirable. Je ne crains pas que l'on me reproche de m'être écarté des bornes de la vérité.

Dans le milieu du cinquiéme siécle, lorsqu'Attila, roi des Huns, ravageoit l'Italie, après qu'il eut détruit Aquilée, Altino, Concordia, Opitergo, Padoue, villes situées dans le voisinage de la mer Adriatique, les peuples effrayés de la puissance de ces Rois du Nord, qui se répandoient comme des torrens dans les belles plaines d'Italie, & y portoient la désolation & le ravage, craignant à chaque instant d'éprouver de semblables malheurs, chercherent dans les Lagunes de la mer Adriatique un asyle où ils fussent en sûreté. Les Padouans, dès l'an 421, avoient fait quelques établissemens à Rialto, l'une des principales Lagunes & la plus habitable; ils avoient tâché de l'accroitre, en la déclarant un asyle franc pour tous ceux qui voudroient s'y retirer. Ce privilége y attira quelques nouveaux habitans qui augmenterent le premier établissement, & s'y occuperent à la pêche qui est très-abondante dans cette mer. Ce fut dans cet asyle qu'une partie des habitans fugitifs d'Aquilée, de Padoue, de Concordia & des autres villes, se retirerent; de sorte que dans très-peu de temps les Lagunes, qui formoient soixante & douze isles séparées par de petits canaux, se trouverent peuplées; chacune ayant pour les affaires civiles, un chef, connu sous le nom de tribun, & son pasteur ou curé pour le spirituel. Leur forme d'administration, quoique semblable, étoit indépendante; chaque communauté se gouvernoit sans avoir aucun rapport aux autres. Rien ne les unissoit que l'intérêt commun qu'elles avoient à se défendre contre les entreprises de l'ennemi étranger; alors toutes les communautés ne formoient plus qu'un seul corps, & n'avoient qu'un même intérêt.

Ces soixante & douze communautés sont l'origine des soixante & douze paroisses de Venise qui subsistent encore. Pendant près de deux cens cinquante ans, les Padouans, qui avoient formé le premier établissement de Rialto, conserverent une sorte de souveraineté sur ces isles : ses consuls y envoyoient de temps en temps des tribuns ou gouverneurs généraux revêtus de l'autorité du sénat ; mais il ne paroît pas qu'ils ayent jamais fait aucun acte bien marqué de domination sur les tribuns particuliers de chaque communauté ou paroisse, qui se regardoient comme indépendans. L'an 709, les tribuns des douze isles principales résolurent de se former en république, & de se donner un chef électif. Comme ils ne vouloient dépendre en aucune façon du sénat de Padoue, pour n'en être pas contrariés dans leurs projets, & conserver toute la liberté dont ils jouissoient, ils s'adresserent à l'empereur, dont la souveraineté sur l'Italie étoit encore reconnue, & au pape, pour obtenir des deux puissances le droit d'élire un prince ou chef de leur république ; ce qui leur fut accordé tout de suite. La même année ils élurent pour premier duc ou doge, Paul-Luc Anafeste. Il paroît que dans la suite tout le peuple eut part à l'élection.

Les premiers doges régnerent avec toute la puissance de souverains absolus ; ils se désignoient des successeurs dans la personne de leurs fils ou de leurs freres, que le peuple gagné par leurs sollicitations, leur crédit & leurs libéralités, reconnoissoit aisément. Comme cette espece de gouvernement étoit trop tumultueux, le doge Sebastien Zani, élu en 1172, de concert avec les principaux citoyens, exclut le peuple du droit d'élection dont il abusoit, & établit un conseil indépendant & souverain, duquel se tireroient à l'avenir les électeurs du doge. Ce conseil fut composé de deux cents cinquante magistrats pris indifféremment dans tous les ordres de l'état ; ce qui fut fait par ménagement pour le peuple qui auroit pu se révolter, s'il avoit été privé tout d'un coup des priviléges dont il jouissoit conjointement avec les patriciens. On élut aussi douze tribuns du peuple, dont le devoir étoit de veiller à ses intérêts, & de s'opposer aux entreprises des doges, qui tendoient au despotisme. Mais les intérêts différens des électeurs, qui n'étant pas tous de même état, avoient souvent des vues opposées, & se livroient à l'esprit de faction, ne permirent pas une longue durée à cette nouvelle forme de gouvernement : il ne subsista qu'environ cent vingt ans, pendant lesquels on voit que les rênes du gouvernement étoient entre les mains du doge seul. En 1290, le doge Pierre Gradenigo, qui fut en place près de vingt-trois ans, parvint à rendre le gouvernement de Venise purement aristocratique, à l'exclusion de tous les autres corps de l'état. Ainsi le gouvernement fut mis entre les mains de la noblesse, ou des familles patriciennes, qui furent inscrites au livre d'or qui fut formé pour lors, & qui est le registre de la noblesse Vénitienne.

Noblesse de Venise. Citadins.
58. Cette noblesse composée de cinq cens trente familles résidantes à Venise, dont plusieurs du même nom, & inscrites actuellement au livre d'or, est divisée en trois classes. La premiere est composée des descendans des douze tribuns qui élurent le premier doge. Onze de ces maisons subsistent encore depuis près d'onze siécles ; chose unique dans le monde, & qui par sa singularité mérite d'être citée. Ces onze familles sont les Badoër, dont il y a huit branches ou familles séparées : Cette maison

a eu des doges pendant le premier état de gouvernement. Trois de Barozzi, treize de Contarini, trois de Dandolo... deux de Falier... quatre de Gradenigo... deux de Memo, qui a eu aussi des doges dans le premier état... douze de Morosini... six de Michieli... une de Sanudi, trois de Tiepolo. La maison Polani, qui formoit la douziéme famille, est éteinte depuis peu. (*a*) On les appelle les familles électorales ; elles sont regardées comme les premieres de la noblesse Vénitienne. Les Bembi, Bragadini, Cornari & Giustiniani, vont de pair avec les familles électorales, & sont de la premiere classe, de même que les Delfini, les Quirini, & quelques autres... La seconde classe est celle dont les familles furent inscrites au livre d'or en 1290, lorsque le doge Gradenigo établit l'aristocratie. Les Capelli, Foscarini, Mocenigo, Zani, Sorenzo, Celso, Venieri, Tron, Lorendan, Vendramin, Grimani, Priuli, Sagredo, Zeno & plusieurs autres, sont de cette classe, qui est fort esti-

_____

(*a*) Le dernier mâle de la maison Polanii est mort en 1750.

mée, à raison de son ancienneté & de ses services, attendu qu'il y a près de cinq siécles qu'elle participe au gouvernement de l'état... La troisiéme classe comprend près de cent familles qui ont acheté le droit de la noblesse au prix de cent mille ducats ; ce qui s'est fait principalement dans le temps des guerres avec les Turcs, lorsque la république avoit des besoins pressans d'argent, ou des dettes à payer. Ces nobles ont part au gouvernement intérieur, mais ils sont rarement employés aux grandes charges de l'état, ou aux ambassades importantes... La quatriéme classe est celle des nobles d'honneur ; distinction que la république accorde aux souverains & à leurs enfans, sur-tout lorsqu'ils passent à Venise, à tous les princes d'Italie, aux freres & aux neveux des papes qui paroissent souhaiter cette distinction, & à quelques familles illustres d'Italie.

Indépendamment de ces classes, il y a un ordre de noblesse sujette de la république, parce qu'elle habite ses états, & y a ses biens. On l'appelle noblesse de terre ferme ; mais elle n'a aucune part au gouvernement, ou aux charges de l'état ; elle est tenue dans une très-grande dépendance : si elle sert dans les troupes, c'est en quelque sorte comme étrangere.

Entre la noblesse & le peuple, il y a un second état composé des bonnes familles bourgeoises, qui sont de deux sortes. Les premiers sont citadins de naissance & d'origine, issus de ces familles qui avoient part au gouvernement de l'état, & à l'élection du prince, avant l'établissement de l'aristocratie, par le doge Gradenigo. Elles demeurerent dans l'ordre des citadins, parce qu'elles furent exclues du conseil souverain qui fut alors composé. Suivant les apparences, on ne choisit que le principal de chaque famille, celui qui étoit le plus capable de servir l'état, & dont le nom fût porté au livre d'or. C'est sans doute la raison pour laquelle plusieurs citadins ont encore le même nom & les mêmes armes que quelques familles patriciennes des deux premieres classes... Les citadins du second ordre ont acquis ce rang, ou par leur mérite, ou par argent : les uns & les autres sont admis indistinctement aux charges qui leur sont reservées. Le corps des citadins comprend les sécrétaires de la république, les avocats, les notaires, les médecins, les marchands de soie & de drap, & les chefs des manufactures de glaces de Murano. Un noble Vénitien peut épouser une citadine, mais il doit faire approuver son contrat par le grand conseil, sans quoi ses enfans ne seroient point inscrits au livre d'or. S'il épouse une femme du peuple, il est obligé d'acheter la noblesse à ses enfans, & il faut ou qu'il mérite cette grace par ses services, ou que l'état ait besoin d'argent. Le lien d'union entre beaucoup de nobles & les citadins, est le commerce que ceux-ci font sous leur nom, mais de société avec les patriciens : le gouvernement tolere cet usage, pour empêcher ses premieres familles de tomber dans l'indigence, sur-tout quand elles sont nombreuses, & encore pour les mettre en état de paroître avec honneur dans les places qui demandent du faste & de la dépense, telles que les grandes ambassades. Sans cette ressource, il ne seroit pas possible que la plupart des familles subsistassent avec la dignité qu'exige leur naissance; l'usage étant de partager les biens également entre tous les mâles d'une même famille, pour conserver l'égalité qui doit régner dans une république, & pour les mettre tous en état de la servir.

Le gouvernement de Venise étoit, comme nous l'avons vu, démocratique à sa naissance, & avoit pour chefs des tribuns éligibles par le peuple. Aux tribuns succéderent les doges, dont plus de trente furent souverains absolus. A cette espece de monarchie succéda une démocratie d'une nouvelle espece ; on conserva le doge, mais dans la dépendance d'un conseil tiré de tous les ordres de l'état. Enfin se forma l'aristocratie parfaite qui subsiste depuis plus de quatre cens soixante & dix ans, pendant lesquels la république a eu diverses occasions d'éprouver la solidité de son gouvernement, sur-tout dans la fameuse guerre avec les Génois, où elle fut réduite à la seule Ville de Venise. On peut dire que c'est à l'union des patriciens entre eux, & à leur attachement inviolable à la patrie, qu'ils durent la conservation d'un état, dont tout sembloit leur annoncer la destruction prochaine (a).

(a) Harrington, qui écrivoit dans le dernier

Doge. Son élection. Prérogatives.

59. Cette aristocratie a pour chef le doge, qui est regardé comme le prince de la république, qui en a le titre & les honneurs, mais qui par lui-même n'a aucune espece d'autorité. Il n'est reconnu prince qu'à la tête du sénat, aux conseils où il assiste, & dans le palais ducal de saint Marc. S'il paroît dans quelques fonctions publiques hors du palais & dans la ville, c'est toujours avec une partie de la seigneurie qui

---

siécle, après le supplice de Charles premier, & le bannissement de sa famille, lorsque le parti républicain dominoit absolument en Angleterre, dans son *Occeana*, ou modele d'une république parfaite, préfere le gouvernement de Venise à tous ceux du reste du monde: il prétend qu'aucunes causes internes ou externes ne peuvent l'altérer : & il va dans son enthousiasme jusqu'à assurer qu'il ne doit finir qu'avec le genre humain, parce qu'il est composé des deux parties qui constituent tout gouvernement libre dans sa perfection, un grand & un petit conseil, ou ce qui est la même chose, un sénat & un peuple.

Le peuple manqueroit de sagesse sans le sénat, & le sénat sans le peuple manqueroit de probité, c'est-à-dire, abuseroit de son pouvoir pour ses intérêts particuliers ; ainsi ils se tiennent l'un par l'autre dans les bornes que l'intérêt de la république leur prescrit.

forme avec lui la puiſſance ſouveraine, &
ſans laquelle il n'eſt rien. S'il veut quitter
la ville pour aller à la campagne,
il faut qu'il en obtienne la permiſſion
des ſix ſeigneurs conſeillers d'état, qui,
avec le doge, préſident toute la ſeigneurie:
& alors il n'eſt plus regardé
que comme un particulier ; il n'emporte
avec lui aucune marque d'honneur qui
le diſtingue; il n'a aucun droit aux titres
honorifiques qu'il abandonne avec
ſa dignité & ſa puiſſance, en quittant
le palais de ſaint Marc.

Cependant la monnoie de Veniſe eſt
frappée à ſon nom, mais ſon image n'y
eſt point empreinte; on y voit ſeulement
la figure d'un doge à genoux devant
ſaint Marc ; emblême qui donne à
connoître qu'à Veniſe le doge n'eſt que
le premier ſujet de la république repréſentée
par ſaint Marc. Le doge Nicolas
Tron, qui mourut en 1473, fit frapper
une nouvelle monnoie d'argent, avec
ſon portrait au naturel. Mais le grand
conſeil arrêta auſſi-tôt cette nouveauté,
défendit le cours de cette monnoie, &
ſtatua de nouveau que la figure du doge
n'y ſeroit repréſentée qu'à genoux devant
ſaint Marc.

Quand il eſt queſtion d'élire le doge,

on assemble le grand conseil, composé de tous les nobles résidans à Venise, ayant le droit d'y entrer. On met dans une urne autant de ballottes qu'il y a de sénateurs : trente sont dorées, les autres sont blanches. Ceux qui ont eu les ballottes dorées passent dans une autre salle, où dans un nouveau scrutin ils en élisent neuf... ces neuf en élisent quarante... les quarante, douze... les douze, vingt-cinq... les vingt-cinq, neuf... les neuf, quarante-cinq... les quarante-cinq, onze... Toutes ces élections se font par le moyen des ballottes blanches & dorées, comme dans la premiere : ce sont ces onze qui élisent les quarante-un seigneurs, électeurs du doge. Comme ordinairement ces élections ne sont que pour suivre les formes prescrites par les loix, & que la république sait qui elle doit avoir pour doge, même avant l'élection, on fait en sorte que les quarante-un électeurs soient tirés parmi les nobles les moins opulens, parce qu'à l'honneur d'élire le doge, sont attachés quelques droits utiles, & quelques places auxquelles la qualité d'électeur leur donne droit de prétendre. Le grand conseil approuve le choix des quarante-un électeurs ; après quoi ils sont enfermés dans le palais saint Marc, & gardés avec soin comme les cardinaux dans le conclave : il ne leur est permis ni de sortir, ni de parler à qui que ce soit. Ils savent que le doge, sur quarante-une voix, en doit avoir au moins vingt-cinq; ils s'arrangent en conséquence, & d'ordinaire l'élection est bientôt faite. On voit que ce long circuit de ballottations a été sagement établi pour empêcher l'effet des brigues dans l'élection du doge. Cette dignité est peu enviée actuellement ; elle est acceptée plutôt pour l'honneur de servir sa patrie, que pour les agrémens qui y sont attachés. Chaque sénateur Vénitien sait que le doge est en quelque façon l'esclave couronné de la république.

Ses prérogatives sont que les lettres de créance que les ambassadeurs & ministres de la république portent aux cours étrangeres, sont expédiées en son nom; mais c'est le sénat qui les fait signer par un de ses secrétaires, & qui y met le sceau de la république... Les édits & ordonnances commencent par ces mots, *Le sérénissime prince fait sçavoir*.... mais sans le nommer.... Tous les conseils & tribunaux se levent & se découvrent quand il entre... le primicier & les chanoines de saint Marc font à sa nomination... Il nomme aussi quelques officiers subalternes du palais, appellés *Commendadori del Palasso*, qui y résident & y font la fonction d'huissiers. Il a un premier domestique en charge, appellé le chevalier du doge, qui porte l'habit rouge, dont la fonction est d'introduire les ambassadeurs & autres personnages en place, qui vont faire visite au doge.. A son élection, il a le droit de faire chevaliers les députés des villes qui viennent lui faire compliment.

La république lui donne, pour l'entretien de sa maison, douze mille ducats par an, sur quoi il est obligé de faire quatre festins solemnels, le lendemain de Noël, le jour de l'Ascension, le jour de saint Marc, & le quinze de Juin, auxquels il doit faire inviter le nonce, les ambassadeurs, & tous les nobles en charge, chacun à leur tour.

Mort du doge Loredan. Ses funérailles.

60. Dans un état où tout est réglé par des formes solemnelles & authentiques, il est à croire que tout ce qui se fait dans une occasion, se pratique dans toutes celles qui ont le même objet. Ainsi m'étant trouvé à Venise en 1762,

dans le temps de la mort du sérénissime François Loredan, & de l'élection du procurateur Marco Foscarini son successeur, ayant observé exactement tout ce qui s'est pratiqué, on ajoutera foi au détail que j'en ferai, sur-tout ayant été à portée de tout voir de près, & sachant assez la langue du pays pour bien entendre tout ce qu'il étoit nécessaire que j'apprisse, pour juger de ce qui se passoit.

Le doge Loredan mourut le mercredi soir 20 Mai. Comme le lendemain étoit la fête de l'Ascension : on ne parla point de cet événement, qui, devant nécessairement mettre la république en deuil, n'étoit pas compatible avec la solemnité des épousailles de la mer, qui est une cérémonie bruyante, où la majesté de la république se trouve prendre part à la joie commune de la patrie. Le vendredi, le samedi & le dimanche on n'en parla pas davantage ; pour donner le temps aux marchands, qui avoient étalé sur la place saint Marc, de faire quelque débit de leurs marchandises. Pendant ce temps-là le corps du défunt doge fut porté sans cérémonie à la sépulture de ses ancêtres.

Le lundi 24, sa mort fut notifiée &

rendue publique dans la forme qui suit. Le chevalier du doge, accompagné des officiers & domestiques du prince, vêtus de deuil aux dépens de sa succession, se présentent au collége, & lui viennent donner avis de la mort du doge. Le chevalier fait dans cette circonstance un petit discours à la louange du doge, & parle des regrets particuliers de sa maison, causés par la perte d'un si bon maître. Le sénateur qui préside au collége, répond gravement, sans se lever ni se découvrir, qu'il est vrai que le défunt doge avoit fait son devoir & servi la république comme il le devoit; mais que puisqu'il étoit mort, on alloit songer à en élire un autre. En même temps il prit les clefs du palais ducal, que le chevalier lui rendit, & fit signe à l'orateur & à sa suite de se retirer.

Immédiatement après cette cérémonie; on ouvrit la salle où étoit la représentation du doge, & les cloches de saint Marc, auxquelles répondirent toutes celles de la ville, annoncerent au peuple la mort du souverain.

La représentation étoit une statue dont le visage étoit en cire, & ressemblant au doge défunt. Elle étoit placée sur une estrade fort élevée, revêtue des habits ducaux, qui font une grande robe d'étoffe d'or, avec le capuchon de même, doublé d'hermine, & le manteau; la corne ducale en tête, les gants cramoifis, les fouliers & les brodequins de même couleur, avec de grands éperons dorés, tournés à contre-fens, c'eft-à-dire du côté de la pointe du pied. La repréfentation n'avoit point cette immenfe perruque que portent les fénateurs & officiers de la république en exercice; elle étoit feulement coiffée de quelques cheveux gris, courts & taillés en rond. L'eftrade étoit couverte d'un grand tapis de velours cramoifi brodé en or, aux armes de la république; aux quatre coins, quatre étendards ou bannieres, & aux pieds, un grand écuffon doré, aux armes de Venife; à chaque angle de la repréfentation, un candélabre portant une groffe torche de cire blanche. A un des côtés de la falle étoient deux nobles en robe rouge, avec quelques officiers fubalternes, dont l'emploi eft de garder la repréfentation; de l'autre étoient les prêtres de faint Marc, qui récitoient les prieres pour les morts. L'expofition dure trois jours, & fe fait chaque foir dans une falle différente.

Le quatriéme jour, qui fut le 27 de mai, se fit la cérémonie des obséques solemnelles du doge; il fallut plus de trois heures pour la marche du convoi, qui alla du palais ducal à l'église saint Jean & saint Paul, où est la sépulture des Loredan. Ce convoi est formé par toutes les confrairies qui marchent chacune sous leur banniere, les enfans élevés dans les conservatoires & les hôpitaux, les pénitens de toutes les couleurs avec leur banniere, les clercs réguliers, les moines & tout le clergé d'une aussi grande ville que Venise, la maison du doge, une partie de la seigneurie en robe rouge, une partie en robe noire. La représentation dont j'ai parlé, portée par les ouvriers de l'arsenal, vêtus de rouge, est précédée de l'écusson de la république, recouvert d'une gaze noire, des bannieres de l'état, & suivie d'un dais qui marque la soüveraineté, mais sous lequel je ne me suis pas apperçu que l'on plaçàt la représentation. Viennent ensuite les parens du doge; ceux qui forment le deuil, accompagnés à gauche d'un sénateur, à droite d'un valet de chambre en habit de deuil, avec la cravatte longue & les manchettes de taffetas noir, sont

vêtus

vêtus singuliérement. Ils sont coiffés d'un bonnet piramidal d'environ trois pieds de hauteur, recouvert d'un grand voile qui les enveloppe de tous côtés, & qui traine jusqu'à terre ; ajustement qui ressemble à celui de la dame Doloride dans Dom Quichote. Tout ce cortege, en sortant du palais, commence par faire le tour de la place. Quand la représentation est arrivée à la porte principale de l'église de saint-Marc, on fait sauter trois fois la statue; les uns disent pour saluer saint Marc, l'avertir que le doge arrive ; & qu'il convient qu'il le reçoive & le présente à saint Pierre ; les autres prétendent que c'est pour faire voir au peuple que le doge est réellement mort, qu'il ne dort point, & qu'aucun mouvement ne le peut éveiller. Cet usage, quel qu'en soit l'intention, est sans doute très-ancien. Delà le cortége défile dans le même ordre jusqu'au lieu de sa destination.

Le catafalque où l'on devoit placer la représentation, élevé dans l'église saint Jean & saint Paul, étoit d'une architecture magnifique, ornée de statues symboliques, de festons de ciprès, d'écussons aux armes de la république

Tome II. I

& des Loredan, de devises & d'emblêmes; il n'avoit guére moins de cent pieds de hauteur, & alloit jusqu'à la voûte de l'église; il étoit fait en entier avec des toiles noires & blanches, avec lesquelles on avoit formé des colonnes, des pilastres, des chapiteaux, des bases, enfin toutes les piéces d'architecture qui peuvent entrer dans la composition d'un monument de cette espèce, qui étoit surmonté d'un grand baldaquin fait de même. Toute la machine étoit illuminée du haut en bas. Elle fut commencée & finie en trois jours. Ce sont les marchands de toile qui sont obligés de fournir gratis toute celle qui est nécessaire pour le catafalque; on la leur rend quand elle a servi.

On m'a assuré que la république n'entroit pour rien dans les frais des funérailles du doge, qu'elles se faisoient aux frais de sa famille; que dès qu'il est élu, il faut qu'il consigne, ou que sa famille réponde qu'elle fournira cinquante mille ducats, pour être employés à cette dépense, & que c'étoit une loi de l'état à laquelle aucun ne manquoit. Cependant M. Amelot de la Houssaye, dans sa relation du gouvernement de Venise, dit que les frais des obséques du doge se font aux dépens de l'état: sans doute qu'il parle du service solemnel qu'on lui fait à saint Marc, & dans lequel on prononce son éloge funebre devant le sénat assemblé.

Après sa mort, on nomme des inquisiteurs pour examiner sa gestion ; & il arrivoit souvent, autrefois, que l'on condamnoit les héritiers du défunt doge à une amende pécuniaire, sous prétexte qu'il avoit plus cherché son intérêt particulier, que celui de l'état.

La seule marque de deuil public que l'on accorda à la mémoire du doge Loredan, fut de fermer les théâtres, & d'interdire les masques le jour de son enterrement; encore la plupart des Vénitiens sont tellement attachés à cette espece d'habillement, que plusieurs le garderent malgré la défense ; il est vrai qu'ils ne se présentoient point au passage de l'assemblée.

Le lendemain de cette cérémonie, le sénat s'assemble pour faire les ballottations & scrutins dont j'ai parlé, & qui durent trois jours.

62. Le quatriéme, qui fut le lundi 31 mai, les quarante-un électeurs s'assemblerent environ huit heures du matin pour élire le doge; à midi, une dé-

Election du doge Foscarini. Fêtes & bals de

la république à ce sujet.

charge générale de l'artillerie du port, de l'arsenal & des galeres annonça au peuple que l'élection étoit faite.

Le lendemain, l'incoronation & la présentation solemnelle du doge au peuple se firent dans la matinée. Ces deux importantes actions se passent au-dessus du grand escalier du palais saint Marc, appellé l'escalier des géants. Le plus ancien sénateur, celui qui a fait les fonctions de vice-doge pendant la maladie du précédent & l'interrégne, accompagné du collége & des principaux magistrats de la république, le doge présent assis sur un trône, fait un discours où il parle des vertus du nouveau prince, & des raisons qui ont déterminé à l'élire. S'adressant ensuite au peuple, il dit à haute voix : Voilà le doge que nous avons choisi, désormais vous le reconnoîtrez pour votre prince ; en même temps il lui met la couronne ducale sur la tête. Autrefois la formule étoit différente ; le même sénateur, en présentant le doge au peuple, lui disoit... Nous vous présentons pour doge le procurateur N. vous plaît-il de l'agréer ? Mais quelques soulevemens arrivés dans cette occasion, ont privé le peuple de l'honneur de concourir en quelque sorte à l'élection de son prince, par l'acceptation solemnelle que l'on exigeoit de lui. De-là les mêmes sénateurs accompagnent le doge à saint Marc, où il va faire sa priere, qui est suivie d'un *Te Deum*, chanté par la musique de l'église (*a*). Après quoi il sort par la porte principale, & monte dans une machine ronde appellée *il pozzo*, le puits, avec un de ses parens sénateur, & son ballottin. Ils y sont assis derriere le doge; & hors du puits, est le chancelier en robe d'honneur & droit, qui garde l'équilibre le mieux qu'il lui est possible. Cette machine, posée sur un brancard, est portée par les ouvriers de l'arsenal autour de la place saint Marc. Pendant cette espece d'ostension solemnelle, le doge jette de l'argent au peuple. C'est toujours de la monnoie nouvelle frappée à son nom, & qui se fabrique tout

___

(*a*) Le doge fait en même-temps, entre les mains du primicier de saint Marc, serment de bien administrer la république, & de conserver l'église dans son état. Le primicier, en lui présentant l'étendart rouge, lui dit...... Je remets entre les mains de votre sérénité cet étendart, pour marque d'une vraie domination. Le doge répond.... Je le reçois au nom de Dieu & de notre protecteur saint Marc.

de suite après l'élection. Le tour de la place se fait très-vîte, sans doute pour épargner l'argent de sa sérénité, qui dépenseroit davantage, si on la montroit plus long-temps au peuple. A la fin de la course, quand il approche de la Piazetta, il jette quelques sequins d'or. Les gens de l'arsenal, qui savent où ils doivent tomber, ont grand soin d'en écarter le peuple, même à coups de bâton; espèce de vexation qui ne devroit point être soufferte dans un pays libre, & dans une cérémonie faite généralement pour tout le peuple; car il y a grande apparence que cette distribution d'argent qui est d'usage, a été établie pour dédommager le peuple de la perte de son droit de suffrage en l'élection du doge. (*a*)

Pour jouir au moins d'une apparence de liberté, le peuple a encore le droit de faire écrire ou afficher au coin des rues le nom de celui qu'il souhaite pour

---

(*a*) Cette ostension du doge au peuple, retrace l'idée de l'ancienne façon noble & simple dont se faisoit l'inauguration des Souverains. Les soldats les élevoient sur le parois ou bouclier, & les portoient ensuite solemnellement autour du camp. Les Vénitiens n'ont fait qu'accommoder cet usage a leurs mœurs & même à la forme de leur gouvernement.

doge, & ses vœux sont toujours en faveur de celui qu'il sait devoir l'être. Ainsi, quelques jours avant l'élection du Seigneur Marco Foscarini, on voyoit par-tout en très-grosses lettres, cette inscription en langue du pays, *le procurateur Marco Foscarini pour doge...* Quand il y a plusieurs prétendans, au moins suivant le bruit public, alors il y a plusieurs noms affichés; car chacun a ses partisans.

Les trois soirs qui suivent immédiatement l'élection du doge, il y a un grand feu d'artifice au milieu de la place saint Marc, & un bal paré pendant la nuit dans une salle du palais ducal, dont les parens du nouveau prince font les honneurs. Toute la seigneurie y est en robes rouges & en grandes perruques ; les dames Vénitiennes y sont aussi & magnifiquement parées. Leur robe est faite en corps de jupe juste à la taille, avec une espèce d'habit ou de manteau de taffetas noir à manches très-courtes, rattachée par derriere, de façon qu'il laisse voir la taille & la beauté de l'étoffe de la robe. On peut dire qu'elles sont éblouissantes à force de perles & de diamans. Je remarquai une singularité dans la coiffure d'une grande partie de ces dames ; les fils de perles & de diamans qui la formoient, étoient entrelacés de façon qu'ils reffembloient à un diadême. Celles dont la taille eft avantageufe & la figure noble, ont dans cette parure éclatante vraiment l'air d'autant de reines.

Les ambaffadeurs & miniftres étrangers ne peuvent y être qu'*incognito*, c'eft-à-dire avec le mafque, le manteau de taffetas noir, & le capuchon appellé bahute. Le nonce même du pape eft affujetti à cette étiquette, & je l'y ai vu dans cet équipage. Par-tout ailleurs un miniftre du faint fiége ne fe trouveroit pas à pareille affemblée ; mais ici il eft de l'intérêt de fa place d'y être, & c'eft une de fes prérogatives. Les ambaffadeurs font les feuls qui puiffent être mafqués dans le cercle du bal ; ils y font admis, parce que c'eft la place de diftinction, & qu'on ne peut la leur refufer ; mais il eft certain qu'ils font bien obfervés, & qu'aucun des nobles Vénitiens ne s'amufe à faire converfation avec eux. Les étrangers qui font admis dans le cercle du bal, doivent être connus, & avoir été préfentés par l'ambaffadeur national ; alors ils ont le privilege d'y être à vifage découvert & dans leurs habits ordinaires ; ils n'y seroient point reçus autrement : mais quand l'ambassadeur a donné leurs noms, alors ils n'ont qu'à se présenter ; la police, qui est parfaitement observée à Venise, a pour eux les plus grands égards ; les gardes posées aux différentes portes, ont l'attention de les faire entrer dès qu'il paroissent, & même d'empêcher que la foule ne les incommode. Autour de la salle du bal il y a une espece de galerie pleine d'une multitude de masques, tous habillés uniformement, c'est-à-dire le manteau, le capuchon noir, le masque blanc & le chapeau, hommes & femmes vêtus de même ; c'est où se placent souvent des gens de distinction, qui ne veulent y être qu'*incognito*.

Le premier de ces bals fut ouvert par le prince régnant de Virtemberg, & madame la comtesse de Rosemberg, femme de l'ambassadeur de l'empereur. Tout s'y passoit avec beaucoup d'ordre ; l'orchestre étoit nombreux & bien composé, la salle magnifiquement illuminée ; d'instans à autres les officiers du nouveau doge présentoient des rafraîchissemens de toute espèce. Ces bals sont plutôt des spectacles nobles dignes de la gravité d'une sage république, qui autorise la joie commune en y prenant part, que ces assemblées tumultueuses & bruyantes, connues ailleurs sous le même nom. La parure noble & régulière des dames, l'habit majestueux des sénateurs qui dansent continuellement le menuet, nombre d'étrangers en habits riches & brillans, le tout ensemble forme un spectacle unique, dont on ne peut jouir que dans cette occasion.

La dépense de ces bals est aux frais du doge, de même qu'une gratification d'un ducat, de quatre pains & quatre bouteilles de vin, qui se fait à chaque gondolier public le jour même du couronnement ; dépense considérable, car à en croire les Vénitiens, il y a dix mille gondoliers. Il est vrai que cet argent retourne au prince, auquel chaque gondolier paye un impôt fixe. Les gondoliers domestiques ne sont point compris dans ce nombre.

Usage de solliciter les charges. Procurateur de saint Marc. 63. Les jours qui précèdent l'élection solemnelle du doge, sur-tout pendant que se font les ballottations pour le choix des électeurs, le procurateur qui brigue la principauté, ne va plus seul à la place saint Marc, ni au palais ducal ; il est accompagné de ses parens, des meilleurs marchands de la ville, des banquiers les plus en crédit, des chefs des arts & métiers, pour faire voir qu'il est agréable au peuple, qu'il s'est bien conduit dans les différens emplois qu'il a exercés. Cette suite représente les clients des candidats qui se présentoient à Rome pour les grandes charges.

Les sénateurs qui briguent les places de procurateurs de saint Marc, suivent les mêmes usages, & marchent avec le même cortége, lorsqu'il est question de les élire. Ils font aux gondoliers la même gratification que le doge.

Toutes les charges se sollicitent à Venise avec autant d'empressement & de brigues que dans l'ancienne Rome. Un candidat qui aspire à une charge, doit captiver la bienveillance de tout le corps des patriciens qui entrent au sénat, & qui y ont voix délibérative, les solliciter tous en particulier, savoir de leurs amis s'ils peuvent compter sur leurs promesses, user avec eux des motifs les plus capables de les toucher & de les déterminer à ce que l'on souhaite, & faire ce métier tous les jours pendant les six semaines ou deux mois qui précédent l'élection.

Malgré tous les mouvemens que l'on peut se donner, souvent on perd son temps; mais il est d'usage de ne pas cesser de briguer, quoique l'on soit presque sûr que l'on ne réussira pas. On ne craint point de tenter tout ce qui peut rompre les mesures de son parent & de son ami, quand il concourt pour la même place. Dans ces circonstances, on compte encore beaucoup sur la mort de quelqu'un déja en place, qui occasionnera quelque changement utile. On ne cache point ses idées à ce sujet; on les met en avant comme un moyen de réussir. Enfin, la galerie qui joint le palais saint Marc dans la Piazzetta, & où se fait tous les matins l'assemblée des sénateurs, appellée le broglio, est le théâtre de l'intrigue & des sollicitations, & offre une peinture assez ressemblante de ce qui se passoit à Rome à la place publique en pareilles circonstances. Il n'est ni sûr, ni honnête, même à un étranger, de traverser le broglio, de s'y arrêter avec un air de curiosité qui n'est point permise dans ce pays. On excuse les fautes de ce genre que l'ignorance peut faire commettre; mais celles qui se font à dessein, ne sont pas pardonnées. Le temps du broglio est d'ordinaire depuis sept heures du matin jusqu'à huit en été, & sur-tout dans le temps où il se fait des changemens dans la magistrature.

Après la dignité ducale, les procurateurs tiennent le premier rang dans la hiérarchie politique de Venise. Cette dignité est fort ancienne dans la république. Dès le onziéme siécle, un des principaux citoyens portoit ce titre, & avoit effectivement le soin des bâtimens de l'église de saint Marc, en administroit les revenus ; il en étoit comme le grand marguillier. En 1310., le nombre des procurateurs étant augmenté, ils furent divisés en trois classes. La premiere division a les mêmes fonctions que le premier procurateur dont nous venons de parler. La seconde, connue sous le nom de *Procuratori di Citra*, à l'exécution des legs pieux, le soin des veuves & des orphelins, dont ils sont les tuteurs & les protecteurs nés. Ils distribuent tous les ans des bourses pour marier des filles, donnent *gratis* plusieurs logemens dépendans de leurs procuraties, & ont l'inspection sur la plupart des établissemens de charité situés dans leur département, qui s'étend sur la partie de Venise appellée *di Citra*, qui tient le nord & le levant. Pour mieux entendre cette diversion, il faut savoir que la ville de

Venise est partagée en deux parties par le grand canal, qui sont unies par le seul pont de Rialto. Ces procurateurs ont le droit de loger dans le bâtiment appellé *Procuratie Vecchie*, qui est situé le long de la place saint Marc.

La troisiéme division est appellée *Procuratori di Ultra*; ils ont les mêmes fonctions dans la partie de Venise qui est de l'autre côté du grand canal, & ont pour logement la procuratie neuve qui est à gauche de la place saint Marc. Dans le quinziéme siécle, le nombre des procurateurs fut fixé à neuf, & divisé dans l'ordre dont je viens de parler.

La république, dans des besoins urgens, a créé plusieurs autres places de procurateurs, qu'elle vendoit fort cher. En 1672, il y en avoit trente-cinq vivans. Actuellement le nombre est réduit à onze. Dom Louis Rezzonico, neveu du pape Clément XIII, a été décoré de ce titre en qualité de procurateur d'honneur surnuméraire. Cette dignité ordinairement est accordée aux patriciens qui ont fait avec honneur les grandes ambassades, qui sont celles de Rome, Vienne, Paris & Madrid; aux provéditeurs généraux de Palma Nuova & de Corfou, qui à leur retour sont en droit de solliciter la veste de procurateur. Quelques patriciens qui ont passé par ces emplois, dont les familles déja très-illustres n'ont pas besoin de nouvelles décorations, aiment mieux finir leur carriere par l'ambassade de Constantinople, qui est très-utile, & au moyen de laquelle ils réparent leur fortune souvent dérangée par les dépenses nécessaires auxquelles ils ont été obligés : cela s'appelle à Venise prendre la veste en argent.

Les procurateurs *di Supra* n'entrent point au grand conseil : quand il est assemblé, un d'eux reste dans la place S. Marc, accompagné de beaucoup d'officiers, & commande la garde posée pour la sûreté de l'assemblée. Les autres procurateurs entrent aux conseils & au sénat, ils y ont une place distinguée d'où ils entendent & voyent tout ce qui se passe ; mais quand ils ne sont que procurateurs, ils n'ont aucune voix (*a*).

(*a*) La raison pour laquelle ils n'ont pas voix active dans les différens conseils, est qu'étant d'un rang où ils ne peuvent aspirer à autre place qu'à la dignité ducale, ils ne peuvent concourir à aucune élection ; l'usage à Venise étant

Ils ne jouissent des prérogatives de leurs dignités, qu'après qu'ils ont fait leur entrée solemnelle. Le nouveau procurateur se rend en gondole à l'église S. Sauveur, accompagné d'un nombre considérable de sénateurs en robe rouge, & d'officiers subalternes de la république, qui doivent grossir son cortége. Il part à pied de cette église, & passe par la rue merciere, garnie de droite & de gauche de boutiques très-ingénieusement parées. Il monte au palais ducal, se présente au doge assis sur son trône, & lui fait un remerciment de la grace que le sénat a bien voulu lui accorder : ensuite il descend, & va dans une des procuraties prendre l'investiture de sa nouvelle dignité. Cette cérémonie faite, il donne pendant trois jours consécutifs des fêtes chez lui, avec bal & illuminations. Ce n'est que dans ces occasions seules que les Vénitiens en charge reçoivent publiquement chez eux les étrangers, & sur-tout les ministres des puissances ; à la vérité ils n'y peuvent aller que masqués, comme aux fêtes qui se

---

de n'accorder le droit d'élection qu'à ceux qui sont eux-mêmes éligibles.

font après l'élection du doge. Toute la ville prend part à la fête ; car à cette occasion les masques sont permis pendant trois jours. Comme la dignité de procurateur de saint Marc ne s'accorde qu'après de longs services, il s'ensuit nécessairement que ceux qui en sont honorés sont déja avancés en âge, & dès-lors il arrive assez souvent que l'on fait de nouveaux procurateurs, qui, selon l'usage, font tous leur entrée solemnelle. C'est pourquoi les marchands de la rue merciere sont fort accoutumés à parer leurs boutiques dans ces occasions, ce qu'ils font d'un goût singulier & quelquefois piquant. Ils exécutent toutes sortes de desseins avec des étoffes de différentes couleurs, des galons, des dentelles, des toiles, de la vaisselle d'argent ; les plus curieuses sur-tout & les plus riches, sont celles des jouailliers, qui véritablement y étalent des trésors. Chacun, dans cette occasion, se fait un point d'honneur d'imaginer quelque chose de nouveau & d'élégant, & de l'emporter sur son voisin de même état.

L'habillement des procurateurs est la grande robe noire ou violette à manches ducales, ouvertes & pendantes jusqu'à terre, avec l'étole ou bordure noire : quand ils sont sages-grands, ils portent l'étole violette. Les jours de grandes cérémonies, tels que celui de leur entrée solemnelle, de saint Marc, du couronnement du doge, de l'Ascension, ils portent la grande robe de velours cramoisi, avec l'étole ou bordure d'or, s'ils sont chevaliers. ...

Conseils & tribunaux. Pregadi.

64. Dans une aristocratie telle que celle qui forme le gouvernement de Venise, on ne peut le bien connoître, sans avoir une idée des différens conseils qui régissent la république : c'est ce qui me détermine à en donner ici une notice abrégée.

Le grand conseil est l'assemblée générale des patriciens admis au gouvernement : il comprend tous les autres, & représente les comices Romaines qui suspendoient les fonctions de tous les tribunaux : c'est pour cela qu'il ne s'assemble à Venise que les jours de dimanche ou de fête, afin que les magistrats répandus dans les différens tribunaux, qui vaquent de droit ces jours-là, puissent y assister. C'est-là que réside la souveraine puissance de la république. On y forme toutes les loix qui ont rapport à la constitution essentielle de l'état ; on y élit les magistrats de la ville qui ne sont pas du corps du sénat, de même que les gouverneurs, podestats, & officiers principaux, que l'on envoie dans les différentes villes & places de l'état.

Aucun des nobles n'entre au grand conseil, qu'il n'ait vingt-cinq ans accomplis ; & du jour seulement de leur réception, ils commencent à être du corps de la république, & membres de l'état. Tous les ans au mois de décembre se fait ce que l'on appelle la ballottation des *Barberins* ; c'est-à-dire des jeunes nobles, âgés de vingt-cinq ans, que le grand conseil juge à propos d'admettre à ses assemblées. On décide le nombre que l'on recevra, on les ballotte, & ceux qui ont le nombre de voix sont admis. Cet usage, qui dépend entiérement du sort, fait qu'il n'y a aucune espece de honte à avoir fait une vaine tentative. Ces jeunes patriciens ont voix délibérative dès l'instant qu'ils ont été admis. Le grand conseil a la même autorité sur le sénat de Venise, que les assemblées du peuple romain sur le sénat de Rome. Souvent le grand conseil abroge ou casse ce que le sénat a fait. Ses assemblées se tiennent, de Pâques à la Toussaint; depuis huit heures jusqu'à midi, & le reste de l'année, depuis deux heures jusqu'au soir (*a*).

―――――――――――――――

(*a*) L'ordre ou le tableau de la séance du grand conseil est dans la maniere suivante. Au fond de la salle immense où il s'assemble, est une estrade élevée de quelques marches; au milieu; le trône du doge, de droite & de gauche, des bancs où sont placés les conseillers de la seigneurie, les chefs de la quarantie criminelle, les sages-grands, le chancelier, & quelques-autres magistrats principaux. Auprès des portes sont les *avogadri*, ou avocats généraux de l'état, & les trois *capi dieci*. Les auditeurs anciens & nouveaux sont sur les côtés; presqu'au milieu & en avant, les deux censeurs.

Les patriciens sont sur des bancs à dos, rangés dans la longueur du parquet, les uns vis-à-vis des autres, quelquefois au nombre de mille.

Le grand chancelier propose ce qui est à décider. Ensuite on délibere & on procéde au scrutin, suivant la forme qui est en usage, après qu'un sécrétaire a lu les loix de l'état, qui doivent être observées dans la circonstance. S'il est question d'élire un magistrat, après le scrutin & les ballottations faites, on voit si celui qui a été proposé a le nombre de voix suffisantes pour être élu. Si c'est une loi à établir, ou quelques réglemens à faire, on voit également si la chose a passé à la pluralité des voix. Quant aux loix, après cet examen, le

Le collége est le premier tribunal de la république, & l'assemblée des principaux membres de l'état. Il est composé de vingt-six patriciens, du doge & de ses six conseillers qui représentent ensemble la seigneurie de trois députés de la quarantie criminelle, qui changent tous les deux mois, de six sages-grands députés du sénat, de cinq sages de terre ferme qui en manient toutes les affaires, & des cinq sages des ordres qui ont la direction des affaires maritimes. Le collége s'occupe le lundi à connoître des procès d'importance, dont le sénat lui renvoie le jugement. Les autres jours il reçoit les ambassadeurs des princes, les

---

chancelier les publie le conseil assemblé. Quant aux magistrats, après que l'élection a été déclarée légitime, le chancelier les appelle & les fait venir devant le censeur, où ils affirment avec serment qu'ils n'ont rien fait contre les loix, pour arriver à la place à laquelle ils viennent d'être élus. Ce sont des enfans appellés ballotins, qui vont de rang en rang recevoir le suffrage des nobles assis sur des bancs, & qui le donnent par le moyen des petites boules qu'ils mettent dans la boëte; le côté où ils la placent dénote s'ils acceptent ou s'ils refusent. . . . .

généraux d'armée, les députés des villes, & les requêtes qui doivent lui être remises avant que d'être portées au sénat. Les ambassadeurs admis à l'audience, & portant la parole, usent de la formule suivante : *Sérénissime prince, très-illustres & très-excellens seigneurs.* Les ambassadeurs, dans le collége, se placent à la droite du doge, chacun suivant le rang que tiennent en Europe les princes dont ils sont les représentans. C'est au collége que se portent & se lisent les lettres des princes étrangers ou de leurs ministres. Un ambassadeur qui n'a pas fait son entrée solemnelle, n'est point admis à avoir séance publique au collége, ni à faire aucune fonction de son état avec le corps de la seigneurie.

Le sénat ou *pregadi* est composé de soixante magistrats, & d'une giunta de même nombre, qui le seconde en cas d'affaires pressantes ou multipliées : elle a les mêmes priviléges & les mêmes droits que le pregadi. En outre, soixante autres patriciens composent une seconde giunta appellée *sotto pregadi.* Ceux-ci n'ont aucune voix dans les affaires qui se traitent au pregadi ou à la giunta ; ils sont là pour s'instruire, en attendant qu'ils remplacent les sénateurs qui ont fait leur temps au pregadi ou à la giunta.

Le pregadi est renouvellé tous les ans, sans aucun inconvénient pour le bon ordre de la république, parce que dans la quantité de magistrats qui composent la giunta & le sotto pregadi, il s'en trouve toujours assez pour former le nouveau pregadi, qui soient en état, & d'instruire ceux qui leur succédent, & de les mettre au fait des affaires vraiment intéressantes; d'ailleurs ce changement ordonné par la loi, donne la faculté de renvoyer les sujets inutiles, incapables ou dangereux, supposé qu'il s'en trouvât de cette derniere espece dans l'ordre des patriciens. Malgré ce grand nombre de personnes instruites de tout ce qui se fait de plus important, il est inouï qu'aucun ait jamais parlé, ou même donné lieu de soupçonner ce qui s'étoit passé au pregadi. Le silence sur toutes les affaires d'état est une vertu innée aux Vénitiens destinés à les traiter, & non-seulement aux patriciens, mais même à tous ceux qui tiennent à l'état de quelque maniere que ce soit. Les procurateurs, en vertu de leur dignité, & les sages-grands entrent de droit au pregadi. C'est là que se décide tout ce qui est du ressort de la politique, la paix, la guerre, les impôts que les sujets doivent payer ; c'est là que l'on choisit les ambassadeurs & les autres ministres de la république dans les états des princes étrangers, & tous les magistrats principaux qui sont du corps du sénat. Ils sont élus par voie de scrutin, & on n'y propose que des sujets dignes de l'emploi qu'ils sollicitent. Ordinairement c'est le collége qui envoie au sénat la matiere qui doit y être mise en délibération.

On appelle le sénat *pregadi*, ou priés, parce qu'autrefois à Venise il n'y avoit point de sénat fixe ; on prioit les principaux patriciens de s'assembler pour délibérer des affaires, suivant l'exigence des cas. On doit regarder le collége & le pregadi comme les corps les plus respectables de l'état ; ce sont eux qui donnent aux affaires & aux peuples le mouvement & l'état qu'ils croyent convenir aux intérêts de la république.

Les sages-grands, dont j'ai déja parlé, sont au nombre de six, & traitent entre eux de toutes les affaires les plus importantes de l'état, dont ils renvoyent ensuite la décision au pregadi, avec leurs avis

avis motivés. Chaque semaine, un des sages-grands préside les autres ; c'est lui qui reçoit les requêtes que l'on présente au collége, pour être portées au sénat, qui propose à ses collégues les matieres qui doivent être mises en délibération, qui répond aux lettres des princes, aux sollicitations des ambassadeurs résidans à Venise, non pas de son chef, mais suivant ce que le collége ou le pregadi en ont décidé. Ce sage est connu sous le nom de *Savio di Settimana*. On voit que ses fonctions répondent à celles du ministre, secrétaire d'état. Les sages-grands ne sont que six mois en fonction, & président par semaine & alternativement. Un ambassadeur qui a quelque chose à demander au collége ou au pregadi, s'adresse au sage-grand de semaine, par le moyen du consul de la nation, ou de son secrétaire ; & quand il juge la demande raisonnable, il se charge volontiers de la proposer au pregadi. Les procurateurs recherchent beaucoup cette charge, qui joint l'autorité réelle à l'éclat de leur dignité. La robe des sages-grands est d'étoffe violette à manches ducales.

Les sages de terre ferme sont au nombre de cinq, élus par le pregadi où ils ont droit d'entrer, mais où ils n'ont pas voix délibérative. Le premier d'entre eux, appellé *Savio alla scrittura*, ou sage d'écriture, expédie les gens de guerre, assiste aux recrues de soldats, leve ou réforme des troupes, après avoir délibéré avec ses collégues de tous ces objets, & avoir été autorisé par le collége. Il juge par appel & en derniere instance, tant au civil qu'au criminel, toutes les causes des officiers & soldats de la république. Le second, appellé *Savio Cassiere*, propose & fait le payement des gens de guerre, & de tous ceux qui sont à la solde de la république ; rien ne se paye du trésor public, sans un ordre signé de ce sage. Les trois autres ou travaillent avec les deux premiers, ou les remplacent en cas de maladie. Ils portent en hiver la robe de drap violet, en été celle de camelot noir ondé. C'est de cet ordre que la république tire les ambassadeurs qu'elle envoie aux cours principales de l'Europe : ils sont sémestres comme les sages-grands, & éligibles par le pregadi.

Les sages des ordres ou de mer sont également au nombre de cinq. Ces places sont ordinairement occupées par de jeunes patriciens des familles les plus distinguées, & que l'on destine à de grands emplois, si on les en trouve capables. Avant que la république ne se fût étendue en terre ferme, ces charges étoient les principales de l'état; aujourd'hui elles sont regardées comme de peu d'importance, en ce que les intérêts politiques de la république, soit par rapport à la mer, soit par rapport à son commerce, n'offrent plus rien de difficile ou de fort important : ils traitent cependant entre eux ce qui a rapport à ces objets, & en font le rapport aux sages-grands & de terre ferme. Leur avis n'est porté au pregadi qu'autant qu'il a été adopté par un des sages des deux premiers ordres, sous le nom duquel il est proposé. Ces sages portent la robe violette à manches étroites, & sont sémestres.

Les inquisiteurs d'état, attendu le pouvoir sans bornes dont ils jouissent, peuvent être regardés comme les magistrats les plus formidables de la république : ils sont au nombre de trois, tirés du conseil des dix. Leur autorité est si absolue, qu'ils peuvent condamner le doge même à mort (a), & le faire

―――――――――――――――

(a) Il n'est pas absolument sûr que ce tri-

exécuter sur le champ, s'ils sont tous trois du même avis. Ils ont par-tout des espions qui leur rapportent tout ce qui se dit & tout ce qui se fait. Tout dans la république est soumis à ce redoutable tribunal. L'idée seule en fait trembler. On a des exemples terribles d'exécutions qu'il a ordonnées sur le champ, sans rendre d'autre raison de sa conduite, que celles du crime de léze-majesté, dont il n'est point obligé de déclarer l'espece. En quatre heures de temps, le premier magistrat de la république peut devenir la victime de la vengeance de ces trois inquisiteurs, si par malheur ils s'accordent tous trois à le perdre. Leur loi fondamentale, ce qui les détermine, est cette maxime cruelle, *correre a la pena prima d'essaminare la colpa*, que l'intérêt de l'é-

---

bunal ait autant de puissance qu'on lui en attribue; mais pour peu que l'on réfléchisse sur l'extrême délicatesse des Venitiens pour tout ce qui regarde l'état, on n'aura pas de peine à voir qu'il est de leur politique que leurs sujets, & même les étrangers, ayent de ces inquisiteurs tant de crainte. Moins on peut espérer de grace, même pour les fautes les plus légeres, moins on ose se porter aux grands crimes.

tat a fuggérée, mais en banniffant en même temps toute idée de juftice & de défenfe légitime, pour ne laiffer aucune reffource aux fujets qui oferoient faire le moindre projet contre l'intérêt public. Dans le dernier fiécle, le fénateur Antoine Fofcarini, homme aimable, vertueux, charitable, d'un efprit doux, étoit l'idole du peuple & des moines qu'il s'étoit gagnés par une fuite de bienfaits accumulés ; fa vie exemplaire ne le mit pas à l'abri de la vengeance des inquifiteurs, qui ne purent fouffrir la grande réputation dont il jouiffoit ; en un demi-jour il fut arrêté & difparut pour toujours. Il fut en quelque forte le martyr de fes vertus, qui lui avoient attiré un crédit qu'il ne cherchoit point, mais qui l'avoient élevé trop au-deffus de l'égalité, dont les vrais républicains font fi jaloux. Il ne faut pas imaginer que ce tribunal ait rien perdu de fa févérité... Il eft défendu, fous peine de la vie, à aucun patricien d'entrer chez un miniftre étranger, fous quelque prétexte que ce foit. Un patricien, qui avoit une intrigue de galanterie, traverfoit de nuit le jardin d'un ambaffadeur, pour entrer de-là chez la dame qu'il vouloit voir ; les inquifiteurs d'état crurent qu'il avoit quelque relation secrette avec l'ambassadeur ; ils le firent arrêter. On prétend qu'il ne voulut point déclarer pour quelle raison il passoit presque toutes les nuits par ce jardin ; mais il ne reparut point, & on croit qu'il fut exécuté sur le champ... Dans ces derniers temps, un procurateur de saint Marc, homme d'un mérite distingué, très-zélé républicain, s'étant trouvé à genoux à la messe à côté de l'ambassadeur de l'empereur, ne s'en apperçut point d'abord, & se retira dès qu'il vit à côté de qui il étoit. Mais ayant peur qu'on ne lui imputât à crime cette méprise involontaire, il alla au sortir de l'église chez l'inquisiteur d'état, qui lui dit, je sais ce que vous venez m'apprendre ; une autre fois, monsieur le procurateur, regardez de plus près à ce que vous avez à faire, & auprès de qui vous vous placez..... Il n'y a pas deux ans qu'un patricien de la maison Capello fut sévérement réprimandé par les inquisiteurs d'état, pour avoir osé traverser un canal dans la gondole du nonce, avec deux dames étrangeres qu'il accompagnoit. Cette action, qui ne paroît d'aucune conséquence, étoit si grave aux yeux des inquisiteurs, qu'ils lui dirent que sans les grands services que sa famille avoit rendus à la république, on lui mettroit la tête entre les jambes : pour cela seul, il a été obligé d'aller pendant plusieurs années excercer différens emplois dans les isles dépendantes de la république ; ce qui est regardé comme une espece de prison forcée. On peut juger par ces exemples combien les patriciens doivent s'observer sur tout ce qui pourroit faire soupçonner qu'ils ont quelque relation avec les ministres des puissances étrangeres ; & c'est la raison pour laquelle les étrangers, qui passent quelque temps à Venise, s'ils ont envie d'être reçus chez les nobles, doivent éviter avec la même attention tout commerce assidu avec les ambassadeurs, & s'en tenir, par rapport à eux, aux simples devoirs de politesse qui y sont permis.

65. Le conseil des dix, le tribunal le plus redoutable qui soit en Europe, doit son origine à une chambre de justice qui fut établie pour découvrir les complices de la conjuration de Bajamont Tiepolo, qui éclata lors de la réformation du gouvernement par le doge Pierre Gradenigo en 1290. On renouvelle tous les ans au mois d'août les magistrats qui

Conseil des dix.

le composent : leur élection se fait au grand conseil. Ce tribunal que l'on doit regarder comme le parlement & la tournelle des nobles, est ordinairement composé des patriciens les plus qualifiés, & dont les lumieres & l'intégrité sont généralement reconnues. Il connoît de toutes les affaires criminelles d'état & autres ; ainsi les séditions, les malversations des magistrats, la fausse monnoie, les assassinats commis en la personne des nobles, l'hérésie quand elle fait éclat, les crimes graves en matieres de mœurs, & qui vont à troubler la tranquillité publique, sont du ressort de ce tribunal, dont les loix sont écrites en lettres de sang.

Le coupable, ou, ce qui est la même chose, celui qui a le malheur d'être réputé tel, est abandonné à toute la sévérité des loix & de ses juges, qui font rarement grace. L'accusé n'a aucun moyen de défense que dans la commisération de quelqu'un de ses juges qui peut parler en sa faveur ; car aucun étranger ne peut ni solliciter, ni écrire pour sa justification ; ses parens même n'osent faire aucun mouvement.

Souvent il a été question d'abolir ce tribunal, mais les plus sages patriciens ont été d'avis de le conserver par ces grandes raisons, que la tranquillité de l'état & sa durée dépendoient absolument de celle de ce conseil, qui retient tous les nobles dans le devoir, par l'appréhension du châtiment, & le peuple dans le respect & l'obéissance, en voyant ses maîtres soumis à l'empire des loix comme les moindres sujets. Ces magistrats s'assemblent tous les huit jours, ou plus souvent, sur l'invitation des trois *capi dieci*, qui sont chefs du tribunal, & qui changent tous les mois. Ce sont eux qui sont chargés de faire les informations, d'entendre les prisonniers & les témoins, d'en faire le rapport au conseil; ils renvoyent aussi de leur autorité ceux qu'ils jugent d'accord être innocens.

Les jugemens de ce tribunal sont secrets, sur-tout quand ils ont pour objet quelques patriciens; ils ne rendent publics que ceux dont la connoissance peut tourner au bien de l'état, & en assurer la tranquillité par l'effroi qu'ils répandent; les exécutions qu'il ordonne sont secrettes, ou se font dans l'obscurité de la nuit, avec un silence & une sorte de respect qui ajoute encore à l'horreur qu'elles inspirent.

Kv

Il y a deux ou trois ans qu'un noble de terre ferme, du Frioul ou d'Iſtrie, né ſujet de la république, appellé le comte Soliman, faiſoit ſur les frontieres des enrôlemens de ſoldats pour le roi de Pruſſe: pareille entrepriſe eſt contre les loix de l'état. On l'avertit de ceſſer; il ne fit pas cas de l'avis, & continua les enrôlemens, s'y croyant ſuffiſamment autoriſé par la protection du monarque pour lequel il agiſſoit. Il fit plus, il oſa venir à Veniſe. Preſqu'auſſitôt il fut arrêté, & deux ou trois jours après on le vit le matin pendu entre les colonnes de ſaint Marc, ayant à ſes côtés deux hommes qui le ſervoient dans cette expédition. L'exécution avoit été faite la nuit.

Reſpect pour les loix & le gouvernement. 66. Veniſe eſt, je crois, le ſeul état du monde où le gouvernement public jouiſſe d'un reſpect extérieur, univerſel, au point que l'on n'entend jamais le moindre murmure contre ceux qui en tiennent les rênes; c'eſt le ſeul endroit encore où les loix publiques ſoient toujours bien exécutées, tant qu'elles ont force de loix; & c'eſt la ſévérité & la promptitude des peines contre les infracteurs, qui maintiennent cet ordre exact. Par-tout il y a des eſpions du gouvernement; outre cela, la jalousie secrette a les moyens les plus sûrs de se satisfaire par le moyen de ces gueules de lion qu'on voit dans la galerie du palais ducal, & qui sont destinées à recevoir les avis secrets que l'on veut donner sur les affaires relatives au gouvernement. Les passions qui jouent ailleurs un si grand rôle, surtout quand la puissance les autorise, ne peuvent se montrer ici que couvertes par la loi qui s'exécute toujours; il n'y a ni âge ni rang qui en dispensent.... Un jeune patricien, fils unique d'un procurateur de saint Marc, se livroit, il y a quelques années, sans réflexion, à ce que ses passions exigeoient de lui; il fit plusieurs entreprises pour les satisfaire; on s'en plaignit; il fut averti par les censeurs: il continua, & peu après il fut arrêté, & condamné par les dix à être mis sous les plombs, (prison terrible qui est au-dessus du palais ducal, immédiatement sous la couverture). Il y devint malade au point que sa vie étoit en danger. On eut égard aux sollicitations indirectes de son pere accablé de douleur; il a été transféré à la citadelle de Corfou, & on ne sait pas combien de temps il y restera enfermé... Les capidieci surent qu'un patricien avoit abandonné la religion de ses peres, maltraitoit sa femme & ses domestiques, & en étoit venu au point d'extravagance de ne pas permettre que les uns & les autres allassent même à la messe : il est actuellement sous les plombs pour dix ans ; il sera transféré ensuite dans une autre prison, où il restera autant de temps ; c'est-à-dire qu'il ne reparoîtra jamais. Les Venitiens condamnent rarement au dernier supplice pour ces sortes de crimes ; mais leurs prisons sont plus cruelles que la mort même. On prétend qu'il faut qu'un homme soit bien robuste pour vivre plus de cinq ou six ans sous les plombs. On sait quelques-uns de ces châtimens exemplaires ; mais combien ne s'en fait-il pas qui sont ignorés ! En général, tout noble qui disparoît tout d'un coup, s'est mis dans le cas de subir la rigueur des loix observées dans le conseil des dix, où les jugemens sont aussi secrets que séveres : on les enleve, s'ils restent en prison à Venise ; on est incertain sur leur sort ; on ne sait s'ils vivent ou s'ils sont exécutés : quand ils sont transférés dans les citadelles de terre ferme, alors on sait ce qu'ils sont devenus, & on espere les revoir.

67. Il y a trois cours souveraines de justice à Venise pour tous les sujets de l'état; on les appelle quaranties du nombre des magistrats qui les composent. La quarantie civile nouvelle, la civile vieille, & la criminelle. La premiere juge par appel de toutes les sentences rendues en matiere civile par les juges des villes de l'état de terre ferme & des isles. La seconde juge les causes qui lui sont portées par appel des tribunaux subalternes de la ville. La troisiéme juge de toutes les causes criminelles, à l'exception de celles qui sont réservées au conseil des dix. Cette quarantie est celle des trois qui a le plus de considération, en ce que ses magistrats entrent au pregadi, & y ont voix. Les sollicitations sont permises à ce tribunal, & y sont d'usage; on laisse aux accusés tous les moyens de se défendre & de se justifier, ou même de se tirer d'affaire par le crédit de leurs amis & de leurs protecteurs. Il n'en est pas de même des affaires civiles, où toutes sollicitations sont interdites, sous peine de déposition du magistrat qui les écouteroit. On veut empêcher par ce moyen que la justice civile ne devienne vénale. Les magistrats passent d'une quarantie à l'autre, & restent huit mois dans cha-

Cours souveraines de justice & autres magistratures.

cune. Les deux premieres ne font guéres occupées que par des pauvres nobles, qui font bien aifes de gagner un ducat par féance, en jugeant les caufes de leurs concitoyens. aufli, après le temps de leur magiftrature expiré, ils ne craignent point, dès que les loix le permettent, de rentrer en exercice.

Les avogadors remplacent dans les tribunaux de la république, les magiftrats que nous appellons en France les gens du roi, quoique leur miniftere foit tout-à-fait différent. Ils font au nombre de trois, & chargés en quelque forte de l'inftruction des affaires, en ce qu'ils parlent les premiers. Dans les affaires criminelles portées à la quarantie, ils font la fonction d'accufateurs. Ils font les maîtres de porter les caufes à quel tribunal ils jugent à propos, même au pregadi & au collége ; & dans aucun tribunal (celui des dix excepté) on ne peut juger définitivement avant que d'avoir entendu l'avogador. Leur principale fonction eft la manutention des loix, & ils peuvent s'oppofer à tout jugement où ils croyent qu'elles font bleffées. Ces charges font d'une grande confidération, mais aufli elles exigent beaucoup de talens & d'activité. Ils ont part à tout ce qui fe fait dans les grands tribunaux. Ils ont le privilége de faire furféoir à l'exécution des loix promulguées par le grand confeil même, en demandant qu'on examine de nouveau ces loix dans une autre affemblée, & en donnant les motifs qui les obligent à en folliciter la fufpenfion. Ils peuvent s'oppofer à la prife de poffeffion de quelque charge que ce foit, s'ils ont quelque reproche à faire à celui qui a été élu. A mon avis, ces places font les plus belles de la magiftrature à Venife. Les avogadors font feize mois en exercice ; ils portent en hiver la robe violette à manches ducales, avec le chaperon de drap rouge ; en été celle de camelot moiré noir, & le chaperon de même. Quand ils entrent au grand confeil, ils portent la robe rouge.

La jurifdiction des cenfeurs s'étend fur les mœurs des particuliers, fur les abus qui peuvent fe commettre contre les loix dans le broglio ; & lorfqu'il eft queftion de folliciter les charges.

Outre ces magiftrats principaux, il y a plufieurs tribunaux particuliers, occupés par les patriciens, qui ont infpection fur les denrées de premiere confommation. ... Sur l'entretien des ouvrages publics, des ponts, des quais & du pavé de la ville.... Sur les entrées & douanes.... Sur la fanté, c'est-à-dire, les précautions à prendre pour qu'il n'entre rien de contagieux dans la ville, & qu'on ne débite point de denrées de mauvaife qualité. Pendant l'hiver de 1762, au commencement de l'année, un rhume & des fluxions de poitrine épidémiques emporterent tant de monde à Venife, fur-tout pendant le mois de Février & de Mars, que le bruit s'étoit répandu qu'il y regnoit une maladie contagieufe, occafionnée par le défaut de pluies. Les magiftrats de fanté firent une enquête à ce fujet; il fut prouvé par les médecins, que les maladies regnantes n'avoient rien de contagieux, & qu'elles cefferoient au retour de la belle faifon. Ce peuple fe raffura en conféquence. On eut foin de faire favoir au dehors les précautions qu'avoient prifes les magiftrats de fanté; & les étrangers, qui doutoient s'ils iroient paffer le temps de l'Afcenfion à Venife, raffurés par les nouvelles qu'on leur donna de la ceffation des maladies, y vinrent en très-grand nombre.

Il y a une multitude d'autres tribunaux particuliers qui font néceſſaires au gouvernement d'un état bien policé, parmi leſquels en eſt un exprès pour juger les différends qui peuvent arriver entre un étranger & un ſujet, ou entre deux étrangers... Trois magiſtrats font établis ſur les lieux appellés *i banchi*, qui ſont dés eſpeces de monts de piété, que la république oblige les Juifs réſidans à Veniſe d'entretenir gratuitement. Les pauvres & ceux qui ont beſoin d'argent y portent leurs effets, ſur leſquels on leur en prête à peu près pour la valeur réelle; ce qui leur eſt beaucoup plus avantageux que de les vendre à perte, parce qu'ils les retirent quand ils ont de quoi rendre, au temps preſcrit, la ſomme qui leur a été prêtée. S'ils les laiſſent aux Juifs, ils en ont retiré à peu près la valeur. Tous ces tribunaux ſont tenus ordinairement par de jeunes patriciens, dont on éprouve les talens dans ces emplois ſubalternes.

Quand la ſeigneurie marche en cérémonie publique, les ſécrétaires des conſeils & des différens tribunaux ouvrent la marche: enſuite vient le chancelier, qui précéde immédiatement le doge, qui eſt ſuivi du ſénat.

Chancelier. Sécrétaires de la république.

68. Le chancelier est le premier des citadins, & possede l'une des plus belles charges de la république. Il est à vie comme le doge, a de très-forts appointemens, & le titre de chevalier. Il entre dans toutes les délibérations importantes de la république, dont il a le secret en qualité de ministre nécessaire, de même que les secrétaires en titre des différens tribunaux, qui aspirent tous à la place de chancelier qui est choisi dans leur ordre. Après son élection, il fait une entrée publique comme les procurateurs. Il va au collége accompagné du plus ancien procurateur, qui ce jour-là lui donne la main, ainsi que le font les autres procurateurs & patriciens du cortége, qui donnent la main aux secrétaires qui accompagnent le chancelier. (La place d'honneur, ce que l'on appelle donner la main à Venise, c'est la gauche). Dans cette cérémonie, les citadins portent la robe rouge comme les nobles. La robe d'honneur du chancelier est de velours cramoisi en hiver, & en été, de damas rouge avec l'étole d'or ; à l'ordinaire, il est vêtu d'écarlate ou de violet, avec la bordure de drap noir.

Le chancelier est le seul officier de la république auquel l'on fasse des obséques solemnelles à saint Marc aux frais de l'état, & dont on fasse l'éloge funèbre en présence du sénat. Le chancelier est élu par le grand conseil, ainsi que les magistrats de la ville.

Il y a trois classes de secrétaires ; la premiere du conseil des dix ; la seconde du sénat ou pregadi, qui servent aussi au collége ; la troisiéme des secrétaires ou notaires ducaux. On monte d'une classe à l'autre à proportion du mérite. On choisit parmi les secrétaires du sénat, les ministres que l'on envoie en qualité de résidans à Naples, Turin, Milan, Florence, Zurich, &c. & les secrétaires des grandes ambassades. Ce sont eux qui portent aux ambassadeurs résidans à Venise, les réponses aux sollicitations ou demandes qu'ils ont faites au collége ; elles sont par écrit, ou ils les lisent à l'ambassadeur, ou en son absence, ils les dictent à son secrétaire, leur étant défendu, sous peine de la vie, de se dessaisir de l'original qui a été expédié au collége.

L'état de ces citadins est très-honnête, & outre cela très-utile, tant par les gages que leur paye la république, que par les profits extraordinaires qui leur sont dûs de régle.

Ceux de la troisiéme classe font l'office de greffiers dans les tribunaux subalternes, & reçoivent les actes publics en qualité de notaires. Dans les cérémonies, ils sont vêtus de drap violet, avec le chaperon de velours de même couleur; à l'ordinaire ils portent la robe noire, & on ne les distingue des nobles que par la forme de la manche. Tous les sénateurs & autres officiers ayant part au gouvernement, portent des perruques immenses & uniformes, qui ne sont plus d'usage qu'à Venise, où il paroît qu'elles font partie essentielle de l'habillement du magistrat.

J'ai parlé du ballottin du doge; c'est un enfant de douze ans environ, de l'ordre des citadins, qui présente aux électeurs les petites boules pour la ballottation. Dès cet instant il est admis au rang des secrétaires, a une somme assez considérable destinée aux frais de son éducation; & s'il a du mérite, il a l'expectative certaine d'une place de résidant, ou de secrétaire d'ambassade.

Tels sont les principaux magistrats & officiers de Venise, ceux qu'il importe de connoître, puisque c'est leur union qui forme l'aristocratie, ou le gouvernement actuel de la république.

69. Il y a des singularités dans le gouvernement ecclésiastique de Venise, dont il est bon de dire un mot. Le patriarche, archevêque de Venise, prend les qualités de primat de Dalmatie, métropolitain de Candie & de Corfou. Dans ses mandemens & ordonnances, après ces mots, *par la misération divine*, il n'ajoute point, comme les autres évêques de la chrétienté, *& par la grace du saint siége apostolique*, parce qu'il est nommé par le sénat. C'est toujours un noble Venitien. Il n'a aucun bénéfice à sa nomination, que la théologale de son église, & la cure de saint Barthelemi. Les canonicats sont à la nomination du chapitre. L'archidiacre est réservé au pape. Toutes les cures sont nommées par les paroissiens assemblés.

Gouvernement ecclésiastique.

Ce prélat à sa jurisdiction, mais que l'on doit regarder comme presqu'entierement liée. Pour peu que ses ordonnances paroissent onéreuses au clergé séculier, aux moines & aux religieux, ils en appellent comme d'abus au sénat, qui leur donne presque toujours-gain de cause.

Les réguliers jouissent pleinement de leurs prétendues exemptions, au moins dans ce qui regarde leur administration claustrale. Plusieurs monasteres de religieuses ne reconnoissent d'autre supérieur que le doge, qui a le droit de visite chez elles, & qui les gouverne.

Les curés de la ville, & le clergé séculier des paroisses, sont divisés en neuf congrégations, dont chacune a sa jurisdiction séparée, qui ressortit à un tribunal formé par les députés de ces congrégations, & est appellé *college plébanal*, qui juge par appel les causes qui lui sont portées des congrégations particulieres. Si quelques-unes vont jusqu'au tribunal de l'archevêque, ils le regardent comme le juge qu'ils ont choisi librement, & non pas comme ordinaire. Ils lui rendent, à l'extérieur, tout le respect qu'il peut en attendre, quand il fait la visite de son diocèse, mais sans souffrir qu'il fasse aucun exercice de sa jurisdiction.

Le primicier de saint Marc, ou doyen de cette église, y jouit des droits & des honneurs de la prélature ; il officie avec les ornemens pontificaux ; donne la bénédiction solemnelle, avec des indulgences de quarante jours ; confere les ordres mineurs sans aucune opposition de la part du patriarche ou des autres évêques. Il est à la nomination du doge. C'est toujours un noble Vénitien qui est revêtu de cette dignité. Il est absolument indépendant. Pour ôter toute occasion de dispute entre les nobles & le peuple, la république n'a pas voulu que les premiers pussent être éligibles aux cures de la ville, elles sont réservées au peuple, que cette marque de distinction attache au gouvernement.

Tout Vénitien, de quelque rang qu'il soit, qui est dans l'état ecclésiastique, est exclus, par son état même, d'avoir aucun emploi qui lui donne la moindre connoissance du gouvernement de la république. Aussi plusieurs patriciens, qui ne veulent pas se mêler des affaires publiques, prennent la tonsure & l'habit ecclésiastique, & dès-lors vivent dans l'indépendance.

70. Les revenus fixes de la république de Venise sont évalués au moins à vingt millions, dont une partie se perçoit sur la ville même, en droits d'entrées & de sorties, dixmes, décimes & autres impositions réglées; le reste se perçoit dans l'état de terre ferme, & dans les isles dépendantes de la république; à quoi il faut ajouter la vente

Revenus de la république.

des sels qui se font à Corfou & à Chiozza, qui produisent annuellement à l'état trois millions ; le débit des huiles de Corfou, qui est un objet considérable dans les revenus de l'état ; le casuel du palais ; les confiscations & la vente de plusieurs offices qui appartiennent au fisc. Outre cela, dans les temps de guerre, elle crée de nouvelles charges, vend la noblesse aux gens aisés qui veulent l'acquérir, taxe les juifs, qui sont fort riches à Venise. C'est avec ces richesses, sagement administrées, que cette république s'est soutenue pendant long-temps dans un état assez brillant, pour exciter la jalousie des autres puissances de l'Europe. Actuellement la sagesse de son gouvernement, l'attachement à ses loix & à ses usages, le respect que toute la nation, tant ceux qui sont à la tête de l'état, que ceux qui sont purement sujets, a pour le corps de la législation, lui méritent encore la considération de toute l'Europe, & lui conservent le rang distingué dans la hiérarchie des souverains, qu'elle occupe à raison de son ancienneté & de sa puissance.

Dépenses.
Troupes de terre.

71. Outre les dépenses qu'exigent l'entretien des magistrats employés dans les

les différens conseils & tribunaux, le payement des troupes, les constructions & réparations des ouvrages publics, la république a en réserve un trésor considérable, qui la met en état de faire promptement des levées de troupes en cas de nécessité. Il est vrai que le fonds de ce trésor se tirant des sujets de l'état, & ne leur retournant qu'en partie par le moyen de la circulation ordinaire, cette méthode de tenir de l'argent en masse morte tend nécessairement à les appauvrir. Les exportations, soit des denrées que la république tire de son territoire, soit des marchandises qu'elle fabrique chez elle, ne sont plus aussi considérables qu'elles l'étoient autrefois, & rendent plus sensible la rareté de l'argent dans le pays. Il est vrai qu'elle a l'attention la plus sévere pour empêcher l'usage des marchandises étrangeres parmi ses sujets; ce qui fait qu'il entre chez elle plus d'argent qu'il n'en sort. Le grand point pour enrichir l'état, seroit de donner le mouvement & la vie à cette masse morte qui forme le trésor de saint Marc; mais la difficulté est de trouver un moyen aisé de faire travailler cet argent, & de le faire rentrer tout de suite dans les temps cr-.

Tome II. L

tiques. Qui pourroit en répondre, & calmer à ce sujet la juste défiance de la république ? C'est ce que me répondit à Venise un homme très au fait du gouvernement, & très capable d'en bien juger.

La république entretient à peine, en temps de paix, six mille hommes de troupes réglées, tant cavalerie qu'infanterie, dont la plus grande partie est distribuée dans les différentes places de Dalmatie & de Frioul; aux ordres du provéditeur général, résidant à Palma Nuova, & d'un commandant militaire qui lui est subordonné : le reste est dans les autres places de terre ferme, surtout sur les frontieres du Milanez, qui mériteroient la premiere attention de la république, si le roi de Sardaigne devenoit jamais le maître de cette riche province, dont il a déja une partie. L'infanterie est composée, pour la plus grande partie, de Capelets, Albanois, Morlaques, & autres peuples voisins des Turcs, & leurs ennemis. La cavalerie est presque toute d'Italiens, d'Allemands & de François. Outre ces troupes, le sénat a un corps d'infanterie appellé *cernides*, ou gens de choix, qui sont les milices de terre ferme ; troupe peu considérée par ses maîtres, qui n'est point en régiment, mais que l'on assemble de temps en temps par districts, & dont on fait des revues. La république leur fournit un habit uniforme, & pour toute paye ils jouissent de l'exemption des impôts. Il y a quelques officiers chargés du détail de ces milices, sous la qualité de capitaines & de sergens; les premiers à la solde de vingt-cinq ducats par mois; les seconds à dix. La longue paix dans laquelle vit la république, fait que dans le choix de ses officiers subalternes, qui presque tous sont étrangers, elle n'a égard qu'à ceux qui, par leur sage conduite, sont en état d'entretenir la discipline militaire, & le bon ordre dans les garnisons qu'ils commandent. (a) On sait qu'en temps de guerre la république confie la conduite de ses troupes à un général étranger, dont la réputation est connue; plusieurs princes n'ont pas dédaigné de servir Venise: il est toujours accompagné des deux pro-

---

(a) Au mois d'Avril 1766, le sénat rendit un décret par lequel il ordonnoit d'accorder un congé absolu à tous les soldats qui auroient atteint l'âge de soixante ans. Le nombre en étoit (dit-on) de 4500.

véditeurs qui ont le secret de l'état, & sans l'avis desquels il ne peut rien faire de décisif.

La république n'a point d'armée navale; elle a seulement une escadre qui croise dans le golfe, pour l'assurer contre les corsaires, sous les ordres d'un noble Vénitien, qui a le titre de général du golfe, dont la charge dure trois ans, & une autre escadre à Corfou qui a la même destination. Les escadres de la république n'étoient autrefois formées que de galeres. Actuellement elle a encore des galeres, mais beaucoup plus de vaisseaux de haut bord, dont je parlerai à l'article de l'arsenal.

Le service de mer a plus de considération à Venise, que celui de terre. La république entretient toujours sur les vaisseaux & galeres un certain nombre de jeunes nobles qui s'instruisent dans la marine. Pour les y attacher davantage, elle leur paye des pensions. Outre cela, elle ordonne aux marchands de ses états, qui arment quelques bâtimens à leurs frais, d'en prendre deux ou trois sur leur bord, qui sont des pauvres familles patriciennes. Ils y ont le privilège d'avoir une pacotille franche de tous droits. S'ils n'en usent point, ils peuvent le vendre, & le produit sert à leur entretien. Ainsi ils s'accoutument à la navigation, & ils s'attachent à un métier où il trouvent un intérêt présent, & l'espérance par leurs services de s'élever à des emplois importans.

72. La souveraineté du golfe de Venise, quant à la navigation, appartient incontestablement à la république de Venise : elle s'y est formée, & elle la possède par la même raison qu'elle possède Venise, dont la souveraineté ne lui a jamais été contestée. Si quelqu'un avoit eu droit de lui en disputer la possession, c'eussent été les empereurs, lorsque leur puissance étoit encore reconnue en occident; mais ayant abandonné cette portion de leur empire, les Vénitiens ont commencé à en jouir par le droit des gens, qui attribue la propriété des biens délaissés, & qui ne sont censés être à personne, à ceux qui s'en emparent les premiers, & qui s'y établissent sans réclamation fondée en droit. Ensuite elle a le droit de la guerre. Les Narentains, peuple de Dalmatie, aujourd'hui sous la domination Turque, furent autrefois assez puissans pour soutenir une longue guerre contre les Vénitiens à ce sujet ; mais ils cé-

Souveraineté du golfe. Son étendue.

derent en 996, & reconnurent la fouveraineté de Venife fur le golfe... Les princes Normands établis dans la Pouille, les Génois & les Pifans ont difputé les droits déja reconnus des Vénitiens, par des guerres opiniâtres qui ont duré plus de trois fiécles; mais la république, après avoir été au moment de fa ruine, s'eft relevée, a forcé tous ces peuples à renoncer à leurs prétentions, & à ne venir dans le golfe que pour les affaires du commerce, & de l'agrément de la république. Ce font les Vénitiens qui, en qualité de fouverains du golfe, ont arrêté les pirateries que les Ufcoques vouloient y exercer ouvertement dans le dernier fiécle. Peu après, le fénat maintint hautement fon droit de fouveraineté fur le golfe, en traitant avec l'ambaffadeur d'Efpagne. Ce miniftre lui donnant avis du mariage de la fœur du roi fon maître, avec Ferdinand, roi de Hongrie, l'avertit en même temps que cette princeffe pafferoit de Naples à Triefte avec l'armée navale d'Efpagne. Le fénat répondit à cet avis, que la république étant fouveraine du golfe, elle n'y laifferoit jamais entrer d'autres vaiffeaux de guerre que les fiens; que fi le Roi catholique vouloit accepter l'offre que le sénat lui faisoit de ses galeres, l'Infante y seroit reçue & traitée avec tous les honneurs dûs à son rang & à sa naissance ; que s'il refusoit ce parti pour prendre celui de la violence, il sauroit défendre ses droits avec vigueur ; ce qu'il fit dire également au vice-roi de Naples par son résidant en cette ville. Voilà les véritables titres de la souveraineté de Venise sur le golfe, bien plus certains que la prétendue donation du pape Alexandre III ; à quoi il faut ajouter la cérémonie que fait tous les ans la seigneurie d'épouser la mer, (suivant ses termes) en signe de vrai & perpétuel domaine ; cérémonie à laquelle assistent les ambassadeurs & ministres de toutes les couronnes de l'Europe. Aucun n'y a jamais formé la moindre opposition ; les papes eux-mêmes reconnoissent ce droit, en accordant tous les neuf ans à la république une bulle qui lui permet de lever les décimes sur le clergé de ses états, pour la défense du golfe. Elle doit être d'autant plus attachée à cette souveraineté, qu'elle doit la regarder comme la base la plus solide de son existence. La position de sa capitale ne changera pas ; si son gouvernement se maintient même dans l'état où il est, il semble que l'on peut lui prédire la plus longue durée.

Le golfe de Venise (ou mer Adriatique) a environ 190 lieues de longueur du levant au couchant; au midi, il est bordé par le royaume de Naples, l'Etat ecclésiastique & le duché de Venise ; au couchant, par le Padouan & le Frioul ; au nord, il a la Carniole, l'Istrie, la Dalmatie & les côtes d'Albanie; au levant, son embouchure dans l'Archipel, qui s'étend d'Otrante au Cap, qui ferme le petit golfe de Valone, dans l'espace de vingt-cinq à trente lieues; il est défendu par les isles de Corfou, de Paschu, d'Antipaschu & de Céfalonie, qui appartiennent depuis plusieurs siécles aux Vénitiens, & sont regardées comme les clefs du golfe. Celle de Corfou surtout a une citadelle très-forte, avec un bon port. Ces isles sont gouvernées par des provéditeurs & des conseillers qui sont renouvellés tous les trois ans. Quoique fort éloignés du sénat, ils ne gouvernent pas arbitrairement. Tous les trois ans, trois syndics tirés du corps du sénat, sont envoyés faire la visite de toutes les places, tant de terre ferme que de mer. Ils examinent rigoureusement la gestion de tous les officiers en place. Ils ont le pouvoir de faire le procès aux prévaricateurs ; ce qui tient tout le monde dans le devoir, ou au moins empêche les grands abus. La république entretient dans le port de Corfou quatre vaisseaux de ligne, quatre galeres, & plusieurs bâtimens de transport. Il y a même un arsenal, où par décret du sénat il doit se trouver des armes, des munitions & des agrès en quantité suffisante pour équiper & armer douze vaisseaux de guerre. Il y a quelques années que sous le gouvernement du provéditeur N. plusieurs vaisseaux furent détruits par les vers, à ce qu'il assura ; mais ce qu'il y eut de pis, c'est que ces insectes avoient même rongé une grande partie de l'artillerie & des magasins de l'arsenal. Le sénat qui ne pouvoit le croire, avoit commencé un procès très-sérieux contre le provéditeur, qui, à ce que l'on a dit, a trouvé le moyen de persuader à ses juges la vérité de ses défenses, & d'arrêter les poursuites faites contre lui.

73. Les charges de la marine sont, en temps de guerre, le général de mer, *Officiers de mer & de terre ferme.*

qui est toujours un noble Vénitien. Il a une autorité presque illimitée sur toute la flotte. Cet officier n'est que momentané.

Le provéditeur général de mer est une charge perpétuelle dans la république, mais qui n'est jamais exercée plus de deux ans par le même sujet. Lorsqu'il n'y a point de général, il a une autorité absolue sur toute la flotte; il change & dépose les officiers à son gré; l'argent destiné à l'entretien de la flotte, est à sa disposition: il rend compte au sénat après sa gestion. Avant que d'arriver à Venise, il dépose en quelque façon son autorité, avec toutes les marques de sa dignité qu'il laisse à Capo d'Istria, & rentre dans sa patrie, simple particulier. Sa résidence ordinaire est à Corfou.

Le gouverneur du golfe exerce sa charge pendant trois ans, & commande l'escadre destinée à la garde du golfe. C'est le plus ancien officier de mer de la république, & dans cette qualité il a la pointe dans les combats maritimes.

Outre ces officiers, il y a deux chefs d'escadre entretenus par le sénat, qui commandent chacun quatre galeres;

dont partie font montées par les forçats condamnés à cette peine, partie par des gens de bonne volonté ; ces galeres ne s'écartent du port que pour des commiffions particulieres.

Les autres vaiffeaux & galeres de la république font commandées par des jeunes nobles, appellés *Sopra Comiti*, qui difpofent de toutes les places d'officiers qui leur font fubordonnés ; ce qu'on leur accorde pour les dédommager des dépenfes qu'ils font pour lever les foldats qui doivent monter le bâtiment, la république ne leur fourniffant que le vaiffeau avec les munitions néceffaires, & ne payant les officiers & foldats que lorfqu'ils font à bord.

Les premieres de ces charges font toujours la récompenfe du mérite que l'on a fait paroître en commandant les vaiffeaux & les galeres. On voit par ce détail qu'il n'y a point de fervice plus utile à Venife que celui de la mer ; cependant ce n'eft pas celui qui y eft le plus recherché.

Les officiers que la république envoie dans fes états de terre ferme, font connus fous le nom de podeftats, dont l'emploi répond à celui des préteurs Romains. Ils font pris ou dans le rang des sénateurs, ou dans celui des nobles, suivant l'importance de leurs départemens. Ils y ont l'autorité de gouverneurs & de premiers juges. Leur charge dure seize mois.

Les capitaines des armes commandent les garnisons des villes & châteaux de leur district; l'entretien & les réparations des murailles & fortifications sont à leur charge. Ils jugent les causes qui ont rapport au militaire, & administrent les finances conjointement avec le podestat, quand la place est assez importante pour avoir ces deux officiers. Dans les villes peu considérables, le même officier est podestat & capitaine des armes.

Le provéditeur général du Frioul, résidant à Palma Nuova, & celui de Dalmatie, sont des charges très-distinguées, & toujours occupées par des sénateurs de grand nom, & d'un mérite reconnu.

Ces différens officiers de terre ferme sont soumis à une justice supérieure exercée par les inquisiteurs de terre ferme; espece de magistrats ou intendans de justice que la république envoie tous les cinq ans dans les provinces pour tenir des grands jours, où il ne s'agit presque

que d'examiner la gestion des podestats & capitaines des armes, commandans dans chaque province.

Après l'idée que je viens de donner du gouvernement de Venise, pourra-t-on citer un état dans le monde où la justice soit administrée avec autant d'attention, où les prévarications soient prévenues avec plus de soin, où l'on ait rendu les loix plus respectables, même à ceux qui sont chargés de les faire observer ?

74. Il est temps que je fasse une peinture détaillée de cette ville singuliere, unique dans le monde par sa situation, & que l'on met avec raison au rang des plus belles que l'on connoisse. Depuis près de treize cents ans elle subsiste, sans que jamais aucun ennemi étranger y ait donné des loix, sans avoir été exposée aux inquiétudes & aux dangers d'aucun siége ; exemple unique dans l'histoire connue. Venise n'a jamais eu d'autres maîtres que ceux qui l'ont fondée, dont les illustres descendans sont encore aujourd'hui ses premiers magistrats. On connoît les beaux vers que le poëte Sannazar a fait à la louange de Venise, où il la met au-dessus de toutes les autres villes, même de Rome dans

Idée générale de la ville de Venise. Beauté de ses édifices.

ses plus beaux temps. (*a*) Il est certain que l'on peut se faire une idée de Rome, soit ancienne, soit moderne, par les descriptions que l'on en a, & que quand on les connoît, on n'y est pas tout-à-fait étranger, même en y arrivant pour la premiere fois. Il n'en est pas de même de Venise ; il faut l'avoir vue, l'avoir examinée de près, pour s'en faire une idée: plus on la voit, plus on la trouve admirable, & on adopte le sentiment des Vénitiens, qui l'appellent *opus excelsi*, l'ouvrage du très-haut.

Cette ville, la plus forte que l'on

───────────────

(*a*) *Viderat Adriacis, Venetam, Neptunus in undis*
Stare urbem, & toto ponere jura mari.
Nunc mihi Tarpeias, quantumvis Jupiter, Arces
Objice, & illa tui, mœnia Martis ait.
Si Pelago Tiberim præfers, urbem aspice utramque,
Illam homines, dicas, hanc posuisse, Deos.

Sannazar fut remercié en vertu d'un décret du Sénat, & reçut une gratification de six cents écus d'or du trésor public......

connoisse sans aucune fortification, imprenable en quelque façon, & inabordable, sans autres défenses que celles de sa situation au milieu de la mer, est dans une plage d'un abord très-difficile, à cause des lagunes ou atterrissemens, dont il faut connoître le gisement pour que les moindres barques puissent y arriver. Les vents orageux qui y régnent très-souvent, ne permettroient pas à une flotte considérable qui voudroit s'engager dans les lagunes, de rien entreprendre sans courir les plus grands risques d'échouer.

C'est donc du centre des eaux mêmes que l'on voit s'élever cet amas de bâtimens & de palais magnifiques qui forment la ville de Venise, & qui semblent être le séjour de la paix & de la liberté. On ne voit rien, en l'abordant, de cet appareil imposant de jettées, de digues, de moles, de constructions de défense, de batteries; qui entourent les autres villes maritimes, & qui en défendent les approches : de quelque côté que l'on y arrive, on y entre librement. Cependant je connois plus d'un Auteur, qui parlent beaucoup des fortifications de Venise, que personne n'a certainement jamais vues.

Le grand canal qui partage la ville en deux parties à peu près égales, a la forme d'une S; il a presque part-tout au moins cent pas de largeur. Environ au milieu du canal est situé le fameux pont de Rialte, qui unit ensemble les deux parties de la ville. Quatre cens canaux, & beaucoup plus de ponts, servent à communiquer dans tous les quartiers de la ville. C'est par ces canaux que s'en fait tout le service, que se transportent les denrées, les marchandises, & tout ce qui a quelque poids. C'est par le même moyen que les gondoles & barques abordent à toutes les maisons, ou au moins assez près, pour que l'on puisse y transporter de la barque avec peu de peine les fardeaux même les plus lourds Comme il ne peut entrer dans cette ville aucune espéce de voiture, ni de bête de somme, tous les ponts sont d'une construction fort légere, & en même temps assez solide pour durer très-long-temps; la plupart sont de marbre ou de pierre d'Istrie: d'ailleurs ce sont des ouvrages faits aux dépens du public, & ceux qui en ont l'inspection sont trop intéressés à ne recevoir que des ouvrages solides, pour qu'il se fasse jamais aucune fraude dans la construction. Il y a, outre cela, beaucoup de rues & quelques places, mais la plus grande partie des rues font très-étroites. Quelques canaux font bordés de quais des deux côtés, fur lefquels font fituées prefque toutes les boutiques des artifans. Quelques-unes de ces efpeces de rues font dans une fituation fort riante, fur-tout du côté de Caftello. La rue merciere où font les boutiques des principaux marchands, le quartier de faint Barthelemi, de fan Salvadore, ce qui avoifine le pont de Rialte des deux côtés *di ultra* & *di citra*, le quartier de fan Giacomo di Rialto, la rue des orfévres ; c'eft dans ces parties où fe fait le grand mouvement de la ville ; à quoi il faut ajouter le quartier de faint Marc, les quais qui bordent le port des deux côtés du levant au midi, c'eft-à-dire de l'arfenal au grand canal.

Quantité d'édifices fuperbes font conftruits fur les bords du grand canal ; c'eft-là où l'on peut dire que les beautés extérieures de l'architecture grecque antique fe trouvent réunies avec les aifances intérieures de nos appartemens modernes. Beaucoup de palais, dont plufieurs conftruits par Palladio, l'un des plus habiles architectes qui ayent existé, s'y font admirer par la beauté du goût, & la noblesse de la construction. Ce ne sont pas de ces bâtimens immenses, tels qu'on les voit à Rome, percés d'une longue suite de fenêtres décorées d'architecture & de sculpture, avec de belles portes. Ici les bâtimens sont enrichis de colonnes à l'exterieur, & ordinairement il y a autant d'ordres que d'étages, qui dès-lors sont petits; mais comme ils sont admirablement exécutés, ils n'en sont pas moins nobles. D'ailleurs, presque tous ces édifices destinés à l'usage des particuliers, n'exigent pas ces colonnades majestueuses, faites pour annoncer de grands bâtimens publics. Ce genre de beauté seroit trop gigantesque pour la maison d'un citoyen, qui, dans un état comme Venise, a tant d'égaux. Ce que je puis dire, c'est qu'ayant vu & examiné attentivement quelques monumens d'architecture grecque antique bien conservés, & d'une construction si belle, si noble, je dirois volontiers si harmonieuse, qu'elle attache les regards, fixe l'attention, & cause un plaisir réel à ceux même qui n'ont qu'une connoissance très-superficielle de ce bel art; on se sent affecté des mêmes sentimens, on retrouve les mêmes beautés dans plusieurs églises & palais conſtruits à Venife par Pallodio. Ainſi ces édifices doivent être regardés comme un des grands objets de curioſité qui ſoient dans cette ville.

La maniere même dont on les fonde devient intéreſſante. Tous ces bâtimens ſortent immédiatement de l'eau, & par conſéquent ſont tous bâtis ſur pilotis, mais avec la plus grande ſolidité. Que l'on regarde l'égliſe & la tour de ſaint Marc, la tour ſur-tout, on n'imagine pas comment on a oſé élever ſur pilotis une maſſe ſi lourde & ſi haute, ſur un plan auſſi peu étendu que celui qu'elle occupe. J'ai vu des maiſons particulieres trés-habitables qui ont plus de huit cens ans de conſtruction, qui ſont encores ſolides; il ne paroît pas que depuis ce temps les murs extérieures ayent exigé aucune réparation : il eſt vrai que la nature des matériaux que l'on y emploie eſt excellente; tous les édifices principaux ſont de marbre ou de pierre d'Iſtrie; on ne les emploie qu'en gros quartiers, ce qui aſſure la ſolidité des conſtructions; on fonde profondément dans l'eau, & les pilotis bien enfoncés ne pouvant jamais être exposés à l'air, se conservent éternellement, de même que les lits de madriers posés sur les pilotis, & sur lesquels se commence la construction. J'ai observé encore dans le temps de la basse marée, qu'il se forme autour des édifices, jusqu'au niveau de l'eau, une croute ou enduit extérieur, très-tenace & assez épais, occasionné par le dépôt de l'eau des canaux, chargée de beaucoup de matieres étrangeres unies par une espece de bitume. Les huitres s'y attachent en très-grande quantité, & font une nouvelle défense aux murailles des maisons.

La marée monte & descend dans le golfe adriatique deux fois en vingt-quatre heures, à la hauteur d'environ deux pieds. En temps de marée basse, la plus grande partie des lagunes sont à découvert; ce qui fait croire aux habitans de terre ferme, qui arrivent en temps de basse marée, & qui partent ou vont se promener en temps de haute marée, qu'il est survenu une grande crue d'eau. On s'apperçoit dans le grand canal de la diminution de la mer, sur-tout depuis midi jusqu'à deux ou trois heures; cependant les canaux sont toujours navigables. On n'aborderoit pas à cette heure indifféremment par-tout ; mais à tous les trajets, à toutes les portes des maisons considérables ou des édifices publics, il y a des escaliers qui sauvent cet inconvénient ; ainsi la gondole aborde librement par-tout. Dans la partie *di ultra*, on est étonné de trouver une rue fort large. La raison en est que le canal n'étant presque plus navigable, & rendent une odeur qui infectoit le quartier, le gouvernement l'a fait combler & paver; ce qui est arrivé en différens temps à plusieurs autres canaux.

75. La gondole, cette voiture si douce, si commode, & si multipliée, qu'il n'y a point de villes au monde où il y ait autant de carrosses, que de gondoles à Venise, est un petit bâtiment long de vingt-cinq pieds au moins, large de cinq dans sa plus grande largeur. La proue, fort allongée, & tout-à-fait en pointe, est armée d'une très-grande piéce de fer, qui ressemble à une scie à six ou sept dents très-larges & point tranchantes. La poupe, moins allongée, n'est pas armée. Le corps de la gondole a six pieds de long sur quatre à cinq de large, & autant de haut. Sa forme est un quarré, dont les angles

Gondoles.

sont arrondis par le dessus. Elle est doublée d'une étoffe noire, & recouverte par-dessus d'un tapis de même, avec quelques houpes & agrémens de laine noire. Le siége du fond, où l'on peut s'asseoir deux, est fort large, & garni d'un coussin de marroquin noir. Il y a deux siéges de côté, peu larges, & où l'on est mal assis. Ainsi cette voiture n'est vraiment faite que pour deux personnes. La porte est ordinairement garnie d'une glace ; il y en a une derriere & deux aux côtés ; ces glaces se tirent quand on le veut, & on y substitue des chassis garnis de crêpe noir, à travers lesquels on ne peut être vu.

La description d'une gondole est celle de toutes les autres ; quelques pouces de largeur de plus ou de moins en font toute la différence ; mais la garniture, ainsi que les couleurs & la forme, en sont les mêmes : il faut en excepter les gondoles des ambassadeurs qui ont fait leur entrée publique ; dans les occasions d'éclat, ils ont des gondoles brillantes : tous les corps en sont dorés, & chargés d'ornemens de sculpture ; les panneaux sont en grandes glaces, & les doublures sont des étoffes les plus riches. La barque ou le fond de la gondole est également riche & orné. On ne peut rien voir de plus élégant que ces fortes de voitures, qui n'ayant pas l'embarras du train nécessaire à nos plus belles voitures de terre, n'en font que plus brillantes & plus leftes. Chaque gondole a deux gondoliers, un à la poupe, un autre à la proue; on dit qu'il est du bel air de n'en avoir qu'un. Ils font tous habillés fort fimplement, une vefte jufte à la matelotte, une grande culotte & un bonnet rond d'étoffe, fuivant la faifon. Il n'y a que la famille du doge qui ait droit de leur faire porter la livrée. Rien n'eft plus fort & plus agile que ces gens; leur adreffe n'eft pas moindre, foit à paffer dans les endroits les plus difficiles, foit à fe tirer d'un embarras la nuit auffibien que le jour. Je n'ai vu arriver aucun accident, quoique j'aye été à Venife dans le temps des plus grands mouvemens. On doit ajouter que le fervice des gondoliers eft de la plus grande exactitude, d'une fidélité à toute épreuve. On prétend qu'un gondolier qui auroit fait la moindre friponnerie, feroit noyé par fes camarades, s'il en avoient connoiffance. Ils font fur-tout d'un fecret inviolable, & avec cela fort gais, même dans les plus grandes fatigues. Rien ne peut égaler la rapidité avec laquelle une gondole fend les eaux, quand on l'ordonne.

Description de Venise par quartiers.

Quartier de faint Marc. Eglife ducale de S-Marc.

76. Cette ville magnifique est divisée en six quartiers appellés sestieri, dans lesquels on compte soixante & douze paroisses, cinquante-quatre maisons religieuses d'hommes, dont dix abbayes, vingt-six communautés religieuses de femmes, dix-sept hôpitaux ou conservatoires, dix-huit chapelles pour les confrairies, dont dix avec titre d'écoles, une quantité de palais superbes, & plusieurs autres monumens remarquables, dont je parlerai à leurs quartiers.

Comme on va par toute la ville en gondole, on peut de même y aller à pied, mais en faisant des circuits immenses pour trouver les ponts, traverser les canaux, passer d'un quartier à l'autre; ce dont on pourra juger aisément à la vue du plan de Venise, & en se rappellant encore qu'il n'y a qu'un pont sur le *canal grande*, qui partage la ville en deux parties à peu près égales.

Quartier de faint Marc. *Sefticre di fan Marco.*

L'églife ducale de faint Marc doit être regardée comme la premiere églife de Venife, celle où la république en corps remplit tous les devoirs de religion, & affifte à toutes les cérémonies qui fe font au nom de l'état. Elle fait remonter le temps de fa conftruction, dans l'état où on la voit, à la fin du dixiéme fiécle, fous le doge Pietro Orfeolo, qui eft au rang des faints. La maniere dont elle eft bâtie ne reffemble en rien à celle des églifes d'occident. Celle-ci eft tout-à-fait dans le goût grec. Sa forme eft quarrée; cinq grandes coupoles forment une efpece de croix, & partagent cette églife en cinq parties à peu près égales. On voit qu'autrefois on y obfervoit les ufages de l'ancienne églife grecque, qu'il y avoit un mur de féparation qui divifoit le côté où fe plaçoient les femmes, de celui où étoient les hommes. Le veftibule de cette églife, la partie antérieure qui précéde l'ambon ou le jubé, le fanctuaire où eft le maître-autel, autour duquel fe place le clergé, peuvent encore donner une idée de l'ordre qu'obfervoient les pénitens, les catéchumenes, les fideles, l'évêque & son clergé, dans le temps de la primitive église.

Celle-ci est magnifiquement décorée ; on voit que l'on n'a rien épargné pour l'enrichir ; on peut même dire que les ornemens de toute espece y sont à profusion. L'intérieur des coupoles est couvert de peintures en mosaïque à fond d'or ; les plus anciennes ne sont pas le mieux exécutées. Les murs sont revêtus de haut en bas de marbres précieux & d'albâtres coloriés, la plupart rayés, qui dans bien des parties ressemblent à une vieille tapisserie de peu de conséquence, d'autant plus que l'humidité qui pénétre par-tout à Venise, n'a pas laissé à ces marbres leur éclat naturel : c'est la même cause qui a ôté à l'or des mosaïques sa couleur, & fait qu'il est terni comme du cuivre. Le pavé est fort riche ; il est tout à compartimens de marbres de différentes couleurs, qui forment des desseins suivis & des figures. Il y a des galeries ou corridors ajoutés, pour tourner autour de l'église, & traverser d'un arc à l'autre : ces galeries sont soutenues sur des colonnes de marbre antique pour la plupart, & apportées de Constantinople & de Gréce, dans le temps de la grande puissance des Vénitiens. Ces corridors peuvent être commodes pour le service ; mais ils choquent la vue, & déparent l'architecture de cet édifice. La partie antérieure a été retranchée du vestibule, & enfermée dans l'intérieur, à en juger par le baptistere, qui étoit autrefois sous le vestibule, suivant l'ancien usage, & la forme même de l'édifice.

Le vestibule, dans son état actuel, a cent quatre-vingt-six pieds de longueur, dix-huit de largeur, & vingt-deux de hauteur. La voûte est toute revêtue de mosaïques. Il est partagé en cinq arcs soutenus par deux petits ordres de colonnes l'un au-dessus de l'autre. Au fond des arcs sont cinq portes de bronze avec des bas-reliefs, la plupart bien exécutés. On voit sous l'arc du milieu les tombeaux de trois doges ; Vital Falier, mort en 1096, Marin Morosini, & Barthelemi Gradenigo. Il paroît qu'anciennement cet endroit étoit spécialement destiné à la sépulture des princes de la république.

La colonnade dont ces portiques sont ornés, est un assemblage de piéces antiques, apportées à Venise, de Gréce, de Constantinople, de Palestine & de Syrie, dans le temps des croisades. Il y a beaucoup de porphyre, de granite oriental, de cette pierre serpentine verte & brune, qui a quelque chose du verd antique, mais qui est plus triste, dont la carriere est inconnue, & que l'on croit avoir été tirée d'Egypte.

L'aspect extérieur de ce temple est d'une belle proportion, quoiqu'il n'ait pas cette majesté qui en impose, & qui annonce avec avantage ces sortes d'édifices. Ces deux petits ordres de colonnes, qui ne vont qu'environ à la naissance des arcs, & laissent un grand espace vuide jusqu'à la galerie qui partage le portail, sont hors de toute régle, & font regretter que ceux qui ont construit l'église, se soient plutôt appliqués à tirer parti des petits matériaux précieux qu'on leur fournissoit, qu'à suivre les vraies régles de l'architecture; mais sans doute que les Vénitiens qui avoient apporté toutes ces petites colonnes du levant, vouloient qu'elles fussent employées à former autant de trophées à leur gloire.

La galerie extérieure qui entoure l'eglise de trois côtés, est découverte & bordée d'une petite colonnade de marbre à hauteur d'appui. Cinq grands arcs couronnés d'ornemens de marbres travaillés dans un goût grec, qui tient beaucoup du gothique, s'élevent au-deſſus des cinq portiques qui forment le veſtibule. Entre chaque arc eſt une niche à trois étages, formée par trois petits ordres de colonnes placées les unes ſur les autres, & terminées en campanile. Dans chacune de ces niches ſont des ſtatues de marbre. Le grand arc du milieu eſt occupé par une large fenêtre qui ſert à éclairer l'égliſe, au-deſſus de laquelle eſt un lion de cuivre doré.

Au-devant de cette fenêtre, ſur des petits piédeſtaux qui ne s'élevent pas plus haut que la galerie, ſont placés quatre chevaux de bronze antique d'une trés-belle forme, envoyés de Conſtantinople à Veniſe en 1206 par Marin Zeno, premier podeſtat Vénitien de cette ville. Ces chevaux furent d'abord dépoſés à l'arſenal, & placés très-long-temps après où on les voit. Il paroît, par le récit des auteurs les plus dignes de foi, que ces chevaux ſont l'ouvrage de quelque artiſte Grec très-fameux : on les attribue à Liſippe, plutôt ſur leurs beautés, que ſur aucune autre certitude. On apprend, par les médailles, qu'ils ont décoré l'arc de Néron : on ſait que Trajan les employa au même usage. Constantin les fit servir de couronnement à son arc qui subsiste encore à Rome en son entier, d'où il les fit enlever, ainsi que plusieurs autres monumens également précieux qu'il en tira pour orner la nouvelle ville où il transféra le siège de l'empire. Ces chevaux étoient attélés à à un char du soleil, que le *Zeno* oublia sans doute d'envoyer avec les chevaux. Le même ordre d'arcs & de campaniles dont j'ai parlé, est continué aux deux côtés de l'église ; l'intérieur des arcs est couvert de peintures en mosaïque, & tous les murs sont revêtus de beaux marbres. Ce grand édifice est couronné par cinq dômes couverts de plomb, & surmontés de croix grecques dorées. Ces cinq dômes, trop près les uns des autres, font confusion, & choquent la vue, parce qu'ils ne sont pas dans l'usage des constructions ordinaires ; mais aussi cette église n'a rien qui ressemble aux autres.

Je reviens à l'intérieur, qui mérite d'être examiné. On y voit beaucoup de chapelles & d'autels particuliers, ornés de statues & de bas-reliefs en marbre & en bronze. L'autel principal est sous un pavillon de pierre serpentine, soutenu par quatre colonnes de marbre blanc, chargées de bas-reliefs, qui ont pour sujet différentes histoires de l'ancien testament. Le tabernacle qui est sur cet autel, est d'un prix infini. Il est formé de lames d'or, avec des figures en bas-relief dans le goût grec; chaque figure dans un cadre ou niche de pierres précieuses, telles que diamans, rubis, émeraudes, &c. Cet ouvrage, fait à Constantinople, fut apporté à Venise dans le douzième siécle; il a été fort enrichi depuis ce temps-là.

L'autel du saint Sacrement a, entre autres ornemens précieux, quatre colonnes d'albâtre transparent, hautes chacune de huit pieds. A côté est la chapelle ducale, dans laquelle le doge, les ambassadeurs & le sénat se placent aux jours de cérémonies solemnelles. Les marbres les plus rares & les plus beaux forment la balustrade à hauteur d'appui, qui entourent cette chapelle, sur laquelle sont placées quatorze statues de marbre de grandeur naturelle, qui représentent la sainte Vierge, saint Marc & les douze Apôtres, au milieu desquelles est un trés-grand Crucifix d'argent. La plupart de ces statues sont du Sansovino, qui a beaucoup travaillé à la décoration de l'église saint Marc & du palais ducal. Les ornemens les plus précieux de cette église, apportés pour la plus grande partie de Constantinople, lorsque les Vénitiens en étoient en quelque façon les maîtres, y sont en assez grande quantité, pour que l'on puisse s'y former une idée des talens des artistes Grecs sous les empereurs ; ils avoient un goût particulier, & s'ils étoient plus connus, ils formeroient une classe dans l'histoire des arts. Il est à croire que leurs ouvrages étoient préférables à ceux des artistes Italiens, puisqu'on les employoit de préférence, ou qu'on tâchoit d'imiter leur maniere, qui cependant est bien petite, comparée à l'antique grec (*a*).

(*a*) Dans la chapelle du cardinal Zeno, au côté gauche de la statue de la Vierge, est une table de marbre, où sont trois trous placés tiangulairement, auxquels répondoient autant de canaux d'une fontaine que l'Empereur Michel avoit fait conduire à Constantinople. Une inscription grecque, gravée sur cette pierre, & mal expliquée, a fait croire que c'étoit la même pierre d'où Moïse avoit fait sortir de l'eau dans le désert, parce que dans l'inscription, les soins de l'empereur sont comparés avec la ferveur de Moïse. C'est sans doute cette idée qui a fait transporter cette pierre de Cons-

Toutes les portes de l'église sont de bronze, ornées de bas-reliefs, dont plusieurs sont d'un travail très-recherché. On montre sur celle de la sacristie les portraits du Titien & de l'Arétin, amis intimes de Sansovin, qui donna les desseins de cette porte, & la fit exécuter sous ses yeux.

77. Le tréfor de cette église est assez fameux pour en dire un mot. Parmi les reliques précieuses que l'on y conserve dans les reliquaires les plus riches, on y voit un livre grand in-4°. couvert de lames d'argent, orné de perles & de pierreries, que l'on prétend être l'évangile écrit de la main même de saint Marc : rien n'est plus précieux, si le fait est vrai ; on ne l'ouvre point, crainte de l'artérer (*a*). Il en est de même du corps de saint

Tréfor de saint Marc.

---

tantinople à Venise, dans un temps où les Vénitiens enrichissoient leur ville de tout ce qu'ils trouvoient de précieux dans cette capitale de l'empire d'orient.....

(*a*) Ce qu'il y a de très-certain sur ce manuscrit, c'est qu'il est écrit en caractères latins quarrés, d'une assez mauvaise forme, à peu près semblables à ceux de quelques inscriptions des premiers siècles de l'Eglise, qui ont été mises à l'entrée de sainte Agnès, hors des murs de Rome, ou à quelques caractères que

M v

Marc, que la république prétend avoir; mais on ignore où il eſt : on dit que ce ſecret eſt réſervé au doge, au primicier

l'on trouve gravés ſur les tombeaux des catacombes de ſaint Sébaſtien à Rome, ou à celles de ſaint Gennariel à Naples; monumens qui ſont inconteſtablement du temps des perſécutions. Ce manuſcrit, fait ſans doute dans ces premiers temps, n'eſt pas de la façon des bons écrivains qui étoient à Rome, & ne reſſemble en rien à la beauté du caractère des inſcriptions de ce temps; ce qui pourroit faire croire qu'abſolument parlant, il pourroit être de la main de ſaint Marc même, & fait par ordre de ſaint Pierre, pour l'uſage des fidèles de Rome, qui ignoroient la langue grecque, qui cependant étoit preſque vulgaire à Rome. Quoi qu'il en ſoit, ce manuſcrit, reſpectable par ſon antiquité, & peut-être le plus ancien, avant qu'on n'eut trouvé une bibliothéque entiere dans les ruines d'Herculée, eſt écrit en papier d'Egypte ſi mince, qu'il n'eſt pas poſſible d'en manier les feuilles ſans les rompre; ce qui a été occaſionné autant par l'humidité que par le laps de temps. Il appartenoit originairement à l'égliſe d'Aquilée, qui le regardoit comme l'autographe de ſaint Marc. en 1355, Charles IV, empereur & roi de Bohème, obtint du patriarche alors vivant, les deux derniers cahiers (quaterniones) de ce manuſcrit, qu'il fit tranſporter à l'égliſe cathédrale de Prague, où on les conſerve encore. Ce fait eſt certain; on peut voir dans les Bollandiſtes, au tome troiſiéme d'A-

& aux procurateurs (*a*)...Un riche reliquaire d'or, dans lequel est une fiole rempli du sang qui sortit d'une image de

vril, toutes les pieces qui en assurent l'authenticité.

Dès que les Venitiens furent les maîtres de Frioul, ils mirent tout en œuvre pour avoir ce manuscrit si respectable, qui avoit été transporté à Cividad di Friuli, & ils l'obtinrent enfin par le moyen de Benoît de Capo di Ferro, Romain, alors patricien & conservateur de cette ville sous le doge Thomas Mocenigo. Ils députerent le curé de Saint Barnaba de Venise, qui l'alla chercher, & l'apporta jusqu'à Murano. Alors le Clergé de Venise & une partie du sénat s'y rendirent, & transporterent solemnellement & au son de toutes les cloches, le manuscrit qui fut déposé dans le trésor de saint Marc, où il est encore, & où l'humidité achevera de le détruire, quelque soin que l'on prenne pour le conserver. Il est de forme in-4°.....

(*a*) En 815, du temps de l'empereur Leon l'Arménien, on croit que les Venitiens trouverent le secret d'enlever les reliques de saint Marc, & de les transporter à Venise, d'Alexandrie où elles étoient honorées d'un culte public de temps immémorial. En 870, l'opinion commune, tant au levant qu'en Europe, étoit que les reliques de saint Marc évangéliste, & premier évêque d'Alexandrie, étoient à Venise. Les Vénitiens croyent encore les avoir aujourd'hui, & assurent qu'elles sont placées dans la

Jesus-Christ, frappée par un Juif à Berite en Afrique. Le miracle est authentique, & rapporté dans la session quatrième du second concile de Nicée, tenu en 781 contre les Iconoclastes (*a*).

Il faudroit un volume pour rapporter en détail tous les bijoux précieux qui sont dans ce trésor. On doit mettre au premier rang la *beretta ducale*, ou bonnet qui sert à couronner le doge le jour de son installation solemnelle; il est entouré d'un cordon de perles & de diamans de la plus grande beauté : le diamant de la pointe & le rubis qui est au

───────────────────────────

chapelle ducale, mais qu'ils ne savent pas précisément l'endroit : c'est un secret réservé au doge & aux procurateurs de saint Marc di Sopra. Ce qu'il y a de certain, c'est que l'enlevement de ces reliques a donné lieu à la république de l'adopter pour patron, au lieu de saint Théodore martyr, qui l'étoit anciennement. Quant au secret sur l'endroit où elles sont placées, ce peut être un effet de la religion & de la politique des anciens Souverains de l'état, qui peut-être se persuadoient que la durée de la république étoit attachée à la conservation de ce précieux depôt......

(*a*) Un couteau dont on prétend que Jesus-Christ se servit à la derniere cène, sur le manche duquel sont quelques caractères hébraïques presqu'entiérement effacés.

devant font fort gros, & d'un prix immense... (*a*) Douze couronnes d'or, ornées de perles & de pierres précieuses. Dix rubis balais, chacun du poids de huit onces, donnés à la seigneurie en 1343 par Jean Cantacuzene, empereur des Grecs. Une petite urne faite d'une seule émeraude, donnée à la république par Usum Cassan, roi de Perse, son allié, mort en 1572. Des escarboucles, des topazes, des chrysolites d'une grosseur singuliere, présens faits par divers empereurs d'Orient. Plusieurs conques artificielle fort grosses, faites d'agathes & de jaspes. On n'imagine pas l'usage de cette espece de bijou. Un diamant d'un prix considérable, qui fut donné par Henri III, roi de France lorsqu'il passa par Venise à son retour de Pologne, au doge Louis Mocenigo. Il est placé au-dessus d'un lit d'or. Un plat d'une seule turquoise. Il y a au revers de ce plat quelques caracteres Arabes, que le P. de Montfaucon, dans son

---

(*a*) Ces couronnes, & douze pieces d'estomac d'or ornées de pierreries, qui sont dans ce trésor, étoient portées aux jours de solemnité par douze filles d'honneur de l'impératrice Helène.....

voyage d'Italie, prétend fignifier *opifex Deus*, Dieu l'a fait. Ce tréfor eft confié aux foins d'un procurateur de Saint Marc qui en a la clef, dont il ne lui eft jamais permis de fe deffaifir ; ainfi on ne peut le voir que de fon agrément.

Palais ducal. 78. Le palais ducal eft un édifice vafte & majeftueux, d'une architecture ancienne, qui tient plus du gothique que d'aucune autre maniere. Toute la façade eft revêtue d'une mofaïque à petits quarrés de marbre blanc & rouge. Il eft environné de portiques ouverts, foutenus par des colonnes de marbre & de même goût. Les bafes de ces colonnes font fous le pavé, parce que depuis la conftruction du palais, on a été obligé d'élever le fol de la place, qui étoit quelquefois inondé par certains vents orageux qui portoient le flot très-loin.

A la hauteur du premier plan, il y a une galerie ouverte, foutenue par de petites colonnes gothiques. De-là jufqu'au comble, le mur eft uni & folide, couronné tout autour d'un rang de crenaux terminés en pointe.

Huit portes donnent entrée dans le palais; quatre font le long du canal qui borne une de ses faces; une sur le quai vis-à-vis le port, une autre sur la place saint Marc, & deux qui communiquent à l'Eglise. La cour est belle & spacieuse; on y voit deux puits ou citernes à bouches de bronze chargées de bas-reliefs.

On y a placé quelques statues antiques, dont les plus remarquables sont celles d'un Romain avec la toge ou robe consulaire; elle tient un rouleau dans la main gauche : au côté droit est pendu le coffret ou porte-feuille à placer des papiers; ce qui dénote que c'est la statue d'un orateur Romain, & probablement celle de Cicéron, qui étoit au-dessus de la porte des écoles d'Athènes. Une autre vêtue du manteau de philosophe, & que l'on croit être de Marc-Aurele. Ces deux statues sont très-bien conservées, & de la plus belle exécution. Quatre statues de femmes, qui représentent l'Abondance, Pallas & la Fortune. Le bras droit manquoit à la quatriéme, qui est également antique; un sculpteur moderne y a ajouté le bras avec un sceptre, & en a fait le symbole de la république. Ces statues ont été données à l'état par le procurateur Federigo Contarini, qui les avoit fait apporter d'Athènes & d'autres parties de la Gréce.

Au bas de l'escalier principal sont deux statues d'Adam & Eve; au-dessus sont celles de Mars & Neptune, de taille gigantesque, qui ont fait appeller cet escalier, l'escalier des Géans. Ces deux statues sont le symbole de la puissance de la république; elles sont du Sansovino, & furent placées en 1556. C'est au-dessus de cet escalier que se fait le couronnement solemnel du doge, le lendemain de son élection.

Sur le mur vis-à-vis de l'escalier, est une grande inscription en lettres rouges sur un champ d'or, qui atteste à la postérité que Henri III, passant par Venise, allant de Pologne en France, pour monter sur le trône vacant par la mort de Charles IX son frere, voulut bien accepter le titre de notre Vénitien, que le sénat lui offrit, & être inscrit sur le livre d'or. Henri IV son successeur accepta le même titre, & aimoit singuliérement la république, qui jouissoit alors de la plus grande considération en Europe, & qu'elle mérite autant à présent qu'alors (a).

_____

(a) A l'entrée de cet escalier on voit deux

Autour des galeries font différentes falles, où se tiennent plusieurs tribunaux particuliers, où les notaires ducaux s'assemblent & ont leur bureaux. D'espace en espace on voit le long de ces galeries de mufles de lion à gueules ouvertes, pour recevoir les avis & mémoires secrets des délateurs qui veulent rester inconnus : il y en a pour chaque espece de crimes, ainsi que l'annonce l'inscription qui est au-dessus : on les appelle *denuntie secrete*. Aux extrémites de cette galerie, sous les portiques qui aboutissent à la place, sont des tables de marbre, sur lesquelles sont gravés plusieurs arrêts de la quarantie criminelle, ou du conseil des dix, qui ont condamné à la mort ou à des peines afflictives ceux qui avoient malversé dans

---

paniers de nefles, couverts de paille, sculptés en marbre : symbole de l'attention avec laquelle on laisse, en quelque façon, mûrir l'esprit de la jeune noblesse avant que de l'admettre aux grandes charges, afin qu'elle acquiere l'expérience & le mérite qui la rendent digne d'être initiée aux mysteres secrets du gouvernement ; ce qui se fait en la conduisant à pas comptés de tribunal en tribunal, où les affaires la forment, & donnent lieu de connoître de quoi elle est capable. . . . . .

les emplois que la république leur avoit confiés, tels que l'approvisionnement des bleds, la gestion des sels, &c. Ceux qui sont condamnés, sont ordinairement dégradés de leur état. Ailleurs ce marbre seroit une tache ineffaçable pour toute une famille : ici le crime est tout-à-fait personnel.

Il seroit bien long de donner un détail circonstancié de tous les appartemens de ce vaste palais, d'en compter les salles, les galeries, les corridors. Je me bornerai à parler des salles où s'assemblent les principaux magistrats, & de ce qu'elles offrent de plus curieux, sur-tout en peintures.

Sala delle quatro porte. Salle des quatres portes, ainsi appellée, à cause des quatre portes qui y donnent entrée, & qui ont été décorées de la plus belle architecture par le Palladio. On y voit un grand tableau qui représente la réception solemnelle que le doge & le patriarche de Venise, accompagnés du sénat, firent sur le Lido, ou grand port, au roi de France Henri III. La composition de ce tableau est noble & ingénieuse ; il mérite d'être examiné avec attention, parce que le costume y est exactement observé... On en peut dire autant de celui qui a pour sujet le doge donnant audience à des ambassadeurs, quoiqu'il soit bien inférieur au premier; mais ces tableaux ont toujours le mérite d'instruire des usages plus sûrement & plus promptement que les livres, en ce qu'ils mettent sous les yeux l'action même.

Anti collegio. Salle qui précéde le collége. Il y a plusieurs tableaux du Tintoret; un très-bon de Jacques Bassan, qui a pour sujet une foire de campagne; mais celui qui attire tous les regards, est l'enlevement d'Europe, par Paul Veronese : il est d'une composition charmante; les figures y sont de grandeur naturelle, traitées avec la plus grande vérité, & tout l'agrément que l'on peut désirer dans un pareil sujet. Le taureau léche les pieds d'Europe; idée gracieuse qui a été imitée. On ne se lasse pas d'admirer ce chef d'œuvre; le taureau sur-tout est peint avec un art singulier; le peintre a su mettre dans ses yeux une expression frappante. C'est dommage que les couleurs de ce tableau ayent beaucoup perdu de leur vivacité.

Collegio. Salle où s'assemble le collége pour les fonctions dont j'ai parlé plus haut. L'eſtrade où ſont les ſiéges des magiſtrats, eſt ornée de ſculptures & de dorures déja anciennes. Au-deſſus du trône ducal eſt un grand tableau de Paul Veroneſe, qui mérite une attention particuliere. Au haut eſt une gloire, dans laquelle eſt Jeſus-Chriſt, avec la Foi, la Juſtice & pluſieurs Anges. Au bas eſt un doge à genoux, ſuivi de pages & de pluſieurs autres perſonnes. Le tableau eſt merveilleux dans toutes ſes parties. Les figures y ſont grouppées avec eſprit ; toutes ont les graces qui leur ſont propres ; le coloris en eſt excellent ; la lumiere y eſt répandue avec autant d'intelligence que de vérité. Il régne une harmonie frappante entre toutes les parties qui le compoſent. Il y a un autre agrément, c'eſt que preſque toutes les figures principales ſont des portraits rendus avec la plus grande vérité de détail ; ce qui donne à ce tableau, ainſi qu'à beaucoup d'autres ouvrages de ce maître, un air naturel & vivant que l'on trouve ſi rarement dans les tableaux même des plus fameux peintres, qui avoient plus étudié l'antique, qui raſſembloient plus de beautés réelles dans leurs compoſitions, qui peut-être y en mettoient trop ; au lieu que Paul

Veronese s'est contenté d'étudier la nature, de la représenter telle qu'il la voyoit dans sa beauté, sans y rien ajouter. Avec ce peintre, l'imagination n'a point à travailler, pour savoir où trouver les beautés qu'il représente, parce qu'il ne donne à chaque sujet que celles que l'on y peut trouver ordinairement. Outre cela, aucun autre peintre n'a porté au même degré la maniere noble, élégante & riche d'habiller ses figures; les étoffes qu'il emploie, qui étoient d'usage de son tems, s'embellissent encore, & s'enrichissent sous son pinceau : cette partie même est devenue intéressante entre ses mains. Enfin, c'est à juste titre qu'on le place avec le Titien à la tête de l'école Vénitienne.

La vue de ses ouvrages est très-capable d'enflammer le génie de ceux qui seront nés pour la peinture; on prétend qu'elle a formé le Tiepolo, peintre encore vivant, l'un des meilleurs d'Italie, qui travaille actuellement pour le roi d'Espagne à Madrid, & dont on voit plusieurs bons tableaux à Venise. A considérer la petite quantité de tableaux de Paul Veronese, vraiment bien conservés, eu égard au grand nombre que l'on en a, il faut se dépêcher de l'étudier, & ce n'est qu'à Venise qu'on peut le faire avec succès : il est vrai que la gravure, qui se perfectionne tous les jours dans cette ville, conservera au moins les desseins & les sujets de ces chefs-d'œuvres. Les plafonds de cette salle, de même que les grisailles qui ornent la cheminée, sont de ce maître.

On y voit encore quatre bons tableaux du Tintoret, dans chacun desquels il y a un doge & plusieurs saints.

Sala del Pregadi Parmi les tableaux qui ornent cette salle, on en doit distinguer trois de Jacques Palma. Le premier, au-dessus de la porte, a pour sujet la ligue de Cambray. On y voit Venise avec la masse, un doge & le lion de saint Marc, qui s'avancent contre l'Europe montée sur un taureau ; deux Anges en l'air, accompagnés de l'abondance & de la paix, mettent sur la tête de la figure symbolique de Venise une couronne d'olivier. Ce tableau est très-bien composé, & encore frais de couleur. On doit se rappeller que cette fameuse ligue avoit uni contre les Vénitiens, l'empereur Maximilien, Louis XII, roi de France, le pape & tous les potentats de l'Italie ; & dans le commencement de cette guerre, on croyoit la république à la veille de son anéantissement ; mais les succès des François excitèrent la jalousie des impériaux & du pape, qui se séparerent d'eux, ce qui sauva la république. Le second a pour figures principales Jesus-Christ, saint Marc, un doge, la foi, la justice & la paix qui s'embrassent... Le sujet du troisiéme est un doge placé au-devant de la ville de Venise, qui reçoit les hommages & le tribut des villes soumises à la seigneurie... Ces trois tableaux sont bien conservés ; le dessein en est sage, vrai, facile & large; la couleur en est gracieuse & fraîche; il y régne un ton de douceur & d'ordre que l'on remarque dans toutes les compositions de ce maître, qui est l'un des meilleurs de l'école Vénitienne, mais qui n'avoit ni la magnificence de Paul Veronese, ni le feu du Tintoret. Son caractere étoit de peindre la belle nature dans un état de tranquillité. Il y a dans cette même salle plusieurs autres tableaux du Tintoret & de Marco di Tiziano.

Sala delle statue. On y avoit rassemblé autrefois les statues antiques dont j'ai parlé, & celles qui sont dans le vestibule de la bibliothéque; aujourd'hui elle sert de chapelle au collége. A côté de cette salle est le dépôt des archives de la république. Sur un escalier voisin on voit un saint Christophe plus grand que nature, peint à fresque par le Titien, digne de ce maître. C'est l'une des plus belles fresques qui existent; la couleur en est presque aussi vigoureuse que si elle étoit à huile.

Eccelso consiglio di dieci. Salle où le formidable conseil des dix rend ses arrêts. Il faut perdre d'idée la sévérité qui y régne, & jetter les yeux sur le beau plafond peint par Paul Veronese. Le grand tableau est vraiment digne d'admiration. Il a pour sujet Jupiter foudroyant les vices représentés par les figures symboliques des crimes soumis aux jugemens de ce conseil. Le genie aîlé, qui tient un livre écrit, & qui est placé à côté de Jupiter, est le symbole de ce conseil avec le livre de ses arrêts. Les raccourcis sont traités avec une grande science; toutes les têtes sont d'un beau choix & d'une expression vraie: c'est une des compositions qui fasse le plus d'honneur à ce grand artiste. Les autres tableaux de ce plafond ne sont pas moins dignes d'attention,
sur-tout

sur-tout celui où est peint un homme coiffé à la Persienne, qui rêve, & une femme qui a les mains jointes sur la poitrine.

Sala dell' armamento del consiglio di dieci. C'est dans cette salle que sont des armes bien tenues, & en assez grand nombre pour armer sur le champ quinze cents nobles, en cas de quelque révolte de la part du peuple, ou de quelqu'autre attaque imprévue : il y a aussi quelques piéces de campagne. Un citadin gagé par la république, est garde de cet arsenal, sous les ordres d'un patricien en charge, qui a le titre de provéditeur des salles. Au-dessus de la porte principale est un fort beau tableau du Palma, qui représente la Vierge, la Madeleine, quelques autres saints & un sénateur à genoux. On y conserve le médaillier que le sénateur Pierre Morosini légua à la république, & dont Charles Patin a donné la description, imprimée à Venise en 1683.... Un buste antique d'Antinoüs, avec les attributs & la parure de Bacchus, trouvé, à ce que l'on croit, à Smirne, où ce favori d'Adrien étoit honoré d'un culte public par ordre de cet empereur..... Un buste d'Antonin le pieux, vêtu d'une cotte d'armes. Une statue à cheveux crépus & longue barbe, qui doit être celle de Lucius Verus.... La statue de François Carrara, dernier seigneur de Padoue, que la république fit étrangler en prison en même temps qu'elle fit détruire toute sa famille, afin qu'il ne restât aucun héritier de ce malheureux prince, qui pût un jour faire valoir ses droits sur Padoue.... La statue d'Albert de Corregio, général au service de la république. Je crois que c'est dans une de ces salles que j'ai vu l'armure complette que portoit Henri IV quand il fit la conquête de son royaume, & qu'il envoya à la république en signe d'amitié & de considération, lorsqu'il en fut paisible possesseur.

Salle du grand conseil.

78. *Sala del maggior consiglio*, longue de cent cinquante pieds, & large de soixante & quatorze, digne sur-tout d'être vue, lorsque tout le corps des patriciens y est assemblé, & d'être examinée ensuite plus librement pour voir les belles peintures dont elle est remplie. Les boiseries de cette salle sont sculptées & dorées d'assez bon goût, quoique déja anciennes : on peut dire que tous les principaux événemens de l'histoire de Venise sont représentés dans les grands tableaux placés autour de

cette salle immense. Il est aisé d'en reconnoître les sujets, qui sont pour la plupart bien exprimés & fort connus... Au fond, au-dessus du trône, est le paradis peint par le Tintoret, dans un tableau qui a trente pieds de hauteur, sur soixante & quatorze de largeur. Il avoit près de quatre-vingts ans quand il acheva ce tableau, qui est regardé comme son dernier ouvrage. Il est fort vanté à Venise, quoiqu'il ait peu d'effet ; il y régne une confusion qui permet à peine d'en distinguer les objets principaux. Ce n'est plus cette grande fougue d'imagination qui répand le feu & l'action par-tout ; c'est une composition froide & symétrique, qui n'a rien de plus considérable que la grandeur de son plan. Il semble que le vieux génie du Tintoret, égaré sur cette toile immense, s'y soit divisé de façon à ne plus le reconnoître.

Une frise composée de tous les portraits des doges, régne autour de la salle, parmi lesquels on voit un tableau à fond noir sans peinture, avec cette inscription... *Locus Marini Falieri decapitati.* Place du portrait de Marin Falier, troisiéme doge de sa famille en 1348, qui n'ayant pu avoir justice d'un jeune noble appellé Michel Steno, qui, à ce que l'on dit, avoit attenté à l'honneur de la dogareſſa, réſolut de s'en venger, en faiſant maſſacrer les principaux nobles, & en opprimant la liberté publique. Mais un des conjurés ayant révélé le projet aux inquiſiteurs d'état, le même jour, en moins de quatre heures, le procès du malheureux prince fut inſtruit, jugé, & il eut la tête coupée entre les colonnes de ſaint Marc, la premiere année de ſon régne, étant âgé de quatre-vingts ans.

Les ornemens du plafond ſont de ſculpture fort ſaillante & dorée; dans les intervalles qu'elle laiſſe, ſont placés trois rangs de tableaux, qui ont également rapport à l'hiſtoire de Veniſe, & qui ſont très-beaux. Celui qui attache le plus les regards eſt un grand ovale du rang du milieu, dans lequel on voit une femme repréſentant Veniſe ſur les nues; la gloire, la couronne, l'honneur, la paix, l'abondance & les graces l'accompagnent; la renommée la précéde & l'annonce. Rien n'eſt plus noble que l'idée de cette allégorie. Au-deſſous, dans le milieu du tableau, eſt un grand balcon d'architecture de la plus belle ordonnance, où l'on voit aſsemblés des cardinaux, des évêques, des dames, des nobles Venitiens, & autres personnages distingués, qui paroissent s'entretenir du beau spectacle qu'ils ont devant les yeux. Au bas du tableau sont des guerriers à cheval, des trophées d'armes, des prisonniers qui semblent occupés du même objet. Il est difficile d'imaginer une composition plus noble & mieux exécutée que celle-là. Tout y est admirable. La partie du dessus est la majesté même dans tout son éclat, avec les graces qui en temperent la force, & en font soutenir la vue. La partie du milieu représente l'assemblée la plus noble, par le caractere que l'on a donné à chaque figure qui la composent, & qui sont intéressantes par la maniere dont elles sont peintes. La partie inférieure, plus lourde que les autres par les masses & les objets dont elle est formée, contraste parfaitement avec les deux autres, & représente à mon gré l'esprit de la république, qui met la paix bien au-dessus de la guerre qu'elle n'entreprend jamais qu'après avoir tenté tous les moyens d'entretenir la paix. Voilà l'idée que je me suis faite de ce magnifique tableau de Pierre Veronese, après l'avoir bien examiné. Je ne dis rien de la beauté du coloris, de la science des grouppes, de la vérité & de la noblesse des figures, de l'intelligence avec laquelle la lumiere y est répandue ; c'est aux artistes de profession à faire ces détails : mais ce que l'on y remarque, ce dont on est frappé, c'est la sublimité du génie qui a conçu & mis au jour de si belles idées. Il ne se déploye nulle part avec autant d'avantage que dans ces compositions allégoriques, où le peintre est vraiment poëte. Dans le même rang de ce plafond sont deux autres tableaux allégoriques ; un du Tintoret, qui a pour sujet la déesse de la mer Adriatique accompagnée de Théris, Cibelle & autres divinités fabuleuses ; au bas, sur des gradins, est le doge à la tête du sénat, qui reçoit les clefs des villes tributaires. Ce tableau est bien composé & bien peint. L'autre qui est du Palma, est à peu près le même sujet. Je renvoie à la description détaillée que M. Cochin a donnée de tous ces tableaux, qu'il apprécie en connoisseur.

Sala dello squittinio. Salle du scrutin, à côté de celle du grand conseil, où le sénat se retire pour faire les élections des magistrats, qui doivent ensuite être rapportées au grand conseil pour y être approuvées. Cette salle est ornée de peintures relatives à l'histoire de Venise, parmi lesquelles est la prise de Zara, tableau du Tintoret, l'un des meilleurs de ce maître, & sûrement du temps de sa plus grande force, à en juger par l'action étonnante qu'il y a mise, où cependant il a conservé de l'ordre.... Un tableau de *Santa Peranda*, qui a pour sujet une victoire remportée par le doge Dominique Michieli sur un calife d'Egypte, dans le commencement du douzième siècle. Un fait particulier de la bataille attire toute l'attention; c'est l'action d'un Vénitien nommé *Marco*, qui, ayant perdu son étendard, arrache le turban d'un capitaine Egyptien, le déploie, l'attache à une lance, & en fait son étendard; ensuite, pour le rendre plus remarquable, il coupe un bras au barbare, & trace un cercle sur la toile avec le sang tout bouillant. On assure que cette action vigoureuse, mais cruelle, a donné le nom de *Barbaro* aux descendans de ce *Marco*, qui forment aujourd'hui à Venise une famille patricienne très-nombreuse & très-considérable par les charges qu'elle occupe dans le gouvernement. Cette famille a pour armes, depuis ce temps, un turban déployé avec un cercle de fang... On peut juger par cette anecdote frappante, que les fujets de la plupart de ces grands tableaux ont été donnés par quelqu'un des magiftrats en place, qui avoient intérêt à y faire repréfenter, ce qui dans l'action générale les touchoit de plus près. Les *Contarini* ne doivent-ils pas toujours voir avec un nouveau plaifir un doge de leur maifon qui revient victorieux après avoir vaincu les Génois à Chiozza, lorfque la république étoit réduite à la feule ville de Venife? Ainfi toutes ces peintures leur rappellent les grandes actions de leurs ancêtres, & l'intérêt qu'ils ont à conferver un état que leur nom illuftre encore. Ici tout particulier peut fe regarder comme fouverain, & dès-lors l'intérêt général de la nation l'affecte bien plus fenfiblement.

Il y a une multitude d'autres falles, dans chacune defquelles on peut voir quelque chofe de curieux, fur-tout en fait de peintures. J'en dis affez pour en donner une idée, & exciter la curiofité des voyageurs.

L'architecture extérieure de ce grand édifice n'a pas toute la magnificence qu'on lui donneroit actuellement, que l'on est persuadé de l'état de sûreté où est la ville de Venise. Sa construction annonce quelque chose de grand, plutôt par son étendue & les marbres que l'on y a employés, que par sa beauté. Elle est dans le goût gothique. Il y a près de quatre siécles que ce palais est construit dans l'état où on le voit encore, au moins à l'extérieur, le dedans ayant souffert plusieurs incendies ; & alors on pensoit autant à en faire une place de défense, que le séjour paisible du gouvernement & de la justice. Tout l'édifice est couvert de lames de cuivre. Les lucarnes que l'on voit au haut du toît, au-dessus de l'appartement du doge, servent à donner du jour aux loges où l'on met les prisonniers d'état, qui dans cet endroit sont exposés à toute la rigueur du froid, & à l'ardeur du soleil. On dit que ces logemens sont doublés d'un treillis de fer très-serré, avec porte & fenêtre de même. On leur donne chaque jour pour nourriture un pain, un pot où l'eau & le vin sont mêlés, un plat de viande hachée, & une écuellée de soupe. Au-dessous du palais, sous le massif même des puits, dans un endroit affreux qui est à une très-grande profondeur, où la lumiere n'a jamais pénétré, dans une espace marécageux d'où l'on a forcé les eaux de la mer à se retirer, sont des prisons affreuses, où l'on enferme ceux que l'on veut faire mourir cruellement sans les condamner au dernier supplice. On m'a dit à Venise, qu'un prêtre convaincu des crimes les plus affreux, y avoit vécu quatorze ans, par le moyen de l'eau-de-vie dont il usoit, tant à l'intérieur qu'à l'extérieur ; après lequel temps il eut sa grace. Mais il en profita peu : outre qu'il étoit fort âgé, le grand air & la lumiere lui étoient devenus insupportables ; sa barbe & ses cheveux avoient pris une couleur grise bleuâtre ; le tissu de sa peau étoit de même : il s'étoit même accoutumé insensiblement à rester nud à mesure que ses habits pourris par l'humidité, tomboient par lambeaux.

La face du palais, qui s'étend le long du canal qui la borde, où sont les portes *delle rive*, a été revêtue plus nouvellement de pierre d'Istrie polie ; l'architecture en est noble & de bon goût (*a*).

(*a*) A l'angle opposé à celui du palais ducal, le long du canal Saint Marc, à la tête du quai ou *riva degli schiavoni*, est un très

Dans la place appellée *piazetta*, qui forme l'équerre avec la place saint Marc, dont l'aspect principal est sur le port, le long du palais, est la galerie couverte où se fait tous les matins le broglio, dont j'ai déja parlé. A la tête de cette galerie, sur la muraille extérieure de l'église, sont incrustés deux pilastres quarrés de marbre d'Afrique, travaillés dans le goût oriental; ils servoient d'ornement à une des portes de la ville d'Acre en Syrie, lorsqu'elle fut prise par les croisés dans le commencement du douziéme siécle. Lorenzo Tiepolo, qui commandoit l'armée navale des Vénitiens, les fit enlever avec soin, & apporter à Venise, de même que les quatre figures de porphyre, sculptées presque de plein relief, qui sont incrustées dans le même mur. On voit que les Vénitiens

---

grand bâtiment d'une architecture simple & très solide, dont les arcs du bas sont murés, & les fenêtres garnies de grosses barres de fer maillé: ce sont les prisons publiques, *prigioni nuove*, appellées nouvelles eu égard à celles dont j'ai parlé. Elles communiquent avec le palais par une galerie obscure qui traverse le canal, & que l'on appelle avec raison *ponte dei sospiri*.

dans leur beau temps, à l'exemple des Romains, travailloient à enrichir leur ville de ce qui faisoit l'ornement des villes étrangeres où ils entroient par droit de conquête.

Colonnes de la place saint Marc.

79. (*a*) Les deux grandes & belles colonnes de granite, placées sur le bord de la mer à l'extrémité de la piazzetta, furent apportées de Grece environ l'an 1175, sous le doge Sebastien Zani. Sur l'une est un lion ailé de bronze; sur l'autre est la statue de saint Théodore, ancien patron de la république, qui tient de la main droite un bouclier, & de la gauche une lance. Ces deux colonnes d'un bel ordre, font le plus grand effet à l'entrée de cette place. C'est là où se font les exécutions publiques; & depuis

―――――――――――――――

(*a*) La colonne sur laquelle est placée la statue de saint Théodore, est de granite d'Europe, connu sous le nom de *granito d'Elba*, tiré de l'isle d'Elbe sur les côtes de Toscane, où l'on en voyoit autrefois une carriere considérable, qui sans doute a été épuisée. Il differe du granite d'Egypte, en ce qu'il est d'un grain moins fin, & d'une couleur moins vive; les taches sont à peu près les mêmes. Le granite oriental d'un grain aussi fin que le porphyre, prend le plus beau poli; sa couleur est gris bleuâtre mêlé de blanc....

l'avanture du doge Marin Falier, qui y fut décapité, les nobles tiennent à mauvais augure de passer entre ces deux colonnes : de-là vient le proverbe qui régne entr'eux *guardati dall' inter columnio*. Ce malheureux prince, dont j'ai déja parlé, arrivant au palais après son élection, ne put passer sous le pont du canal saint Marc, à cause des grandes eaux; il fut obligé, contre l'ordinaire, de descendre sur la piazzetta entre les colonnes : on prétendit après son exécution que cet accident avoit annoncé son malheur, & en prédiroit autant à tout noble qui débarqueroit au même endroit. Les vielles traditions & les anciens préjugés se conservent dans les républiques avec une sorte de religion.....

80. Vis-avis la galerie où se tient le broglio, est le bâtiment destiné à la bibliothéque publique, qui s'étend le long de la piazzetta jusqu'au quai qui borde le port. La façade est de pierre d'Istrie, belle comme le marbre, d'une grain très fin, qui prend le plus beau poli. Une galerie ouverte de quinze arcs, décorée d'un bel ordre de colonnes, soutient l'étage du haut, le long duquel s'éleve un second ordre de colonnes.

Bibliothéque de la république. Antiques. Hôtel de la monnoie.

Les corniches sont ornées de festons soutenus par des petits enfans, de bonne sculpture. Au-dessus de la corniche est une galerie ouverte qui borde le toit, sur laquelle sont placées vingt-cinq statues de marbre qui représentent les divinités de la fable. Toute cette décoration est noble & d'un très-bon goût; elle a été exécutée sur les desseins du Sansovin. Cet édifice est l'un des plus apparens & des plus agréables qui soient à Venise. Sous un très-grand portique qui est à l'extrémité de ce bâtiment du côté de la place saint Marc, est l'escalier qui sert à monter à la bibliothéque & aux appartemens, où les procurateurs de saint Marc tiennent leurs séances. Il est orné de beaux stucs & de plafonds, qui répondent à la magnificence de l'architecture extérieure.

Le vestibule de la bibliothéqué est décoré à l'intérieur d'ornemens d'architecture d'un goût fort sage, & qui sans doute ont été faits exprès pour y placer les statues & bustes que l'on y voit. Ces antiques sont des plus beaux temps de la sculpture, & paroissent avoir été apportés de Grece. On y remarque surtout la Léda & la statue de l'Abondance qui sont aux deux côtés de la porte; le Silene & l'Agrippine femme de Germanicus, qui sont dans les grandes niches; plusieurs bustes bien conservés; deux autels antiques triangulaires, du plus beau travail, qui ont servi au culte de Bacchus; sur chacun est une urne antique d'une belle forme. Au-dessus de la porte de la bibliothéque est un grand bas-relief représentant le sacrifice appellé *su-ove-taurilia*, des trois animaux que l'on y immoloit. On y voit encore quelques tables de bronze & de marbre chargées d'inscriptions grecques & latines (a). La plus grande partie de ces antiques ont été donnés à l'état par deux Grimani, l'un cardinal, l'autre patriarche d'Aquilée, & par le procurateur Frederigo Contarini. Le plafond de ce vestibule a été peint par le Titien.

J'ai lu, dans un voyage moderne d'Italie, cette phrase qui devroit en être effacée : « Nous ne pûmes voir la librairie, parce que celui qui en avoit la clef, étoit, disoit-on, en campa-

---

(a) On doit sur-tout remarquer le Ganimede antique grec, si beau, qu'on l'attribue à Phidias....

» gne ; mais on croit plutôt que l'on a
» honte de la montrer aux étrangers,
» parce qu'elle manque de livres ». C'est
bien ce qui s'appelle raisonner par conjecture, & d'après une prévention aveugle. La bibliothéque de la république
n'est pas comptée parmi les plus magnifiques de l'Europe ; mais elle ne laisse
pas d'être considérable, & par le nombre des livres & des manuscrits, & par
leur qualité. Elle doit son origine au
don que Petrarque fit de ses livres à la
république. Le cardinal Bessarion, dont
l'érudition est connue, & qui avoit
amassé à grand frais beaucoup de livres rares & de manuscrits précieux sur
toutes sortes de matieres, désirant qu'ils
pussent servir utilement au public, même après sa mort, les laissa par testament au sénat de Venise. Il y avoit été
reçu en toutes occasions avec de grandes marques de distinction, & la république l'avoit adopté, en inscrivant son
nom sur le livre d'or au rang des nobles. C'est ce qu'apprend un monument
érigé à la mémoire du docte cardinal,
& placé dans la piéce principale de la
bibliothéque, qui est la premiere en entrant, & qui est très-bien décorée. Les
tableaux du plafond ont été peints par

les meilleurs maîtres, tels que le Titien, Paul Veronese & le Tintoret, & sont encore bien conservés; les boiseries sont ornées de bonnes sculptures.

Cette bibliothéque a deux gardes payés par l'état, & qui doivent la tenir ouverte aux jours marqués : ils sont choisis dans l'ordre des citadins, avec assez de talens pour pouvoir au moins en rendre compte aux étrangers & à ceux qui vont y travailler. Ces gardes sont sous la direction des procurateurs de saint Marc, réformateurs des études, qui ont soin de l'entretenir & d'y placer les meilleurs livres qui s'achetent aux frais de l'état, qui a destiné un fonds exprès pour son augmentation. J'y ai vu toutes les belles éditions qui se sont faites dans le dernier siécle & dans celui-ci. Une collection considérable de manuscrits grecs & latins. On montre de préférence le livre de saint Augustin sur la Trinité, à deux colonnes : le texte original est une traduction grecque. Les oraisons de Themistius ; (a) la bibliothéque grecque de

---

(a) Themistius, Grec célébre par son éloquence, fut fait préteur par Constantin ; pré-

Photius: ces deux manuscrits sont très-beaux. Un commentaire de saint Augustin sur les épîtres de saint Paul, fort ancien & de la plus belle écriture. (*a*) Ce qui est vraiment curieux, c'est la suite des manuscrits sur l'histoire de Venise, composé par les auteurs contemporains & du pays, rangés par ordre de dates. Ce sont les véritables sources où l'on doit puiser la connoissance de ce qui est arrivé à la république. Les archives de l'état ont à ce sujet des mémoires bien importans ; mais je crois

───────────

set de Constantinople par Théodose le Grand ; il dut son élévation à sa probité & à ses talens. Le Pere Petau a traduit en latin quelques-unes de ses oraisons, que le P. Hardouin a fait imprimer en 1683....

(*a*) Une histoire fabuleuse d'Alexandre le Grand, que l'on attribue au philosophe Callisthène, manuscrit grec..... Alcinoüs, sur les dogmes de Platon, manuscrit grec..... Themistius sur l'amitié, manuscrit grec..... Tous les manuscrits sont rangés & attachés par des petites chaînes à des pupitres. On ne permet pas indifféremment à toutes personnes d'examiner les livres & sur-tout les manuscrits trop curieusement ; mais quand on est connu, les gardes de la bibliothéque donnent toutes les facilités auxquelles on peut s'attendre

qu'il feroit impossible de les avoir en communication : on connoît la jalousie des républiques, & sur-tout de Venise, pour le secret de ses affaires. A toutes ces richesses, je dois ajouter que l'on doit apporter à la bibliothéque publique un exemplaire relié de chaque livre qui s'imprime dans les villes de l'état, & la librairie est très-floriffante à Venise. Les livres sont rangés dans plusieurs grandes piéces à la suite les unes des autres. Dans la seconde sont des chaises & des bureaux à l'usage de ceux qui vont y étudier les jours qu'elle est ouverte. Après ce que j'en ai dit, on croira sans peine que l'on ne doit pas rougir de la montrer aux étrangers, & qu'elle ne manque pas de livres, même précieux. (*a*)

Au sortir de la bibliothéque, en tour-

---

dans un pays où il faut être très-circonspect.

(*a*) C'est dans ce même bâtiment que sont les trois chaires ducales établies pour enseigner publiquement la philosophie, le droit & la médecine. La premiere est toujours tenue par un noble, qui a une pension de cinq cents ducats. Les deux autres sont remplies par des citadins gagés par le sénat. Ce sont les procurateurs de saint Marc qui nomment à ces chaires.

nant à gauche sur le quai où se fait le marché au poisson, est le bâtiment de la monnoie (*la Zecca*), d'une construction solide, toute de marbre, de fer & de briques, sans aucun bois, pour prévenir les incendies. La façade extérieure est revêtue de colonnes & de pilastres en bossages. Toutes les portes en sont de fer. A côté de la principale sont deux grandes statues de marbre, représentant des géans féroces, qui semblent en défendre l'entrée. Autour de la cour sont vingt-cinq chambres ou boutiques; dans les unes sont les fourneaux auxquels se préparent les métaux; dans les autres se frappent les différentes monnoies; au milieu de la cour est un puits assez bien décoré; au-dessus du pavillon dont il est couvert, est un Apollon qui tient quelques verges d'or, figure emblématique du soleil, à la force duquel on attribue la production de l'or dans les entrailles de la terre. Au-dessus de ces différentes fabriques sont les salles où se tiennent les tribunaux qui ont inspection sur la fabrique des monnoies.

Place saint Marc. Procuraties. 81. La place saint Marc peut être mise, sans exagération, au rang des plus belles de l'Europe, moins par sa grandeur, que par la magnificence & la régularité des bâtimens qui l'environnent de tous côtés. Elle a deux cens quatre-vingt pas de long, sur cent dix de large. Au nord, elle a la façade de l'églife faint Marc; au levant, les procuraties neuves; au midi, le portail de *fan Giminiano*, accompagné de deux bâtimens uniformes; au couchant, les procuraties vieilles.

Tour. Horloge.

L'architecture des procuraties neuves eft magnifique; elle eft formée par trois ordres de colonnes, le dorique, l'ionique & le corinthien, placés l'un fur l'autre; les fenêtres font décorées de fculpture faillante, de même que les portes; le bâtiment eft auffi long que la place. Ce grand édifice fut commencé en 1583 par le Sanfovin, & a été fini par le Scamozzi. Le bâtiment des procuraties vieilles, auffi élevé & auffi étendu que les procuraties neuves, eft également décoré de trois rangs de colonnes, les uns au-deffus des autres, tous trois de l'ordre Tofcan. Tout autour de la place régne un grand portique à arcades ouvertes, foutenu par le premier ordre de colonnes des deux procuraties; fous fes arcades font des boutiques de marchands de toute efpèce,

& beaucoup de cafés. Au fond de la place est le petit portail de l'église de *San Giminiano*, revêtu de beaux marbres & de bonne architecture; il a deux ordres de colonnes qui en soutiennent un troisiéme moins large que les deux premiers, & qui porte un fronton accompagné de deux petits campaniles. On voit dans cette église plusieurs bons tableaux de l'école de Venise, & un beau plafond. C'est là qu'est le tombeau du célébre Jacques Sansovin, peintre, sculpteur & architecte, qui a si long-temps exercé ses talens à Venise, & qui a décoré cette église, tant à l'intérieur qu'à l'extérieur. Au-dessus de l'épitaphe est son portrait peint par lui-même. Vis-à-vis est la sépulture de François Sansovin son fils, auteur assez connu, & souvent cité, sur-tout par rapport à son ouvrage de l'origine des maisons illustres de l'Italie.

A côté de la procuratie vieille, au-dessus de la place, est la tour de l'horloge, d'une architecture ancienne, mais solide; l'arc qui la porte est revêtu de pilastres de marbre. Au premier ordre, au-dessus de l'arc, est le cadran qui marque les heures, le mouvement du soleil & de la lune par les douze signes du zodiaque. Au second ordre, au-dessus du cadran, est une statue dorée de la Vierge, de grandeur naturelle, placée entre deux petites portes. Devant la statue est un demi-cercle avancé, sur lequel passe un Ange qui porte une trompette. Il est suivi des trois rois mages qui saluent en passant la Vierge & l'Enfant; ils sortent par une des portes, & rentrent par l'autre; toutes les deux s'ouvrent & se ferment a ressort. La machine qui fait mouvoir ces figures n'est montée que pendant la foire de l'Ascension. Au troisiéme ordre est un grand lion de saint Marc, avec un doge à genoux, en demi-relief doré, sur un champ d'azur. Cet ouvrage est couronné par une cloche assez grosse, qui sert de timbre à l'horloge; deux figures de Négres frappent les heures.

De l'autre côté de la place, à l'angle des procuraties neuves, est la tour ou clocher de saint Marc, haute en tout de de trois cens trente pieds, y compris l'Ange qui la couronne, sur quarante pieds de toute face. Cette masse énorme, élevée sur pilotis dans le douziéme siécle, n'a souffert aucune altération depuis le temps de sa construction, & est encore de la plus grande solidité;

elle est comme doublée d'une seconde tour qui s'éleve jusqu'à la hauteur des cloches. Entre les deux murailles est une montée à rampe douce, large à passer trois personnes, qui va jusqu'à la galerie ou colonnade qui entoure le clocher. Cette partie a cent soixante-quatre pieds de hauteur; la galerie est comme la base de la pyramide qui termine la tour, & qui a cent cinquante-deux pieds de hauteur. La figure de l'Ange de bronze, posée à la pointe de la pyramide, & qui tourne au vent, est haute de quatorze pieds; c'est de-là qu'il faut voir Venise & ses environs. C'est sur cette même galerie que le célébre Galilée faisoit ses observations astronomiques devant l'illustrissime seigneur Sagredo & quelques autres sénateurs.

Au bas de la tour, vis-à-vis la porte du palais ducal, a été construite une galerie qui précéde une chambre où se tient le procurateur de saint Marc, qui commande la garde des Arsenalottes, qui est de service toutes les fois que le grand conseil est assemblé. La façade de ce petit bâtiment est ornée de deux ordres de colonnes, entre lesquels il y a des niches où sont placées des statues de de bronze, qui repréſentent quelques divinités du Paganiſme. Tout l'ouvrage eſt couronné par une baluſtrade de bronze très-bien exécutée.

A la tête de la place, vis-à-vis des trois arcs principaux du veſtibule de l'égliſe ſaint Marc, ſont trois piédeſtaux de bronze ciſelés, où ſont placés les arbres auxquels on attache, aux jours de ſolemnité, trois grands étendards brodés en or, aux armes de Chypre, Candie & Negrepont; marque de la ſouveraineté de ces trois royaumes que la république poſſéda autrefois. Toute la place a été nouvellement pavée de très-belles pierres d'Iſtrie, ce qui ajoute encore à ſa beauté.

Par le détail que je viens de faire, on doit juger que la décoration extérieure de cette place eſt fort noble, & digne de l'eſtime qu'en font les Vénitiens. La plupart des citadins de Veniſe, qui ne ſont jamais ſortis de leurs lagunes, qui connoiſſent tout au plus les iſles voiſines, n'imaginent rien au-deſſus de la place ſaint Marc, & pour la grandeur, & pour la beauté: auſſi le plaiſir le plus grand, ſur-tout pour les femmes, eſt d'y aller. La premicre question qu'elles font aux étrangers, c'est s'ils ont vu la place, s'il y en a quelqu'autre au monde qu'on lui puisse comparer.

Comme on juge de tout par comparaison, que les Vénitiens ne connoissent point d'espace solide aussi grand que celui-là, il est tout naturel qu'ils en ayent la pus belle idée. D'ailleurs c'est l'endroit de Venise le plus intéressant. C'est là que la noblesse s'assemble à toute heure ; & le peuple Vénitien, qui est très-soumis à ses maîtres, y jouit du plaisir de les voir & de les saluer. On y rencontre des gens de toute nation, de toute langue, de tout habillement, ce qui fait un autre spectacle qui se renouvelle à chaque instant, & qui ne peut qu'occuper agréablement des gens dont le cercle des idées est naturellement très-étroit, & qui semble s'agrandir dans cette place : aussi c'est là où tout aboutit. Le spectacle est différent pour un étranger, qui sait que, quoiqu'il marche sur un beau pavé, qu'il voye des édifices majestueux & très-solides, il est cependant en pleine mer ; il ne peut s'empêcher d'admirer la hardiesse & l'industrie des premiers Vénitiens, d'avoir osé former une si belle entreprise dans un semblable emplacement. Cette place n'a pas toujours eu l'étendue qu'elle a aujourd'hui ; autrefois elle avoit au plus cent vingt pas de longueur ; elle étoit couverte en partie de bâtimens, & coupée par un canal qui aboutissoit au canal grande, à l'endroit même où est bâtie la bibliothéque.

Je vais rapporter de suite ce que j'ai vu de plus curieux en parcourant ce quartier.

82. *San Moïse*. Eglise paroissiale, précédée d'une petite place quarrée qui permet d'en voir le portail revêtu de marbre, que l'on a voulu rendre magnifique en le chargeant d'une multitude de bas reliefs, de bustes, de statues & de petits obélisque qui y sont en confusion. L'église est décorée dans le même goût, on y voit quelques bons tableaux.

Eglises de ce quartier. Palais Pisani & bibliothéque.

Santa Maria Zobenigo. Cette église est du temps même de la fondation de Venise, & l'une de ses premieres paroisses. Elle a le titre d'église matrice, en ayant douze autres qui dépendent d'elle. L'origine de ce titre vient de ce que l'on n'administroit pas le baptême dans toutes les églises indifféremment, mais dans quelques-unes désignées par l'évêque, & appellées titres baptismaux. Celle-ci jouissoit de ce droit sur les treize paroisses de sa dépendance. Cet usage étoit très-ordinaire, & se pratique encore en plusieurs grandes villes. On connoît les magnifiques baptisteres de Florence, Pise & Sienne, qui sont les seuls de ces villes. L'église de *Santa Maria* a été rebâtie dans le dernier siécle. Le portail, revêtu de marbre, est décoré de deux ordres; celui du bas a de chaque côté de la porte d'entrée six colonnes couplées; celui de dessus n'en a que quatre, & est séparé de celui du bas par une corniche saillante; le tout ensemble est de bon effet. Entre les colonnes, sont pratiquées des niches en enfoncement, où sont placées des statues. Dans les tableaux de l'église, on remarquera une conversion de saint Paul, par le Tintoret, bon tableau, dans lequel ce peintre s'est livré à la fougue de son génie, qu'il a porté jusqu'à l'extravagance, par les attitudes forcées & toutes de mouvement où sont les figures...

San Vitale. La façade de cette église a été construite nouvellement aux frais de la maison Pisani. Dans l'église, il y a quelques tableaux modernes qui mé-

ritent d'être vus. L'Ange Raphaël &
plusieurs saints sur une même toile, par
Piazzetta. C'est la premiere fois que je
cite ce peintre, qui a un caractere de
dessein hardi & frappant, mais peu
exact; il auroit eu besoin d'étudier la
belle antiquité, & de prendre des leçons d'anatomie, pour acquérir de la
sagesse & de la régularité ; alors il eût
été infiniment meilleur. Les estampes
faites sur ses desseins, & gravées par
Marco Pitteri, commencent à se ré-
pandre en Europe, & à faire connoître
le goût singulier de cet artiste, qui a
de la facilité & du génie, mais qui ne
montera cependant jamais à un rang
distingué. On voit dans cette même
église un Christ, avec plusieurs saints
au pied de la croix, grand tableau
peint par une femme Vénitienne, nommée *Giulia Lama*. Le coloris en est
gracieux; on voit aux airs de ses têtes,
qu'elle a étudié la maniere du Palma,
mais de goût seulement, sans connoître
les principes de son art. Son dessein est
très-défectueux.

Près de cette église est le palais de
la maison *Pisani S. Vidal*, où le procurateur Almoro Pisani a rendu publique une bibliothéque considérable, qui

est ouverte les *lundi*, *mercredi*, & *vendredi*. Le doge Alvisé Pisani, régnant en 1740, étoit le chef de cette maison, l'une des plus riches de Venise. On voit dans ce palais quelques beaux tableaux, parmi lesquels est celui de la famille de Darius au pieds d'Alexandre, par Paul Veronese : les figures y sont de grandeur naturelle; l'Alexandre y est cuirassé, & par-dessous tout vêtu de rouge, ce qui n'est pas d'un bon effet, quoique la tête du héros soit très-gracieuse. Il y a en général beaucoup d'harmonie dans ce tableau, dont l'ordonnance ne ressemble en rien à celle du tableau où le Brun a traité le même sujet. J'ai vu en France des copies de ce tableau... La mort d'Adonis, par le Tintoret, bien dessiné, frais de couleur, & d'une ordonnance assez sage... Alexandre à qui on présente le cadavre de Darius, par le Piazzetta, tableau d'une composition singuliere, où ce qu'il y a de mieux exprimé est l'indignation d'Alexandre, en apprenant le meurtre du roi de Perse.

San Stefano, église de religieux Augustins. Le cloître a été peint à fresque par le Pordenone; il est presque entiérement effacé. Il y a plusieurs tableaux dans l'église, & quantité de monumens curieux. Sous l'orgue, le tombeau du cardinal Bertrand, François qui mourut à Venise en 1560. Ceux de Marino Giorgio & Antonio Cornaro, tous deux patriciens & sénateurs, qui avoient occupé, l'un une chaire de droit, l'autre une de philosophie dans l'univerſité de Padoue, dans le temps que les nobles Vénitiens y tenoient presque toutes les chaires... Au milieu de l'église est un tombeau orné de trophées d'armes de bronze, du doge Francesco Moroſini, très-grand général, qui mourut en 1694, après avoir conquis la Morée ſur les Turcs. Au-deſſus d'une des portes, la ſtatue équeſtre de Barthelemi d'Alviano, général des armées de la république, dans le temps de la ligue de Cambrai, mort en 1515. Dans le cloître, la ſépulture de Francesco Carrara, dernier ſeigneur de Padoue.

San Luca, église paroiſſiale. Le tableau du maître-autel, qui repréſente la Vierge dans une gloire, ſaint Luc aſſis ſur le bœuf, qui tient un tableau cenſé être le portrait de la Vierge qu'il vient de finir, eſt de Paul Veroneſe. Il y a pluſieurs autres curioſités. Le tombeau du fameux Pierre Aretin, qui prétendoit avoir rendu les plus grands princes de la terre ses tributaires, par la crainte de ses satyres. Que l'on juge par l'impunité dont il jouît malgré son génie mordant, & par les marques de distinction dont il fut honoré, quel respect on avoit dans ces temps pour les belles-lettres. Notre siécle ne ressemble point au sien. Quoiqu'il eût fait profession publique d'Athéïsme, on lui donna une sépulture honorable; il sembloit qu'on le craignît même après sa mort. Postérieurement on a enlevé ses os de l'urne où on les avoit placés, qui est toujours restée infixée dans le mur intérieur de l'église... Ceux de Ludovico Dolce, bon poëte Italien, & d'Alphonse Ulloa, Espagnol, qui a écrit l'histoire de Charles V & de Ferdinand I, empereurs... A côté de cette église est le magnifique palais de la maison Grimani, construit sur les desseins de Michel san Michieli, très-bon architecte de Veronne, où il a laissé des monumens superbes de son génie.

San Fantin, église & école.

On appelle à Venise *écoles*, ce que nous appellerions en France Confrairies ou congrégations de laïques, qui s'assemblent dans les chapelles qui leur appartiennent les jours de fête, pour y faire des exercices de piété. Dans quelques-unes de ces écoles, les confreres font entr'eux un fonds d'argent qu'ils prêtent gratuitement aux pauvres, comme on fait aux monts de piété : ils payent les dettes des pauvres détenus en prison pour ce seul fait. Ils donnent des dots aux filles à marier. Ils exercent plusieurs autres œuvres de miséricorde, tels que la visite des prisons, le soulagement des pauvres, le soin d'ensevelir les morts, sur-tout ceux qui ont été suppliciés. Il y a plusieurs de ces établissemens libres à Venise, & qui s'y soutiennent depuis très-long-temps. Les écoles sont distinguées en grandes & petites, à proportion de leurs richesses. Presque toutes sont ornées de belles peintures, & en grand nombre. Le plafond de la salle principale de celle-ci est tout du Palma, & bien exécuté. On y voit un autel de marbre noir parangon, d'une belle architecture, & enrichi de bronze ; une belle statue de saint Jérôme, par Alessandro Vittoria ; un tableau du même saint, par le Tintoret. Il est connu par l'estampe gravée par Augustin Carrache.

San salvadore, paroisse & église de chanoines réguliers, bâtie par le Lombardi, très-bon architecte & sculpteur. Le petit portail est de bon goût ; il est décoré de colonnes d'ordre corinthien, qui supportent une corniche sur laquelle est un second ordre ou exhaussement formé par des pilastres, au-devant desquels sont posées des statues de marbre ; au-dessus régne une seconde corniche, & un fronton sur lequel sont placées plusieurs statues. La porte qui est au milieu & les deux fenêtres de côté sont de bonne architecture. C'est dans cette église que se rendent les procurateurs de saint Marc, avant que de commencer la marche solemnelle de leur entrée publique. On y voit plusieurs tableaux du Titien, entr'autres une Annonciation dont la gravure est connue ; les pélerins d'Emmaüs, tableau précieux de Jean Belin pere, de l'école Vénitienne.

Au-dessus de la porte de la sacristie est un tombeau qui renferme les cendres de trois cardinaux de la maison Cornaro... Vis-à-vis est le mausolée de Catherine Cornaro, reine de Chypre, qui adopta le sénat de Venise pour son fils, & qui en conséquence le fit héritier de ce royaume ; ce qui fait qu'on appelle encore à Venise cette maison *casa regina*... Le mausolée du doge François Venier, mort en 1556, est orné de bonnes statues de marbre du Sansovin. Celui de Laurent & Jérôme Priuli freres, qui se succéderent dans la dignité ducale, après la mort de François Venier, est d'un goût singulier, quoique fort noble ; le mausolée est de marbre noir, les colonnes & les chapiteaux sont de bronze. Le bâtiment des chanoines mérite d'être vu, de même que leur bibliothéque, où il y a quelques manuscrits, entr'autres celui de saint Ephrem, qui est ancien & beau.

83. *Sestiere di Castello.* Quartier de Castello, ainsi appellé de la partie de Venise la plus orientale, dans laquelle est l'isle de Castello, où est située l'Eglise patriarchale. C'est dans ce même quartier qu'est l'arsenal, par où j'en commencerai la description.

{Quartier di Castello. Arsenal de Venise. Gouvernement & police de l'arsenal.}

L'arsenal de Venise en fait toute la défense, & doit être regardé comme la premiere forteresse de l'état. Quand le marquis de Bedemar, ambassadeur d'Espagne, conçut le dessein d'anéantir la république, il crut que le projet étoit immanquable, s'il pouvoit s'emparer de l'arsenal, & y mettre le feu : c'étoit

O vj

l'objet principal de la conjuration que l'on dit qu'il avoit formée, & qui n'a jamais eu les suites qu'on lui a supposées. On nie même à Venise qu'elle ait jamais été tentée. Le grand seigneur a la même idée; & dans le temps de ses plus grands démêlés avec Venise, il ne souhaitoit que de se rendre maître de l'arsenal.

Ce magasin immense, le plus beau que l'on connoisse, & le mieux fourni de toutes sortes d'armes, situé au levant de la ville, dans la partie des lagunes qui avoisine le plus la pleine mer, a près de trois milles de tour, ce qui revient à une grande lieue de France. Il est entouré d'une muraille haute & épaisse, sur laquelle sont d'espace en espace des guérites, où il y a toujours des sentinelles; tout autour régnent des canaux larges & profonds qui servent de fossés. Des barques montées par des soldats armés, tournent continuellement autour de ces murailles pendant la nuit, pour empêcher qu'aucune espece de bâtiment n'en approche, & pour sçavoir si les sentinelles ne sont point endormies. Outre cela, à chaque heure de la nuit les sentinelles doivent s'appeller réciproquement par leurs noms, & se répondre. Ainsi, quant à ce qui regarde la sûreté extérieure, on y a pourvu avec le plus grand soin.

L'arsenal n'a que deux entrées très-près l'une de l'autre. Celle de mer est défendue par deux grosses tours quarrées, qui ont au-devant d'elles un pont-levis qu'il faut nécessairement enlever, pour que les moindres bâtimens puissent arriver à une forte herse qui sert de porte, & qui ferme le passage ouvert entre les deux tours. Dès que la nuit vient, il y a des sentinelles posées sur le pont, & un corps-de-garde à côté, qui empêchent à qui que ce soit d'approcher, excepté à une barque, qui à deux heures de nuit s'approche de la herse. Les officiers qui la montent, demandent, de la part du gouvernement, s'il n'y a rien de nouveau, si tout est tranquille & dans l'ordre; & aussi-tôt la réponse reçue, ils ont ordre de se retirer très-promptement. L'entrée de terre, située à gauche du pont-levis & du canal, dans la petite place ou champ de l'arsenal, a une grande porte décorée de bon goût; au-dessus est le lion de saint Marc, de plein relief; le fronton, porté par quatre colonnes, est surmonté d'une statue de sainte Justine. Cette porte est précédée par un pont de marbre, entouré d'un grillage à gros barreaux de bronze, terminés en forme de piques. Entre ces barreaux sont huit colonnes ou piédestaux de marbre blanc, qui portent chacun une statue des vertus, telles que la force, la prudence, &c. Aux deux côtés de l'entrée du pont sont deux grands lions de marbre, antiques & bien conservés.

L'intérieur de l'arsenal peut se diviser en trois parties; dans la premiere en entrant, sont les différentes usines, les forges, les fonderies & les atteliers des métiers, avec les logemens des officiers; dans la seconde à gauche, sont les salles d'armes, le magasin des bois de construction, & partie des bâtimens ou remises, sous lesquelles se construisent les galeres & vaisseaux; la troisiéme est entierement destinée aux autres constructions. L'espace est grand, & peut contenir un nombre considérable de vaisseaux & de galeres; & par-tout, tant dans les canaux que dans les bassins, il y a assez d'eau pour faire entrer & sortir aisément les plus grands vaisseaux.

L'état entretient au moins quinze cents ouvriers qui travaillent journellement à l'arsenal, qui n'y logent point, mais qui y viennent tous les jours au son d'une cloche qui les avertit du temps auquel ils doivent s'y rendre. En été, ils y viennent au lever du soleil, & sortent depuis midi environ, jusqu'à deux heures qu'ils sont rappellés à l'ouvrage par la même cloche : ils se retirent au coucher du soleil. En hiver, ils entrent également au lever du soleil, mais ils ne sortent point à midi, à cause de la briéveté des jours. Chaque corps de métier à son chef ou prote, qui conduit & commande l'ouvrage, afin que tout se fasse avec ordre, & qu'il n'arrive jamais de querelle entre les ouvriers. On n'en reçoit aucun qui n'ait au moins vingt ans, & ils ne peuvent aspirer à la maîtrise qu'après huit ans de service. Ils sont payés tous les samedis par quelques officiers de plume subalternes, chargés de tous les petits détails. A la tête de tous ces ouvriers est un général connu sous le nom d'Amiraglio, qui a la charge de conduire le bucentaure le jour de l'Ascension, & qui répond sur sa tête de la sûreté de la navigation.

Six nobles, un avocat fiscal, un secrétaire & un greffier composent le tribunal qui exerce la justice dans l'arsenal, & qui en a le gouvernement. Trois ont le titre de *sopra proveditori a l'arsenale* : ils sont sénateurs, & restent seize mois en charge. Trois autres patriciens appellés *padroni a l'arsenale*, sont trente-neuf mois en charge, & occupent pendant ce temps des maisons appartenantes à la république, & voisines de l'arsenal, afin d'avoir l'œil en tout temps sur ce qui s'y passe, & pouvoir s'y porter promptement en toutes occasions. Ils y couchent alternativement quinze jours de suite, & gardent les clefs de la porte de terre, celle de mer ne s'ouvrant jamais que pour faire entrer ou sortir les bâtimens, & transporter les grosses provisions.

A gauche de la seconde grande porte de l'arsenal, est un grand escalier de marbre, qui conduit aux salles où sont les magasins d'armes. Elles sont d'une grandeur immense, & tenues avec la plus grande propreté ; on n'y conserve d'armes anciennes, que celles qui peuvent servir d'ornement, & satisfaire la curiosité, parmi lesquelles on voit les armures complettes des plus fameux généraux Vénitiens, quelques fanaux enlevés des galeres Turques, beaucoup d'armes à l'usage des Orientaux, & autres curiosités de ce genre. Sans entrer dans un détail minutieux de ce qui est contenu dans ces salles, je puis assurer, sans rien exagérer, qu'il y a de bonnes armes à feu pour armer au moins cent cinquante mille hommes, tenues avec le plus grand soin. De temps en temps on enleve les plus anciennes, celles qui sont de moindre qualité, pour en substituer de nouvelles, ou plus solides, ou d'un usage plus commode. J'y ai vu en 1762 quatorze mille fusils qui venoient d'être fabriqués dans le Bergamasque. C'est dans cette petite province & dans le Bressan que se travaillent les armes à feu, & les armes blanches que la république met dans ses magasins.

On y voit aussi une très-grande quantité de casques, de cuirasses, de sabres pour la cavalerie, d'épées, de pistolets... Toutes ces armes sont destinées aux troupes de terre. Outre cela, il y a dans une salle séparée des armes pour vingt-cinq mille forçats ou troupes attachées aux vaisseaux & galeres de l'état. Au-dessus de la porte principale est le buste en marbre du comte de Konigsmarck, général des troupes de débarquement au service de la république.

La fonderie des canons & des mortiers, la salle où on les pese, la fabrique des ancres & de tous les ferremens nécessaires à la construction des vaisseaux, & à les équiper, ne sont pas moins curieuses à voir. Il y a dans cette partie plusieurs magazins d'une grandeur immense, dans lesquels j'ai vu une très-grande quantité de canons de bronze de différens calibres, que l'on fait monter à deux mille cinq cents, outre quinze cents canons de fer qui étoient dans d'autres magasins, plusieurs mortiers de toute grandeur, des tas immenses de boulets, de bombes & de grenades qui répondent à cette nombreuse artillerie.

C'est dans le plus grand de ces magasins que la république a coutume de présenter les rafraîchissemens & la collation aux princes étrangers qui vont visiter l'arsenal. Pendant que Henri III, roi de France, étoit à cette collation, on construisit dans la remise qui étoit sous les fenêtres de la salle, une galere que l'on lança à l'eau sous ses yeux.

Les magasins de mâts, de timons, de rames de toute grandeur, tant pour les galeres que les vaisseaux, & les atteliers des tourneurs sont très-bien fournis, & on y travaille continuellement.

La corderie où se font les cables & autres cordages pour le service des vaisfeaux, est un grand bâtiment de quatre cents pas de longueur sur environ quatre-vingt-dix de largeur. Deux rangs de grosses colonnes de briques en soutiennent la forte charpente, garnie, au lieu de lattes, de très-grandes briques cimentées, sur lesquelles sont posées les tuiles, & cela pour empêcher que le feu que l'on pourroit y jetter de dehors, n'y pénetre. Cette précaution est d'autant plus sage, que les chanvres rangés en pile s'élevent jusqu'au toît.

Le magasin des bois de construction, plus nouvellement bâti, a environ trois cents pas de long sur cent de large; il est toujours rempli de bois que l'on amene en radeaux, d'Istrie, de Dalmatie, du Frioul, où sont les principales forêts de la république, qui suffisent à l'entretien de l'arsenal; il y a sur-tout des arbres à faire des mâts de la plus grande beauté. Dans d'autres atteliers sont des ouvriers occupés à monter des canons sur des affuts, soit pour le service de mer, soit pour celui de terre.

Les femmes qui filent le chanvre, qui cousent les voiles, ou qui les raccommodent, sont dans un quartier séparé où les hommes n'ont aucune communication; elles font fous la direction de quelques femmes déja âgées, fages & de bonnes mœurs, & d'un chef ou maître que l'on a foin de choifir, âgé & d'une fageffe reconnue, afin que le bon ordre fubfifte dans cette partie.

La république a toujours fous les remifes ou chantiers de conftruction, qui font autour des deux grands baffins de l'arfenal, douze vaiffeaux de ligne de quatre-vingt-huit piéces de canon, dont les uns font près d'être lancés à l'eau, les autres font moins avancés; mais dès qu'il y en a un de parti, fur le champ on en conftruit un autre. On en voit au radoub, quelques-uns hors d'état de fervir, & que l'on met en piéces; plufieurs galeres, quelques frégates, des bâtimens de tranfport. On peut eftimer à environ quarante le nombre des bâtimens qui font dans l'arfenal en état d'être mis à l'eau, ou qui font fur les chantiers & près d'être finis; non compris ce qui eft à Corfou, l'efcadre du golfe, les galeres qui ne quittent pas le port, & beaucoup d'autres bâtimens qui vont & qui viennent, foit pour le tranfport des troupes, foit pour le fervice de l'état. Au bord de chaque remife ou chantier eft un canal qui répond au grand baſſin, & qui y porte le vaiſſeau quand il eſt conſtruit.

C'eſt à l'arſenal que l'on rafine le ſalpêtre; mais on n'y fabrique point la poudre, dans la crainte des accidens qu'occaſionnent les moulins, auxquels ſouvent le feu prend. Je crois que ceux de la république ſont dans le Treviſan. On y conduit le ſalpêtre, & on en rapporte la poudre, dont on garde peu à l'arſenal. Les magaſins à poudre ſont dans différentes iſles diſperſées autour de Veniſe. Comme dans la plupart de ces iſles il y a des maiſons religieuſes qui vivent ſous la protection du ſénat, elles ſe font un honneur de la confiance qu'il veut bien leur témoigner, en choiſiſſant leur terrein pour y conſtruire des magaſins. Ce ſont des tours de brique, iſolées, d'une forte conſtruction, & trés-ſolidement couvertes; elles ſont à l'abri de tout accident; & en cas que quelqu'une d'elle vînt à ſauter, la perte ſeroit médiocre pour l'état, & ne cauſeroit aucun dommage ni à la ville ni à l'arſenal.

On doit mettre au rang des fournitures de l'arſenal, les grands magaſins de biſcuits & de viandes ſalées pour l'approviſionnement des vaiſſeaux &

galeres, qui font dans la petite place *Jan Biagio*, voifine de l'arfenal.

Une des belles curiofités de l'arfenal, eft la grande falle où font en relief les plans des places principales de la république. On n'en permet pas la vue indifféremment à toutes fortes de perfonnes. La fortereffe de Palma Nuova, & la citadelle de Corfou, font regardées comme deux chefs-dœuvres d'architecture militaire. Les ifles de moindre grandeur y font figurées en entier avec leurs défenfes. On affure que ces plans font réduits avec tant d'exactitude, que l'on juge par eux, & des réparations qui peuvent y être à faire, & de ce qu'elles exigent de troupes & d'artillerie pour leur défenfe.

Pour ôter aux ouvriers tout prétexte de fortir & de s'abandonner à la débauche, la république entretient à la tête de l'arfenal, des cantines ou grandes tonnes toujours remplies de vin & d'eau mêlés enfemble, où les ouvriers vont fe défalterer autant qu'ils en ont befoin: ceux qui travaillent dans les quartiers éloignés, en emportent pour leur ufage.

Il eft inutile d'ajouter que d'efpace en efpace il y a des foldats de garde, excepté dans le quartier où fe travaillent les voiles. Enfin, tout s'y passe dans le plus grand ordre, & avec toutes les précautions qui peuvent empêcher les surprises & les accidens. Les dangers auxquels les Vénitiens ont été exposés, les tentatives que leurs ennemis ont faites, soit pour s'emparer de l'arsenal, soit pour y mettre le feu, les ont assujettis à des attentions qui sont aussi exactement observées en temps de paix, que lorsqu'ils avoient le plus de raison de craindre leurs ennemis. On peut dire que c'est la défiance même qui veille à la sûreté de ce dépôt si important.

Cet arsenal, pourvu avec une abondance vraiment magnifique, ne peut que donner l'idée d'une très-grande puissance. Le trésor de saint Marc, que l'on doit croire très-riche, en est l'ame, & peut tout de suite la mettre en mouvement; à quoi on doit ajouter que la quantité d'ouvriers & de matériaux qui y sont, & qui ne manquent jamais, peuvent, en cas de nécessité, augmenter très-promptement le nombre des vaisseaux qui y sont d'ordinaire.

84. C'est dans l'arsenal que l'on conserve le bucentaure, ou bâtiment de parade sur lequel la seigneurie s'embarque tous les ans le jour de l'Ascension, *Bucentaure.*

pour aller faire la cérémonie des épousailles de la mer. Il a quatre rangs de siéges où se placent les sénateurs : à la poupe est le trône du doge ; il a à ses côtés le nonce du pape & le patriarche de Venise, tous deux en camail & en rocher : à droite & à gauche, dans le demi-cercle, sont les places des ambassadeurs, des conseillers de la seigneurie, & des procurateurs de saint Marc. Ce bâtiment a environ cent pieds de longueur sur trente de largeur ; il a peu de quille, & est presque plat, ce qui fait qu'on craint beaucoup le gros temps quand on le met en mer. Il est entierement doré dedans & dehors ; le travail sur-tout de l'intérieur est admirable ; la dorure n'a rien ôté des finesses de la sculpture, qui par-tout est très-recherchée. Il a été exécuté sous les yeux & sur les desseins du célébre Corradis, sculpteur Vénitien, qui a presque fait en entier l'ouvrage de la proue. Au-devant est le lion de saint Marc ; ensuite deux statues de la justice & de la paix, qui s'embrassent & forment un grouppe entouré de génies, dont celui de la paix renverse & foule aux pieds celui de la guerre. Toutes ces figures sont de grandeur naturelle. Autour de ce ce bâtiment, régne une galerie découverte, sur laquelle sont quelques officiers subalternes, & les chefs des métiers de l'arsenal. Derriere le trône du doge, est l'Amiraglio en robe rouge, avec la simarre violette, le bonnet de velours rouge, & la grande perruque; il tient le gouvernail. Le dessus du bucentaure est couvert d'un tapis de velours rouge à galons d'or. Au-devant, entre la pointe de la proue & la porte du sallon où est le sénat, sont plantés les sept étendards que l'on porte devant la seigneurie. Au-dessous du pont sur lequel est placé le sénat, sont deux rangs de rameurs, chacun de vingt-six. Ce magnifique bâtiment, qui ne paroît jamais que la veille de l'Ascension, & que l'on renferme le lendemain, est conservé dans une loge faite exprès, où on le tire & on le met à sec.

A côté, sous une autre remise fermée, sont trois petits bâtimens fort ornés, appellés *peattoni*, dans lesquels le doge & le sénat s'embarquent pour les visites & cérémonies religieuses qui se font hors de saint Marc à certains jours marqués.

L'entretien de l'arsenal, tel que je viens de le représenter, coûte fort cher

Tome II.   P

à la république: aussi en temps de paix, c'est pour ainsi dire son unique dépense ; encore est-elle entendue de façon à être toujours utile à l'état, en ce que les grands frais étant pour la main-d'œuvre, la consommation fait rester nécessairement la plus grande partie de l'argent destiné à cet usage.

<small>San Pietro di Castello, cathédrale. Autres églises.</small>

85. Au levant de l'arsenal, dans une isle séparée des autres par un canal très-large, que l'on traverse sur un grand pont de bois, est l'église patriarchale *san Pietro di Castello*, siége de l'archevêque. Elle a pour clergé un archidiacre en dignité, un archiprêtre, un primicier, & vingt-quatre chanoines, dont douze seulement sont obligés à résidence. Le bas chœur est composé de douze sous-chanoines prébendés, & divers autres clercs pour la musique. L'église est peu décorée. Le maître-autel est de beau marbre ; l'ornement principal est un monument que la république a élevé à la gloire de saint Laurent-Justinien, archevêque & premier patriarche de Venise. Plusieurs Anges soutiennent une urne où sont les reliques du saint ; au-dessus de l'urne est sa statue. Des deux côtés sont les statues de saint Pierre & saint Paul, saint Marc & saint

Jean, toutes d'affez bonne main. La coupole nouvellement peinte, a pour sujet l'apothéofe du même faint. On montre dans cette églife une chaire antique de marbre, que l'on dit avoir fervi à faint Pierre lorfqu'il étoit à Antioche, & avoir été donnée à la république par Michel Paleologue, empereur de Conftantinople. Le pavé de cette églife, qui eft de marbre de différentes couleurs, y donne beaucoup d'éclat. La façade eft ornée d'un fronton avancé, foutenu par de grandes colonnes. Le palais archiépifcopal & le bâtiment des chanoines réfidans, font d'une affez belle conftruction. Par derriere eft une rue ou file de maifons toutes habitées par des pêcheurs. Ce quartier fort reculé donne immédiatement fur la pleine mer. Si on eût voulu bâtir une citadelle à Venife, cette ifle en étoit la place; elle eft à la tête des lagunes, & couvre l'arfenal.

Le Vergini, monaftere de religieufes qui fuivent la régle de faint Auguftin, fous le titre de fainte Marie de Jérufalem, deftiné aux feules filles de famille patricienne que l'on confulte peu fur leur vocation; c'eft toujours l'arrangement de la famille qui en décide. Le doge Sebastien Ziani fit cet établissement en 1205, & en retint le droit de patronage pour lui & ses successeurs, qui y exercent une pleine & entiere jurisdiction, nommant eux-mêmes l'évêque qui va tous les ans le premier jour de mai faire la visite du monastere, avec le doge, les ambassadeurs des cours étrangeres & le sénat. Cette assemblée respectable ne peut donner qu'une grande idée de l'exactitude de la visite. Il est vrai que tout dans cette maison annonce la maniere aisée dont vivent les religieuses. Leur habillement, leur coiffure, leurs grilles, répondent à la régularité de leur vocation. Le temps le plus difficile pour elles, est les premieres années qu'elles sont dans cette maison, où on les conduit ordinairement sans les en avoir prévenues ; mais quand elles ont pris l'habitude d'y être, elles deviennent gaies, aimables, d'une politesse enjouée & charmante, sur-tout avec les étrangers qui vont les voir, & vraiment elles méritent cette attention. Les patriarches ont souvent voulu changer leur maniere de vivre : mais jamais les doges n'ont permis qu'on donnât atteinte aux priviléges de leurs cheres filles. Leur église est assez décorée sans avoir rien de remarquable.

San giuseppe, église ancienne de religieuses de l'ordre de saint Augustin. Près du maître-autel est un très-beau mausolée du doge Marin Grimani. Sa statue de marbre blanc est posée sur une grande urne, au bas de laquelle est un bas-relief en bronze, qui a pour sujet son élection. Sur une autre urne est la statue de Morosina Morosini sa femme, qui fut couronnée solemnellement en 1597 à l'âge de soixante-deux ans. Cet ouvrage a été exécuté par Jérôme Campagna, célèbre sculpteur. Dans cette église sont deux beaux tableaux de Paul Veronese, une transfiguration où la figure du Sauveur a l'air divin, & l'adoration des bergers.

Dans ce quartier sont deux établissemens publics. Un collège de plein exercice, tenu par des clercs réguliers, Somasques (*a*).... Un hopital de saint

─────────────

(*a*) Les Somasques sont des clercs réguliers de la congrégation de saint Mayeul, établis en 1528 à Somasco, village entre Milan & Bergame, où est la maison chef d'ordre de cette congrégation, qui en a pris le nom. Ils suivent la règle de saint Augustin, & sont florissans en Italie. Ils n'ont aucun établissement en France.

Antoine, entretenu par l'état, où l'on reçoit les vieux matelots & autres gens de mer, que les années ou les infirmités mettent hors d'état de continuer le service....

La *Pieta*, hôpital pour les enfans trouvés ou abandonnés par leurs parens. On fait monter le nombre de ceux qu'on y éleve à environ six mille. Il est sous la protection du prince, & administré par des nobles, des citadins & des marchands. Il a beaucoup de revenus, qui cependant ne suffiroient pas à son entretien, sans les libéralités journalieres qui se font à ce bel établissement, qui conserve à la république une multitude de sujets, parce que l'on y reçoit tous les enfans que l'on y présente, sans s'informer d'où ils viennent, & sans rien exiger. Tous les ans, le jour des rameaux, le doge avec son cortége ordinaire y fait une visite après dîner, & il est reçu par les administrateurs.

On fait dans la chapelle de cet hôpital, de la musique excellente, exécutée par les jeunes filles qui y sont élevées. Le samedi après le salut, qui est plus ou moins solemnel, suivant le temps, on y fait un concert d'instrumens à vent, dont pour l'ordinaire l'exécution est admirable. Il est composé de bassons, haut-bois, clarinettes, trompettes, cors de chasse, flûtes de toute espece, & timbales. La veille de la Pentecôte (1762) on en fit un, dans lequel une harpe se faisoit entendre seule, de temps en temps, & étoit admirablement à l'unisson de tous les instrumens dont j'ai parlé. Je ne crois pas qu'il soit possible d'entendre rien de plus parfait & de plus harmonieux dans ce genre. Ce qu'il y a de plus étonnant, c'est que ce sont de jeunes filles qui jouent de tous ces instrumens. Ce concert est un nouvel établissement particulier à ce conservatoire, & il y attire la plus nombreuse compagnie. C'est là que demeure la célébre cantatrice, connue à Venise sous le nom de *Greghetta*, parce qu'elle est Grecque d'origine. Sa voix n'est pas éclatante, mais douce, harmonieuse, & assez sonore pour se faire distinguer même dans les chœurs d'instrumens les plus bruyans. On sait qu'en Italie, sur-tout à Venise, l'accompagnement est fort. La précision avec laquelle on exécute la musique dans ces concerts, est admirable; on n'y connoît point l'usage de battre la mesure: l'orgue, qui fait toujours la base de l'accompagnement, la marque assez. Ces jeunes personnes sont habituées à des accords si justes, que dans les différens concerts que j'ai entendus à Venise, je n'ai vu manquer qu'une seule mesure, qui arrêta sur le champ tous les exécutans, encore étoit-ce la faute du maître de chapelle qui étoit à l'orgue ; mais avec quelle aisance & quelle rapidité on se reprit !

Ces jeunes filles, sous l'inspection des administrateurs qui en répondent à la république, restent dans les conservatoires, jusqu'à ce qu'il se présente pour elles un établissement honnête, & approuvé par les magistrats qui en ont soin. Il arrive souvent qu'elles charment quelques-uns de leurs auditeurs, qui se déterminent à les épouser; ce qui arrive communément quand elles sont d'une figure intéressante. Dans ce cas, le futur époux présente l'état de ses biens au bureau d'administration, qui s'informe s'il est légitime, s'il est de bonnes mœurs, & si une femme peut espérer un sort heureux avec lui : alors on lui accorde la jeune élève qu'il demande. Plusieurs de ces filles restent toute leur vie dans le conservatoire, & celles en qui on reconnoît de la capacité, sont chargées du gouvernement intérieur de la maison, sous le titre de prieures : on les choisit âgées, & il y en a toujours une qui accompagne les jeunes cantatrices qui sortent pour aller à quelque concert particulier où elles sont invitées, & qui répond des événemens. Celles qui ont des talens distingués, reçoivent beaucoup de présens, & souvent amassent une fortune honnête : on m'a assuré qu'il y en avoit qui jouissoient d'un revenu considérable ; celles-là sont sûres de faire de bons établissemens. On ne permet à aucune de ces filles de monter sur le théâtre ; elles s'y engagent par serment. Les enfans mâles sont élevés jusqu'à ce qu'ils soient en état d'apprendre un métier, au moyen duquel ils puissent gagner leur vie honnêtement.

San-Zacharia, abbaye de filles nobles, de l'ordre de saint Benoît, fondée en 817 par Justinien Participazio, doge de Venise, ypate ou consul de Constantinople, dignité dont les rois même se croyoient honorés. L'empereur Léon l'Arménien contribua à cette fondation. Cette abbaye a pour premier supérieur le doge, qui tous les ans le jour de Pâques après vêpres, accompagné des ambassadeurs & du sénat, en va faire la visite solemnelle, & est complimenté par l'abbesse. L'église, richement ornée, a plusieurs beaux tableaux, parmi lesquels est celui de la Vierge, l'Enfant Jesus, saint Pierre, saint Jérôme, sainte Agathe, & un petit Ange qui joue du violon ; tableau ancien de Jean Belin, bien conservé, d'un dessein sage & d'une belle couleur. Il a été nouvellement gravé à Venise, & très-bien rendu.... Plusieurs autres tableaux du *Palma Vecchio*. Il faut voir dans la sacristie le tableau de Paul Veronese, qui représente la Vierge sur un piédestal, tenant l'Enfant Jesus debout à côté d'elle. Saint Joseph & saint Jean-Baptiste ; au bas, saint Jérôme en habit de cardinal, saint François & sainte Catherine. La Vierge, l'Enfant Jesus, le petit saint Jean & sainte Catherine sont d'une beauté à ravir. Tout dans ce tableau est excellent ; c'est l'un des plus admirables qui existent au monde, & c'est le plus frais de couleur & le mieux conservé de tous ceux de ce grand maître, qui sont à Venise : il est dans une armoire que l'on n'ouvre que pour le faire voir. Il vient d'être très-bien gravé à Venise. Ce tableau fait une sensation si vive, que je ne crois pas qu'il soit possible de l'oublier, quand on l'a vu avec quelque attention. L'église est précédée d'une grande cour ou place, dans laquelle on voit une colonne antique de marbre, surmontée d'une croix. Le portail est d'une architecture ancienne de petite maniere, tenant du grec moderne & du gothique. Il est couronné d'une statue de saint Zacharie, par Aleffandro Vittoria, bon sculpteur, dont le mausolée est dans cette église à côté de la porte de la sacristie.

San Lorenzo, monastere de religieuses Bénédictines qui doivent être de familles nobles, fondé en 809 par le doge Ange Participazio. L'église, bâtie dans le seizième siécle, est grande & de bonne architecture. Elle est partagée par une muraille ouverte de portiques fermés de grilles de fer, entre lesquelles est placé un autel à deux faces, très-ingénieusement décoré de beaux marbres & de bronzes, & qui sert, tant au chœur des religieuses, qu'à l'église extérieure.

San Giovanni dei Furlani, église du prieuré de Malthe à Venise. Les chevaliers de ce prieuré doivent s'y assembler tous les ans pour le chapitre qui se tient dans le palais du receveur de la religion, qui eft fitué à côté de l'églife.

San Francefco della Vigna, grande églife de Francifcains. Le portail, d'ordre compofite, a été conftruit fur les deffeins du Palladio. Il eft orné de très-bon goût, & on y retrouve les belles proportions de l'antique... Entre les colonnes font des niches où font placées deux très-grandes ftatues de bronze; l'une de Moïfe, avec cette infcription, *miniftro umbrarum*; l'autre de faint Paul, & au-deffous, *difpenfatori lucis*. Dans un cartel au-deffus de faint Paul, eft écrit, *accede ad hoc*; au-deffus du Moïfe, *ne deferas fpirituale*. Il y a dans cette églife plufieurs tableaux de Paul Veronefe, dont le mieux confervé & le plus beau eft celui de la chapelle Giuftiniani, où font repréfentés la Vierge, l'Enfant Jefus, faint Jofeph, faint Jean, fainte Catherine & faint Antoine. Sept doges ont leurs tombeaux dans cette églife, Antonio Grimani, crée en 1521.... Andrea Gritti, en 1523.... Marc-Antonio Trevifano, en 1555.... Francefco Contarini, en 1623.... Nicolo Sagredo, en 1674.... Luigi Contarini, en 1676, & Marc-Antonio Giuftiniani, en 1683. On y conferve auffi les os du vénérable frere

Mathieu de Baffi, à qui la réforme des Capucins doit fon origine. L'emplacement de ce couvent eft l'un des plus vaftes de Venife. Il eft fitué à une des extrémités de la ville. Au-devant de l'églife eft une très-grande place, fur laquelle le palais du nonce eft fitué.

Santa Giuftina, monaftere de religieufes de faint Auguftin, où le doge fait une vifite folemnelle tous les ans le 7 Octobre, en mémoire de la victoire remportée à pareil jour en 1571 fur les Ottomans, par les armées combinées de la république, du fouverain pontife & du roi d'Efpagne. Le petit portail de cette églife eft bien décoré.

I Mendicanti, hôpital ou confervatoire fondé dans le commencement du dix-feptiéme fiécle. Tous les bâtimens en font très-beaux; la face principale eft décorée d'une excellente architecture, bien imitée du Palladio. Dans l'atrio qui précéde l'églife, on voit le maufolée de Louis Mocenigo, capitaine général des armées navales de la république; qui fe fignala pendant la guerre de Candie : il eft décoré de belles ftatues & de bas-reliefs bien travaillés. A droite eft l'entrée du bâtiment où l'on éleve les jeunes filles, dont le talent le plus distingué est la musique ; on les forme aussi à tous les autres ouvrages convenables à leur sexe, & pour lesquels elles montrent de la disposition. A gauche sont les salles des vieillards & des infirmes. Il y a un corps de logis séparé où l'on éleve deux cents orphelins. Cette maison est gouvernée, pour le spirituel, par des Somasques ; le gouvernement temporel est semblable à celui de la Pieta dont j'ai parlé. Dans l'église est un tableau de l'invention de la croix par sainte Hélène, du bon temps du Guerchin. On y voit deux grands balcons ou tribunes de bonne architecture. C'est là que les dimanches & jours de fêtes les jeunes filles, élevées dans cette maison, chantent l'office en musique, ou donnent des oratorio qui sont des especes de concerts spirituels. J'y ai entendu la musique la plus parfaite, la mieux exécutée, & à mon gré les plus belles voix de femme de l'Italie. La célébre Padouanina, dont la voix a fait l'honneur de ce conservatoire pendant plusieurs années, s'y fait encore entendre avec grand plaisir ; mais il paroît qu'elle sera forcée de céder le premier rang à la signora *Lauretta Resegari*, dont la voix a le plus grand éclat ;

qui chante avec une facilité, un goût, une gaieté & une légéreté qu'on ne trouve qu'en elle. J'y ai vu une jeune fille de douze à treize ans au plus exécuter des sonates à violon seul, avec l'applaudissement général : il falloit que l'on fût bien sûr de son talent, pour l'exposer en public, un jour solemnel, devant la plus nombreuse assemblée. Ce n'est qu'à Venise où l'on voit ces prodiges en musique.

86. *San Giovanni è Paolo*, église de religieux Dominicains, grande & vaste, de construction gothique, mais où il y a quantité de choses à voir, & que l'on peut regarder comme une galerie de monumens historiques concernant la république de Venise. Le maître-autel, d'une structure ancienne, a de la magnificence & de la grandeur. Dix grandes colonnes soutiennent un pavillon de marbre, sous lequel il est situé. Aux deux côtés sont deux Anges plus grands que nature, qui tiennent chacune une châsse ou coffret, où sont les reliques des saints Martyrs, titulaires de l'église (*a*). On verra dans la cha- {S. Jean & S. Paul. Monumens curieux. Bibliothéque. Palais Grimani. Statues antiques.}

(*a*) Ces deux figures sont en action, & sont

pelle du Rosaire deux grands tableaux de Dominique Tintoret, fils de Jacques, dont les sujets ont rapport à la bataille de Lépante, en 1571; & dans la chapelle de saint Dominique, un beau plafond de Piazetta.

Mais ce qu'il y a de plus curieux, ce sont les tombeaux de dix-huit doges, dont les inscriptions sépulcrales apprennent quantité d'anecdotes concernant l'histoire de la république, de même que les mausolées de plusieurs généraux des armées de terre.

Les tombeaux de Jacques Tiepolo, doge en 1229, qui donna les fonds sur lesquels l'église & le couvent sont bâtis. Ce prince fit le code des loix de Venise, travail dans lequel il fut aidé par Jean Giustiniani, curé de saint Paul à Venise, & ensuite patriarche latin de Constantinople, Jean Michieli, Etienne Badoër, & Thomas Censernigo.... De Laurent Tiepolo son fils, doge en 1268. Alors ils étoient souverains, quoiqu'il y eût toujours une forme d'élection.... Jean Dandolo, doge en 1280. Le pre-

---

posées de façon qu'elles semblent porter ces reliques sur l'autel.

mier ducat d'or, appellé fequin, fut frappé fous fon régne.... L'infortuné Marin Falier, décapité en 1335.... Antoine Venier en 1382 étoit doge dans la colonie de Candie, lorfqu'il fut élu prince de la république. Le royaume de Candie faifoit alors un état féparé, qui avoit fon prince, fon fénat & fes officiers, dont une partie étoient Candiots, & une partie Vénitiens. Plufieurs familles patriciennes viennent de ces nobles Candiots, aggrégés à la nobleffe Vénitienne. Ils font tout ce qu'ils peuvent pour faire oublier leur origine, & fouffrent impatiemment qu'on leur en parle : c'eft une efpece de honte d'être originaire de Grece...

Thomas Mocenigo, en 1423, qui conquit le Frioul, & reprit plufieurs places dont le roi de Hongrie s'étoit emparé... Au-deffus de la porte principale, dans l'intérieur de l'églife, le magnifique maufolée de Pierre Mocenigo, doge en 1475, qui occupe prefque toute la largeur de la nef du milieu, eft de l'ordonnance de Pietro Lombardi... Celui de Jean Moncenigo fon frere, qui lui fuccéda en la dignité ducale, en 1476, fous le gouvernement duquel la république acquit le Polefin de Rovigo fur les ducs de Ferrare.... A côté du maître-autel, celui de Leonard Loredan, doge pendant la ligue de Cambrai, mort en 1519. Il envoya ses deux fils s'enfermer dans Padoue avec deux compagnies d'infanterie qu'il leva à ses frais; exemple de générosité qui fut imité par plusieurs autres patriciens, & qui empêcha que le doge ne fut inquiété pour cette action qui pouvoit lui être imputée à crime dans un gouvernement jaloux, où tout ce qui est distingué devient reprochable, & souvent criminel. Le tombeau de Bertucci & de Silvestre Valieri, pere & fils, tous deux doges. Sous la principauté de Bertucci, le 26 Juin 1656, la république eut un avantage considérable sur la flotte des Turcs au détroit des Dardanelles. C'est en mémoire de cet événement que le doge & le sénat viennent tous les ans remercier Dieu dans l'église de saint Jean & saint Paul, le 26 Juin, jour auquel on en célébre la fête.

Dans la croisée de l'église, le tombeau & la statue équestre de Nicolas des Ursins, comte de Petigliano, capitaine général des armées de la république, grand temporiseur, qualité que la république estime beaucoup. A côté, la statue pédeftre de Dionigidi Naldo da Berfighella, capitaine d'infanterie, major de Padoue pendant que l'empereur Maximilien l'affiégeoit, qui mourut de veilles & de fatigues immédiatement après la levée du fiége en 1509. Ce monument érigé depuis peu de temps, prouve que le fénat fe fouvient tôt ou tard des services qu'on lui a rendus. Il eft vrai que l'on dit qu'il traite beaucoup plus magnifiquement, & avec plus de confiance, les morts que les vivans : fouvent il s'eft trouvé embaraffé avec les généraux qui lui avoient rendu d'importans fervices ; mais il femble que la fortune foit toujours venue à fon fecours dans ces occafions. Le brave comte de Petigliano, qui défendit Padoue avec tant de fuccès contre les Impériaux, mourut d'une fiévre lente immédiatement après, lorfque le fénat ne favoit quel genre de récompenfe lui décerner pour les fervices qu'il en avoit reçus.

Les ftatues équeftres de Lionardo da Prato, chevalier de Rhodes; de pompée Giuftiniani, Génois, tué fur le Lifonzo dans la Carniole, d'une balle de moufquet, en 1616.... d'Horazio Baglioni, defcendant des feigneurs de Peroufe, tué dans une efcarmouche contre les Autrichiens en 1617 : tous trois généraux des armées de terre de la république. Les plus magnifiques de ces statues est celle de Bartholomeo Colleone da Bergamo, célébre général de la république, mort en 1475. Elle est de bronze, plus grande que naturel, d'une très-belle exécution, élevée sur un piédestal au milieu de la place hors de l'église.

Dans la chapelle des morts, on voit une belle urne de marbre qui renferme la peau du brave Marc-Antoine Bragadin, gouverneur de Famagouste en Chypre, que le cruel Mustapha, sultan des Turcs, irrité de la belle défense qu'il avoit faite, fit écorcher vif en 1571. Au-dessus de cette urne est le buste de ce héros.

Au dehors de cette église, à droite, est la magnifique chapelle de *la Madonna della pace*, où l'on conserve le même tableau de la Vierge qu'avoit saint Jean Damascene, lorsqu'il défendoit le culte des images avec tant de fermeté contre les tentatives impies de Léon l'Isaurien. Paul Marosini apporta ce tableau de Constantinople à Venise en 1349.

Les bâtimens des religieux sont vastes, bien conſtruits, & méritent d'être vus, ſur-tout les deux réfectoires. Dans l'ancien eſt le magnifique tableau de Paul Veroneſe, qui a pour ſujet le repas du Sauveur chez le Lévite : il occupe tout le fond de la ſalle. La table eſt placée ſous un grand portique d'architecture magnifique, dont la beauté eſt encore relevée par le mouvement des figures & leurs différentes attitudes, qui contraſtent avec les maſſes lourdes & immobiles qui forment le portique. Toutes les têtes des perſonnages ſont diverſifiées, & ont un caractere différent, parce que le peintre avoit toujours l'idée de faire quelque portrait ; ce qui lui donnoit une fécondité admirable pour varier ſes figures, & les rendoit toujours intéreſſantes, en ce qu'il étoit guidé par la nature même telle qu'il la connoiſſoit, & non pas telle qu'il la pouvoit imaginer. Il paroît encore que les ſtatues antiques qui l'avoient frappé, & qui avoient une ſorte de caractere marqué, entroient dans ſes compoſitions, & y mettoient de la variété. La figure d'un gros homme fort gras qui eſt dans ce tableau, paroît copiée d'après le buſte connu de Vitellius. Le Sauveur, dans ce tableau, a vraiment l'air célefte & divin ; c'eft un de ceux où l'imagination de ce maître a le mieux faifi la dignité de fon objet, ne pouvant rien trouver dans la nature d'affez majeftueux pour repréfenter la divinité. Il me femble que la maniere de Paul Veronefe, préfentée fous cet afpect, doit fournir bien des idées neuves aux jeunes artiftes qui voudroient marcher fur fes traces ; je fens qu'elle demande beaucoup de talens & d'étude, & une noble émulation qui ne peut produire que de bons effets.

Dans le nouveau réfectoire, eft un grand & beau tableau de Pietro Vecchia, qui a pour fujet le martyre de faint Jean & faint Paul ; il eft d'une expreffion noble, bien peint, deffiné avec feu, & d'une belle couleur. Il eft noirci, & il paroît que c'eft l'effet du temps & de l'humidité (a).

―――――――――――――――――――

(a) Dans la bibliothéque de cette maifon, qui eft confidérable, on voit plufieurs manufcrits, parmi lefquels eft l'hiftoire de Thucidide, manufcrit grec du onziéme fiécle.... Des caufes & des fujets de la philofophie, dédié à Jean Cornaro, fils de Jean, oncle de Cathérine reine de Chypre, manufcrit grec très-beau.... Des

87. *Sestiere di canal regio.* S. *Maria Nuova*, église paroissiale. L'architecture en est bonne. Le premier autel à main

Quartier du canal regio.

hommes illustres du temps, par Guillaume Pastrengicus, qui fut maître de Petrarque, manuscrit latin. . . . Jean Columna, Dominicain, des hommes illustres jusqu'à son temps, manuscrit latin du quinzieme siécle, qui n'a point été imprimé, & qui peut être utile, pour l'histoire littéraire sur-tout. . . . Cette bibliothéque est ornée de statues en bois des grands hommes, tant catholiques qu'hérétiques. Parmi ces derniers, sont celles d'Erasme & de Guillaume de Saint-Amour, tous deux chargés de chaînes, avec des inscriptions qui les mettent dans la classe de Luther & de Calvin. . . . Bel exemple des préjugés ultramontains. . . . .

Dans le palais *Grimani à santa Maria formosa*, il y a plusieurs choses à voir. A l'entrée, sous un péristile quarré, une statue antique de Jules César, avec sa cotte d'armes. . . . Une statue d'Agrippa, de taille héroïque, c'est-à-dire, du double de grandeur naturelle, tenant un dauphin par la queue, emblême du généralat de mer ; morceau précieux par sa rareté & la beauté du travail, qui est de quelque excellent artiste grec. Une grande table chargée d'une inscription grecque, dans laquelle les Pariens demandent aux habitans de Cizique, de placer la statue d'Appollodore, gouverneur de l'isle, devant le portique d'orient, & que l'on publie dans l'assemblée générale du peuple les decrets faits en son honneur par les Pariens. Un cabi-

gauche en entrant, a un excellent tableau du Titien, qui a pour sujet saint Jérôme dans le désert, à genoux devant le crucifix : on en trouve une très-belle estampe gravée à Vénise.... Auprès de cette chapelle est la sépulture des Wcovich, famille illustre de Constantinople, dont il est beaucoup parlé dans les écrivains de l'histoire Bizantine : elle se retira à Venise quelque temps avant la destruction entiere de l'empire Grec, & fut aggrégée au corps de la noblesse. Ces Wcovich portoient les noms d'An-

---

net rempli d'antiques, parmi lesquelles est une excellente tête grecque de Jupiter, avec cette inscription grecque en caractères latins : *Bono Deo brotonti*, à Jupiter tonnant......

La bibliothéque de cette maison est enrichie de plusieurs manuscrits grecs, parmi lesquels est un nouveau testament sur velin, du onziéme siécle..... Théodoret, sur les pseaumes, du même temps. Les manuscrits d'Homere, d'Euripide, de Sophocle & d'Eschile.... L'alcoran, manuscrit arabe, les premieres pages en lettres d'or.

Dans un cabinet, beaucoup de plats de fayance ancienne, peints, dit-on, sur les desseins de Raphael. On montre un si grand nombre de curiosités de cette espece & par-tout, qu'on peut justement douter de la vérité de ce qu'on en dit.....

ge & de Comnene, suivant l'usage des Grecs de joindre à leurs noms celui de leurs femmes, quand elles étoient d'origine illustre. Dans cette même église on voit l'épitaphe du célébre littérateur Fortunius Spira de Viterbe, conçue en ces termes pompeux....

Fortunius Spira, omni litterarum laude præstantissimus, hìc situs est....

La Madonna dei miracoli, église de religieuses de sainte Claire, revêtue de très-beaux marbres. Sous l'orgue sont deux enfans antiques d'un travail excellent; on les dit du célébre Praxitele; ils ont été apportés de Ravenne à Venise. La façade extérieure est ornée de piéces de marbres antiques, rangées avec art.

I Gesuiti, église nouvellement bâtie d'un très-bon goût. Elle est revêtue à l'intérieur d'une marqueterie éclatante de marbre blanc & vert à dessein de damas. Les chapiteaux des pilastres, les corniches, les moulures, les balustrades des balcons, de même que tous les ornemens saillans d'architecture, sont en beaux marbres. Toute la décoration de cette église est riche, bien entendue,

Tome II. Q

& tenue avec la plus grande propreté. On y voit des tableaux précieux. Le martyre de saint Laurent, par le Titien, bien dessiné & de grand caractere ; la couleur en est fort noircie ; il a été nouvellement gravé... L'Assomption, par le Tintoret, aussi gravé... La Circoncision par le même... Un tableau de la Nativité, par Paul Veronese, très-beau, sur-tout la Vierge & l'Enfant... La sainte Vierge qui remet l'Enfant Jesus entre les mains d'un saint Jésuite, beau tableau du cavalier Liberi... On voit encore dans cette église plusieurs magnifiques mausolées. Au-dessus de la porte principale, celui de la famille patricienne da Lezze, où sont les statues de Priamo da Lezze & de ses deux fils, très-bien exécutées... Un monument érigé par ordre du sénat à la mémoire d'Horace Farnese, général des armées de la république dans le dernier siécle... Le mausolée du doge Paschal Cicogne, qui fut élu en 1585, & régna dix ans. On y lit cette inscription singuliere : *velut alter Simeon manibus Christum excepit...* (Comme un autre Simeon il reçut le christ dans ses mains) parce qu'on prétend qu'étant à la messe en Candie, l'hostie quitta les mains du prêtre pour venir se placer entre celle de Paschal. Aussi l'auteur de la chronique dit qu'il mourut avec quelque odeur de sainteté... *Mori con qualche odore di santita*... Son gouvernement fut paisible, & la ville fut ornée de plusieurs édifices publics... Le grand pont de Rialto, les prisons neuves, ce beau quai appellé *fondamenta nuove*, qui s'étend de san Francesco della vigna jusqu'aux Jésuites, l'église du Rédempteur, celles de saint François de Paule & de saint Nicolo des Théatins, les procuraties neuves, tous ces grands édifices furent commencés ou finis sous son régne.

La façade de l'église des Jésuites est l'une des plus régulieres & des mieux décorées que l'on voye à Venise. L'ordre des colonnes du bas est fort riche : dans les intervalles, on a ménagé des niches où sont des statues de bonnes mains, de même que celles qui sont placées sur la corniche : au-dessus du fronton sont plusieurs Anges, au milieu desquels est un grouppe qui représente l'Assomption. Ce beau portail est masqué par un petit bâtiment qui en ôte entierement la vue. Par-tout ailleurs les propriétaires auroient pu aggrandir leur terrain; mais ici où ils ne sont que précairement, & où on les ballotte tous les ans le 9 Septembre, ils se contentent de ce qu'on veut bien leur accorder, sans rien prétendre au-delà. Leur maison est grande & bien bâtie; ils y ont un collége de plein exercice.

S. Catterina, église de religieuses. Il faut y voir un excellent tableau de Paul Veronese, qui a pour sujet le mariage de sainte Catherine. Il est conservé avec le glus grand soin, & encore frais de couleur.

S. Sofia, église paroissiale... La cène, grand & magnifique tableau, très-bien composé, & de la plus belle ordonnance, par Paul Veronese.

La Madonna dell'orto, église de moines Cisterciens, autrefois sous le vocable de saint Christophe. On prétend y conserver un os du genou de ce saint, sur les proportions duquel Gaspard Moranzone, sculpteur vivant en 1470, forma & exécuta la statue colossale de ce saint, qui est placée sur l'autel. On voit dans cette église deux des plus beaux tableaux du Tintoret, qui ont pour sujets, l'un, le jugement dernier, l'autre, l'adoration du veau d'or. Ils sont de la plus grande force de ce maître, & donnent quelque idée de la réalité du plan qu'il s'étoit formé, savoir, dessiner comme Michel-Ange, & peindre comme le Titien.

S. Giobbe, église de Franciscains. C'est le Job de l'ancien testament, honoré à Venise sous le titre de prophête, & par-tout en Italie comme un des plus grands saints de l'ancienne loi. Les Latins en font la fête le 10 de Mai ; son office est de rit semi-double. Dans les anciens missels romains, il y avoit une messe votive du B. Job, contre cette maladie que les François appellent le mal de Naples, & les Italiens *morbo Francese*. Pie V la suprima. Les églises d'Espagne ont cru devoir seconder la dévotion du peuple, qui en a demandé le rétablissement. Le culte des saints de l'ancien testament, tels que Moïse, Job, Jérémie, Samuel, Zacharie, &c. a passé des Grecs aux Latins... Luc Awading, dans les annales des freres mineurs, prétend démontrer que l'on conserve dans l'église saint Job les reliques de l'évangéliste saint Luc. On y voit un assez beau mausolée de René de Voyer de Paulmi, comte d'Argenson, ambassadeur extraordinaire de France à Venise, qui y mourut en 1651. Ce mausolée a été fait par Claude Perrault, sculpteur François.

I Scalzi, église de Carmes déchaux, située sur le grand canal. Elle est d'une construction moderne, & l'une des mieux décorée de Venise. La façade est d'un très-bon goût d'architecture; elle a deux ordres de colonnes, & est enrichie de plusieurs statues placées dans des niches. L'ordre supérieur est couronné d'un fronton d'une très-belle proportion, & surmonté par cinq statues, dont deux sont couchées, & trois sont debout. Ce portail est entier de marbre de Carrare. L'intérieur de l'église est revêtu de marbre de Sicile; son ensemble est d'une beauté éclatante & l'une des plus magnifique de Venise.

Servites. Idée vraie & justificative de Fra-Paolo.

88. *I Servi*, grande église de religieux Servites, qui n'a rien de plus remarquable que le mausolée du doge André Vendramain, mort en 1478, & celui de Francesco Donato, mort en 1548. C'est dans cette maison que mourut, le 14 Janvier 1623, le célèbre Fra-Paolo Sarpi, religieux Servite, théologien & consulteur de la république, qui la défendit avec tant d'avantage pendant l'in-

terdit que Paul V avoit lancé contre elle. Le sénat donna ordre à ses ambassadeurs de notifier la mort de ce sujet illustre à tous les princes de l'Europe ; distinction remarquable, & peut-être unique. Par un décret du sénat, on fit venir le prieur de la maison & quelques religieux au collége, auxquels on promit la protection constante de la république pour cette maison. Il fut ordonné qu'on lui érigeroit un mausolée aux frais de l'état, & le Campagna devoit faire son buste en marbre ; mais des considérations politiques, & sans doute de ménagement pour la cour de Rome, ont empêché l'exécution de ce projet. Depuis ce temps le théologien de la république est toujours de cet ordre, & résidant dans cette maison. Comme Fra-paolo est mort dans la disgrace de la cour de Rome, il n'arrive à aucun des Servites de parler de lui, de ses ouvrages, & de l'honneur qu'il a fait à son ordre : tant la circonspection est grande à Venise, même parmi les inférieurs, pour tout ce qui a quelque rapport aux affaires d'état. On y parlera beaucoup plus d'un poëte médiocre ou de quelque artiste, que de ce grand homme d'état, dont à la vérité la réputation est bien établie dans le reste de l'Europe (a).

(a) En vain les protestans des derniers siécles & quelques auteurs mal informés, quoique célébres, ont dit que Fra-Paolo, moine à l'extérieur, étoit protestant dans le fond de son cœur. On sait à n'en pouvoir douter, que cet habile homme vécut dans l'observation exacte de sa régle, dont ses grandes occupations ne le détournerent jamais; qu'il fut aussi assidu aux exercices du chœur qu'aucun autre religieux; que tous les jours il dît la messe avec édification; qu'il demanda & qu'il reçut les derniers sacremens, & mourut dans les sentimens de piété les plus touchans. On sait encore, que lorsqu'il eut été assassiné, il refusa les offres du sénat, qui voulut le tirer de son cloître, & le loger dans le voisinage du palais S. Marc, où il seroit plus en sûreté, & à l'abri des entreprises de ses ennemis. Il refusa ce qu'on lui proposa à ce sujet, pour rester dans son état, comme il le devoit. Cette conduite n'est pas celle d'un homme qui est protestant dans le cœur.... Les fausses assertions des protestans, & sur-tout celles de Burnet, évêque de Salisbury, ont donné lieu à ces propos: mais ne sait-on pas que ces gens se font gloire de mettre au rang de leurs sectateurs quantité d'hommes illustres qui n'ont jamais pensé à eux? Quelques modernes, tels que Marc-Antonio de Dominis, qui passa de Venise à Londres dans le siécle dernier, & le P. le Courrayer, pour justifier leur apostasie, ont avancé ce paradoxe inju-

89. *Sestiere di S. Paolo.* Le pont de Rialto partage la ville en deux parties égales, comme je l'ai déja dit, & établit la communication entre l'un & l'autre. Jusqu'en 1264 il n'y avoit point de pont, mais seulement un trajet ou des barques établies, comme il y en a en-

Quartier S. Paul-Pont de Rialto.

---

rieux à la mémoire de ce grand homme, fondés sur la liberté avec laquelle il a écrit l'histoire du Concile de Trente. Mais outre que l'on a ajouté bien des choses au manuscrit de l'auteur, pour donner un air de vérité à cette assertion; il seroit difficile, pour ne pas dire impossible, de prouver même par cette histoire que Fra-Paolo ait eu dans le cœur quelque attachement au protestantisme. Il y a des faits particuliers qui caractérisent la façon de penser des hommes, & qui servent à en faire juger sainement. Dès que Fra-Paolo eut été guéri des blessures dangereuses qu'il reçut de ses assassins, son premier soin fut de porter le stilet qu'on avoit laissé dans la plaie faite à sa joue droite, & de l'attacher aux pieds du crucifix de l'autel où il disoit tous les jours la messe, avec cette inscription, *Christo liberatori*. Il avoit tous les jours sous les yeux cet objet de sa reconnoissance & de sa piété. Je demande si cette action continuée pendant le reste de la vie de Fra-Paolo, dénote un homme attaché à l'hérésie, & qui, suivant l'expression connue d'un auteur illustre, disoit tous les jours la messe qu'il ne croyoit pas? . . . . . .

Q v

core d'espace en espace le long du *canal grande*. Dans cette année on fit construire un pont de bois que l'on appelloit le pont de la monnoie, non qu'il en coûtât rien pour y passer, mais à cause qu'il épargnoit la dépense du trajet. En 1588, sous le doge Pascal Ciconia, on commença le beau pont que l'on voit aujourd'hui, qui fut achevé en 1591. Il est tout de marbre, & n'a qu'un seul arc qui a environ soixante & dix pieds d'ouverture, sur vingt-deux de hauteur dans œuvre. Sa largeur de quarante-trois pieds est divisée en trois parties. Au milieu sont deux rangs de boutiques, douze de chaque côté, placées sous autant d'arcades de marbre, couvertes de plomb. Au milieu du pont est une grande arcade ouverte. Des deux côtés sont deux petits escaliers découverts, revêtus d'une balustrade de marbre. L'architecture est convenable à ce genre d'ouvrage, & d'une solidité qui lui assure la plus longue durée. Les boutiques qui sont au-dessus l'ornent plutôt qu'elles ne le chargent. Les deux grands escaliers qui aboutissent de chaque côté au portique du milieu, sont en pente douce, & très-bien entendus. Ce pont est orné à l'extérieur de quelques bas-reliefs & d'inscriptions qui ont rapport au temps de sa fondation.

Avant que de traverser ce pont, il faut voir le grand bâtiment appellé *fondaco dei Tedeschi*, situé sur le *canal grande*. Lorsque la république faisoit tout le commerce des épiceries & des drogues du Levant & des Indes, qu'elle alloit chercher à Alexandrie, & qu'elle distribuoit ensuite au reste de l'Europe, elle accorda cet établissement particulier à la nation Allemande, qui venoit se fournir à ses magasins: il devint le dépôt général des marchandises que les Allemands faisoient passer de Venise dans tout le Nord. Les choses ayant changé, ce fonds est retourné à l'état, & est occupé par des marchands qui y tiennent des boutiques, & qui s'y assemblent pour les affaires du commerce. Trois nobles, connus sous le nom de *vis domini*, y ont un tribunal où ils jugent les affaires qui y ont rapport. La cour de ce bâtiment est très-belle; elle a cent vingt-huit pieds de toute face. On voit dans les appartemens quelques belles peintures de Paul Veronese, du Titien, du Palma & du Tintoret, qui sont déja fort dégradées, sur-tout celles de Paul Veronese, qui ont pour sujets quelques divinités anciennes, allégoriques & relatives au commerce. La composition des différens groupes est extrêmement ingénieuse; il faut espérer que la gravure en conservera au moins l'idée & le sujet. Les faces principales de cet édifice, du côté de la rue & du grand canal, ont été autrefois ornées de peintures à fresque, par le Titien & le Giorgione; mais elles sont effacées au point que l'on n'y distingue plus rien.

S. Giacome di Rialto, église paroissiale. Elle est regardée comme la premiere qui ait été bâtie dans ces lagunes, & la plus ancienne de Venise. En sortant de cette église par la porte principale, on trouve un trés-grand édifice public d'assez belle architecture, revêtu au dehors de pierre d'Istrie; il sert à tenir les différens tribunaux de la police. Près de-là est la petite place de Rialto, entourée de portiques, qui a pour perspective le batiment appellé *fabriche nuove*, qui est situé sur le grand canal, & destiné à d'autres tribunaux. Au sortir de cette place, on trouve une des plus belles rues de Venise, presque toute occupée par des orfévres.

Paolo, paroisse qui donne le nom

à tout le quartier. Il y a dans cette églife un très-beau tableau de la cêne, par le Tintoret... Dans une chapelle qui fert de veftibule, font plufieurs petits tableaux de plafond, par *Gio Battifta Tiepolo*, du coloris le plus gracieux. Ce peintre encore vivant a un mérite très-diftingué dans fon art: on voit qu'il a beaucoup étudié la maniere & les ouvrages de Paul Veronefe; à fon imitation, il eft devenu grand colorifte. Il y a de l'efprit & du feu dans fes compofitions, qu'il enrichit fouvent d'objets qui leur font étrangers. Mais il eft trop maniéré; il ne voit pas les objets dans ce point heureux où la nature les préfentoit toujours à Paul Veronefe. Le Tiepolo à de l'agrément, mais peu de cette nobleffe, de cette magnificence fi bien ordonnée, avec laquelle le grand peintre qu'il a imité, arrangeoit fes idées, & les exprimoit enfuite.

I Frari, très-grande églife gothique de religieux Francifcains. Au maître-autel eft un grand tableau du Titien, repréfentant l'Affomption, très-noirci, & où les artiftes feuls peuvent encore remarquer quelques beautés. A la facriftie, on voit un ancien tableau de Jean Belin, beaucoup mieux confervé, &

encore frais de couleurs : il est divisé en trois parties ; au-dessus est une Vierge avec plusieurs Anges ; au bas sont saint Nicolas, saint François, saint Bernardin, &c. Il y a plusieurs monumens curieux dans cette église... Le tombeau de Francesco Dandolo, doge en 1328, sous le gouvernement duquel les Vénitiens s'emparerent de Trevise... A côté du maître-autel, celui de François Foscari, orné de plusieurs statues. Ce doge, élu en 1423, régna trente-quatre ans. Sous son régne, les Vénitiens acquirent Bresse, Grême, Bergame & leurs territoires... La contrée appellée la Ghiaradda, & la forteresse de Peschierra sur les bords du lac du Guardia... Vis-à-vis du tombeau du Foscari est celui de Nicolo Tron, doge en 1470, avec sa statue de marbre. Pendant son gouvernement le sénat succéda au royaume de Chypre ; il fut en guerre avec les Turcs, & fit alliance avec Ussum Cassan, roi de Perse. Mais l'un des plus beaux mausolées qui soient à Venise, est celui de Jean Pesaro, doge en 1658. Il est représenté en habits ducaux, assis sur le trône placé sous un dais ; quatre figures de Mores soutiennent l'estrade sur laquelle le trône est placé ; autour sont différentes figures allégoriques. Ce monument, exécuté avec les plus beaux marbres, a été fait par le Longhena, architecte & sculpteur connu à Venise par plusieurs belles constructions.

Outre ces monumens consacrés à la mémoire des princes de la république, il y en a plusieurs autres de grands personnages, sur-tout des généraux d'armées, parmi lesquels on voit ceux... de Melchior Trevisano..... de Paolo Savelli, prince Romain, mort en 1405, lorsqu'il commandoit les troupes de Venise contre les Carrares, seigneurs de Padoue.... Le clocher de l'église est d'une grande élévation, & d'une construction fort hardie. Ces religieux ont formé nouvellement une bibliothéque qui est déja considérable.

90. *Chiesa e scuola di S. Rocco.* Eglise & école de Cette église & l'école qui est à côté S. Roch. méritent d'être vues, à cause des beaux tableaux dont elles sont décorées. On peut dire que c'est le triomphe du Tintoret. Il y a au moins trente grands tableaux de ce maître, dont trois ou quatre à l'église, le reste dans la grande salle haute de l'école, & dans la salle à côté dite l'Albergho.

L'église est tenue proprement ; le

maître-autel est revêtu de beaux marbres ; les statues de Saint Roch, de Saint Sébastien & de Saint Pantaleon, sont de bonne main. Outre les tableaux du Tintoret, qui sont très-reconnoissables, on en voit un très-beau du Fumiani, à main droite il a pour sujet Jesus-Christ chassant les vendeurs du temple : les figures en sont très-grandes, l'expression est frappante ; le Sauveur sur-tout est animé de cette colere divine qui lui faisoit venger les outrages faits à la maison du Seigneur...
Ce tableau est très-frais de couleur, & peint vigoureusement.......

A la seconde rampe de l'escalier qui conduit à la salle haute de l'école, est un très-grand tableau qui a pour sujet la peste de Venise en 1630, par Antonio Zanchi. La composition en est ingénieuse, & d'une vérité qui remet à l'esprit toutes les horreurs de ce temps. On voit sur un pont quelques cadavres que l'on jette dans une barque pour les porter à la sépulture ; autour, quantité de figures de pestiférés, dans lesquels il semble que l'on distingue les progrès du mal ; au haut, saint Roch qui prie pour eux. Le ton de couleur en est vrai, bon, & encore bien conservé...

Il faut voir à l'albergho le tableau du crucifiement, par le Tintoret, l'un des meilleurs de ce maître, & dont l'ordonnance est sage. Cette église, les deux salles voisines & l'albergo peuvent être regardées comme autant de galeries d'excellens tableaux. Cette école ou confrairie est très-riche, à en juger par la magnificence des édifices qui lui appartiennent, & leur décoration qui a été très-dispendieuse. Dans la salle du haut, au-devant de l'autel, sont deux grandes statues, qui, à ce que je crois, représentent saint Jérôme & saint Paul. Elles sont d'une grande maniere, & dans le goût de fierté de Michel-Ange. Toutes les boiseries sont ornées de bas-reliefs très-bien exécutés. Les bâtimens sont revêtus de marbre à l'extérieur, & décorés d'une belle architecture saillante.

91. *Sestiere di santa Croce.* Ce quartier tire son nom de l'église de *santa Croce in Luprio*, une des soixante & douze paroisses de Venise. *{Quartier Ste. Croix. Eglises. Tableaux.}*

S. Giacomo dall'orio, église paroissiale.... La chaire à prêcher de cette église, de forme octogone, est faite des plus beaux marbres; elle est soutenue avec beaucoup d'art sur un piédestal d'un travail recherché. On voit dans cette même église une colonne de marbre de verd antique, de dix à douze pieds de haut, qui est de la plus grande beauté.

S. Simeon Piccolo, sur le canal grande, petite église paroissiale bâtie dans ce siécle, du meilleur goût, & dans les proportions de ces petits temples antiques, dont l'architecture est si noble. Elle est précédée d'un vestibule soutenu par des colonnes, tout-à-fait imité de l'antique.

S. Eustachio, dit *san Stae*, sur le grand canal, église paroissiale dont le portail est décoré d'une architecture fort riche, ornée de statues & d'autres sculptures, mais sans confusion: cette construction est moderne. L'architecture intérieure de l'église est réguliere & noble; on y voit plusieurs tableaux de peintres modernes, qui ont pour sujets quelques traits principaux de la vie des douze Apôtres. Sur le maître-autel est un grand crucifix de marbre, par le Torretto, sculpteur Vénitien.

S. Maria mater Domini, église paroissiale fondée par la famille Capello en 960, rebâtie nouvellement, & assez richement ornée. Le tabernacle du maître-autel est d'argent doré, chargé de figures en demi-relief, représentant la passion & les douze Apôtres. L'ouvrage est dans le goût grec de Constantinople. La table de l'autel est une pierre sépulcrale antique de marbre rouge, ainsi que le prouve cette inscription que l'on y lit encore...

*Ariæ Q. F. Serenai. Apollonius. lib.
& sibi.*

On y voit un beau tableau de l'invention de la croix, par le Tintoret, dont on a l'estampe gravée en rouge... Une cêne, du Palma Vecchio, & quelques autres tableaux de peintres modernes.

I Tolentini, église de Théatins. Ils doivent leur établissement à Venise à Jean-Pierre Caraffe, évêque de Chieti au royaume de Naple, qui s'étoit retiré à Venise après avoir quitté son évêché, & qui ayant été fait cardinal par Paul III, fut lui-même pape sous le nom de Paul IV. Leur église est grande & d'une belle architecture, exécutée sur les desseins du Scamozzi. La grande colonnade du portail est de construction moderne. Parmi les tableaux de cette église, on doit distinguer le martyre de sainte Cecile, par Camille Procaccino, de même que les peintures de la chapelle Pisani, qui sont de ce maître... Saint Laurent qui distribue les biens de l'église aux pauvres, excellent tableau du Prete Genovese, dont la couleur, le dessein, l'expression & l'ordonnance sont à un haut degré de perfection. On voit encore dans cette église les tombeaux de trois doges de la maison Cornaro.

Quartier de dorso duro. Architecture. Peinture. Hôpitaux.

92. *Sestiere di dorso duro*, ainsi appellé de l'élévation & de la fermeté du terrain; on prétend que c'est celui qui a été habité le dernier.

Gli Incurabili, hôpital & conservatoire gouverné, quant au spirituel, par des clercs réguliers Somasques. L'église a un beau plafond orné de tableaux de bons maîtres, dont le principal est celui du Prete Genovese, qui a pour sujet la parabole de l'époux qui se présente au festin sans la robe nuptiale. Les jeunes filles orphelines, élevées dans ce conservatoire, y font de la musique excellente les jours de fête; mais ce que cet hôpital a de plus intéressant pour l'humanité, c'est que l'on y reçoit & que l'on y nourrit quantité de pauvres affligés de maladies incurables. Ils se présentent au mois d'Avril, temps auquel on y reçoit encore beaucoup de malheureux infectés d'un mal trop commun dans un pays où le libertinage & la débauche sont regardés comme un des priviléges de la liberté. On les y traite gratuitement.

Lo spirito santo, église de religieuses. Dans l'intérieur, au-dessus de la porte d'entrée, sont les mausolées de la famille patricienne Paruta, parmi lesquels est celui du procurateur Paolo Paruta, qui, après avoir fait avec dignité beaucoup d'ambassades importantes, écrivit l'histoire de la république, depuis l'année 1513, jusqu'en 1572.

La Umilta, église de religieuses Bénédictines. Les Jésuites ont occupé cette église & les bâtimens réguliers qui en dépendent; c'est même par leurs soins que l'église a été rebâtie dans l'état où elle est; mais ayant quitté la ville & l'état de Venise pendant l'interdit de Paul V, on ne leur rendit point cet établissement, où, pendant leur absence, ces religieuses, qui habitoient auparavant l'isle de S. Servolo, vinrent se placer, sous le bon plaisir du sénat. Le plafond de l'église a été peint en entier par P. Veronese; il est formé par trois tableaux, dont le principal & le mieux conservé a pour sujet l'adoration des bergers.

<small>Magnifique église de vœu.</small>

93. *Santa Maria della salute*, église de clercs réguliers Somasques. Elle est un monument de la piété & de la reconnoissance du sénat, qui, pendant que la peste désoloit la ville de Venise en 1630, ordonna des prieres publiques pour la cessation de ce fléau, & fit vœu de construire une église sous le titre de *santa Maria della salute*. Le vingt-cinq mars 1631, la premiere pierre en fut posée par le doge Nicolo Contarini, accompagné du patriarche Jean Tiepolo. On choisit ce jour de préférence, parce que l'on sait par tradition, que la ville de Venise fut commencée d'être bâtie à pareil jour; & la devise qu'on lit sur le pavé... *undè origo, indè salus*... fait allusion aux commencemens de la ville, à sa conservation, & au vœu dont l'accomplissement se faisoit. Pour perpétuer la mémoire de ce vœu dans la maniere la plus solemnelle, tous les ans le doge & le sénat viennent le vingt-cinq de mars faire une station à cette église. Telle est l'histoire du vœu qui a donné lieu à la construction de ce

temple; il ne sera pas aussi aisé d'en exprimer avec autant de précision toutes les beautés, tant intérieures qu'extérieures. L'architecture en est noble & élégante. Ce n'est point un édifice immense. La forme & ses proportions sont imitées de l'antique; on y retrouve ce goût piquant de construction, que l'on admire dans plusieurs petits temples antiques, que l'on voit du côté de Pousols & de Baïa au royaume de Naples, & qui sont encore assez bien conservés pour servir de modeles. Dans l'église de la Salute, le dôme est fort élevé, & le jour vient de différens côtés; au lieu que la plûpart des temples antiques n'étoient éclairés que par un grand œil de bœuf qui étoit au comble du bâtiment, ainsi qu'on le voit au Panthéon de Rome. L'église dont je parle, construite sur les desseins de Baldissera Longhena, architecte Vénitien, est de forme octogone; dans chacun des pans est placé un autel. La porte principale occupe celui qui fait face au maître-autel. Tout mérite d'y être examiné avec attention; les marbres précieux dont l'église est revêtue; les statues, sur-tout celles qui sont au maître-autel; les tableaux qui sont de très-bons maîtres, & dont la plûpart sont bien conservés. On verra avec plaisir le plafond du maître-autel, peint par le Salviati, dont le tableau principal a pour sujet la manne dans le désert.... Trois bons tableaux d'autel, de Luca Giordano, peintre Napolitain, qui représentent la naissance de la Vierge, sa représentation au temple, & l'assomption.... Dans la sacristie, les nôces de Cana, par le Tintoret.... La cène, par le Salviati.... Et un grand tableau bien conservé, du Titien, qui représente saint Marc, saint Roch, saint Sebastien, saint Côme & saint Damien.... Le plafond est du même grand peintre. Comme les peintres les plus célébres de l'école Vénitienne étoient morts long-temps avant la construction de cette église, le sénat fit enlever, d'autres églises moins considérables, les plus belles peintures qui sont dans celle-ci. La décoration extérieure est magnifique, & peut-être d'un goût trop théâtral pour un monument de cette espéce. L'ordre de colonnes de la face principale est beau; il accompagne une porte d'une belle proportion. Entre les colonnes sont des niches avec des statues. Les autres faces sont décorées d'un ordre moins élevé que le principal,

cipal, à cause des fenêtres qu'il a fallu ménager; mais les chapitaux en paroissent d'une meilleure proportion que celui qui est au-dessus de la grande porte. Le comble de l'édifice est orné de statues très-ingénieusement placées. Un perron élevé, sur lequel l'église est placée, répond à un large & bel escalier qui descend à l'esplanade qui borde le canal; à côté est la grande & belle maison des Somasques.

La position avantageuse de cet édifice sur le grand canal, & dans un endroit fort ouvert; sa forme élégante, sa décoration, le rendent un des ornemens principaux de la ville de Venise.

Spedale dei Catecumeni, hôpital des Catéchumènes. Cet établissement, fait uniquement en faveur de la religion, mérite que l'on en fasse mention. On y reçoit les infideles qui demandent à être baptisés. Il y a des ecclésiastiques préposés pour les instruire, & des administrateurs qui ont soin qu'ils soient logés, nourris & entretenus convenablement autant de temps qu'il est nécessaire pour les instruire solidement.

La Carita, église de chanoines réguliers de Latran. C'est dans cette maison que se retira le pape Alexandre III, lorsqu'il fuyoit la persécution de l'empereur Frédéric Barberousse. L'église est grande. On y remarque sur-tout.... la chapelle saint George, à cause des colonnes de marbre antique dont elle est décorée....Celle du Sauveur, revêtue de porphyre & de verd antique....On y voit encore un très-beau tableau de Léandre Bassan, qui représente la résurrection du Lazare....Les tombeaux de Marc & Augustin Barbarigo, freres & doges tous les deux ; le premier en 1485 ne régna que neuf mois, & son frere lui succéda....Vis-à-vis est le mausolée du doge Nicolo da Ponte. Il avoit été ambassadeur de la république au concile de Trente, & s'y étoit fait une grande considération. Il engagea le sénat à recevoir le concile l'année d'après qu'il eut été terminé ; ce qui fut fait solemnellement dans l'église de saint Marc par le doge à la tête du sénat, quant à la doctrine & à la discipline : acceptation qui n'a rien changé aux usages & aux libertés Vénitiennes. C'est le premier état catholique où ce concile ait été reçu solemnellement. Nicolas da Ponte fut élu doge en 1578, étant alors âgé de quatre-vingt-sept ans, & régna encore sept ans & quatre mois.

Il fit bâtir le séminaire de saint Marc à Castello, & le patriarche Jean Trevisano fit construire celui de Murano, en exécution des décrets du concile.

San Sebastiano, église & monastere d'Hiéronimites. Tout y est rempli de peintures de Paul Veronese, qui y a fait ses premiers ouvrages ayant à peine vingt-cinq ans, & étant dès-lors un très-grand peintre. Je n'entre point dans le détail de ses tableaux; il y en a qui sont admirables: dans le grand nombre, quelques-uns sont foibles; beaucoup sont très-altérés par le temps. Un des principaux est le repas de Jesus-Christ chez Simon; grande composition pleine d'esprit, & encore bien conservée. On sait que dans tous les tableaux de P. Veronese, il y a quelques animaux. Ici ce sont des chiens & des chats qui se battent sous la table. On voit dans cette église le tombeau de ce fameux peintre, avec cette épitaphe....

Paulo Calliario Veron. pictori celeberrimo
Filii & Benedictus frater pientiss.
Et sibi posterisque.
Decessit XII kalend. Maji. M. D. LXXXVIII.

A côté de l'orgue est son buste en marbre blanc.... Peu loin de cette église est la paroisse.

S. Barnaba, dans laquelle habitoient autrefois quantité de pauvres nobles, appellés pour cette raison Barnabotes; terme très-injurieux parmi eux, & qu'il faut bien se garder de prononcer, attendu qu'à Venise, comme ailleurs, le reproche ou l'apparence de la pauvreté à quelque chose de ridicule, & même de honteux : c'est peut-être par cette raison qu'il y a à présent si peu de maisons de patriciens dans ce quartier.

La dogana da mare. A la pointe du quartier de *dorso duro*, vis-à-vis la place saint Marc, d'un côté est la Giudecca, de l'autre est la douane de mer, grand édifice d'une construction solide & de bonne architecture. A l'extrémité, est une tour élevée sur un arc soutenu par des colonnes à bossages, de très-beau marbre, & qui est terminée par une statue de la Fortune, de bronze, posée sur un globe de même matiere. La statue tourne à tout vent. Au devant de la tour, du côté de la mer, est un portique ouvert avec des colonnes de même ordre que les premieres.

Isle des 94. La ville de Venise est entourée

d'une quantité d'isles qui dépendent des différens quartiers, & qui en font partie; mais qui n'ont aucune communication avec elle, en étant séparée, ou par de larges canaux, ou par les lagunes : presque toutes sont occupées par des maisons régulieres d'hommes ou de femmes, à l'exception de ....

environs de Venise.

La Giudecca, en langage Vénitien, *la Zuecca,* séparée du quartier de *dorso duro* par un canal large d'un demi-mille. Cette isle, appellée anciennement *spina longa,* de sa forme longue, & terminée en pointe par les deux bouts, a pris le nom de *giudecca,* du séjour que les Juifs y ont fait avant qu'ils n'allassent habiter le *ghetto,* où ils sont aujourd'hui.... Elle a une paroisse de sainte Euphemie, & huit ou neuf maisons régulieres, dont les plus remarquables sont....

Le Convertite, maison de refuge, dans laquelle on suit la régle de saint Augustin, fondée pour retirer trois cents personnes du sexe qui veulent véritablement renoncer à la vie licencieuse qu'elles ont menée. On n'y reçoit pas indifféremment toutes celles qui se présentent; il faut qu'elles soient d'âge & de figure à faire craindre pour elles de nouveaux dangers.

S. Giacomo, église de Servites. Il faut voir dans le réfectoire du couvent un grand tableau, qui a pour sujet le repas du Sauveur chez le Lévite, peint par Benedetto, Carletto & Gabriello Calliari, le premier frere, & les deux autres fils de Paul Veronese. On voit qu'ils ont fait ce qu'ils ont pu pour imiter la maniere noble & intéressante de Paul. Ce qu'il y a de mieux dans ce grand tableau, est ce qu'ils ont copié servilement de leur modele : ce qu'ils ont fait d'eux-mêmes prouve combien ils lui étoient inférieurs, & que le génie & les talens n'ont rien de commun avec le sang & le nom.

Il Redentore, église & couvent de Capucins. La peste désoloit la ville en 1576. Pour en obtenir la cessation, le sénat fit vœu d'élever un temple au Christ Rédempteur. L'édifice fut commencé en 1572 sous le doge Paschal Ciconia, & achevé assez promptement. Cette construction passe pour une des plus belles du Palladio. La façade de l'église est d'une architecture simple & noble. Des colonnes d'ordre corinthien soutiennent un corps avancé, couronné d'un beau fronton, sous lequel est la porte d'entrée ; entre les colonnes sont des niches où il y a des statues ; sur la partie antérieure du comble sont placées trois statues. Le dôme est terminé par la statue du Rédempteur ; à côté s'élèvent deux pyramides ou obélisques qui sont de la même hauteur que la coupole... Toutes ces parties sont si relatives, que la façade, le comble, le dôme & les pyramides se répondent exactement, & ne forment qu'une seule & même décoration. L'escalier qui monte du quai à l'église, est grand & d'une belle forme... Le maître-autel a peu d'ornemens, & cependant est majestueux. Au milieu est un grand crucifix de bronze, & aux deux côtés les statues de saint François & de saint Marc... Le troisième dimanche de Juillet, le doge, les ambassadeurs & le sénat viennent faire une station à cette église, en accomplissement du vœu de 1576.

Le Zitelle, conservatoire de refuge, établi en 1586 par quelques dames Vénitiennes, pour y retirer de jeunes filles pauvres, & les mettre à l'abri de la séduction & des dangers que pouvoit donner lieu de craindre leur beauté. On y en reçoit autant que la maison en peut nourrir, & on n'y admet que celles qui sont désignées par les clauses de la fondation. Cet établissement est sous la protection du sénat. La petite église est d'une très-bonne architecture du Palladio. On y voit un des meilleurs tableaux de François Bassan, qui a pour sujet la présentation de la Vierge au temple...

L'isle de la Giudecca est remplie de quantité de maisons de plaisance fort bien bâties, & de petits jardins appartenans aux nobles Vénitiens.

S. George le Majeur, Abbaye. Eglise. Maison. Jardin.
95. *Giorgio Maggiore*, abbaye & monastere de Bénédictins de la congrégation du Mont-Cassin, dans une isle qui n'est séparée que de la Giudecca que par un canal peu large. Elle a un mille de circuit, & est placée vis-à-vis le palais ducal & la place saint Marc. Anciennement il n'y avoit qu'une petite église dépendante de celle de saint Marc, que l'on appelloit alors chapelle ducale. Le doge Tribun Memmo la donna aux moines de l'ordre de saint Benoît en 982. L'acte de donation subsiste encore. Il y avoit dans cette même isle une petite métairie & un moulin qui furent également cédés aux moines, pour fa-

vorifer leur établiffement. Le doge, dans cette ceffion, défend, fous des peines griéves, d'arrêter le cours d'eau néceffaire pour ce moulin; d'où on doit conclure qu'avant que les Vénitiens euffent aucun établiffement en terre ferme, ils avoient trouvé le moyen d'établir quelques moulins dans les ifles voifines de la ville, qu'ils avoient paré aux inconvéniens du flux & du reflux, & imaginé un moyen de donner à l'eau une direction toujours égale. On a auffi un acte de donation faite en 1220 par l'évêque de Caftello, aujourd'hui patriarche de Venife, aux moines de faint Daniel, de deux moulins & d'une maifon de bois, fitués entre S. Pierre de Caftello & l'arfenal. Je rapporte exprès ces deux monumens anciens de l'induftrie des Vénitiens, lorfqu'ils en étoient réduits à leurs feules lagunes; comme leur navigation s'étendoit dés-lors fort au loin, qu'ils dominoient déja dans le golfe, ils tiroient aifément leurs provifions de terre ferme.

Le portail de l'églife, qui fait face au palais ducal, eft de la plus belle architecture; il n'a qu'un grande ordre de colonnes qui porte un fronton qui couvre toute la largeur de l'ordre. Sur le fronton font trois ftatues, & deux dans des niches entre les colonnes. Cette conftruction eft du Palladio, de même que l'églife qui eft grande, & je crois la plus majeftueufe que l'on voye à Venife. Les plus beaux marbres font employés, foit à la conftruction, foit au revêtiffement de l'églife & des chapelles. Le pavé en eft entiérement. L'idée du maître-autel eft également noble & ingénieufe. Les ftatues des quatre Evangéliftes foutiennent un globe doré, fur lequel eft la ftatue en pied du Pere Eternel; ce grouppe eft de bronze, & a été exécuté par le Campagna. On voit que cette imagination reffemble beaucoup à celle du cavalier Bernin, qui a fait foutenir la chaire de faint Pierre par quatre peres de l'Eglife, deux Grecs & deux Latins. Il eft vrai que fi le Bernin a eu idée d'imiter le Campagna, il l'a laiffé bien loin derriere lui par la grandeur du deffein & la magnificence de l'exécution. Cette églife eft ornée de plufieurs tableaux du Tintoret, de Baffan, de Sébaftien Rizzi, & d'autres peintres. Aux deux côtés de la colonnade du portail font les urnes fépulcrales des doges Tribun

Memmo, premier fondateur de l'abbaye, & Sébastien Ziani. Au-dedans de l'église sont les tombeaux de Lionardo Donato, doge régnant pendant l'interdit de Paul V, mort en 1612, & celui de Marc-Antoine Memmo son successeur. Dans le passage de l'église au chœur, est un monument élevé à la mémoire du doge Domenico Michieli, qui régna onze ans, & mourut en 1128. Il fit lever le siége de Joppé aux Sarrasins, & donna la ville à Raimond, patriarche de Jérusalem. Il soutint une guerre très-vive contre l'empereur Grec de Constantinople, auquel il enleva l'isle de Scio. Le chœur des moines, placé derriere le maître-autel, est grand & bien orné. La boiserie sur-tout mérite d'être vue; elle est couverte d'excellens bas-reliefs qui représentent la vie de saint Benoît; ils sont d'un Flamand nommé Albert Brulle... C'est dans le réfectoire de cette maison qu'est le tableau si connu de Paul Veronese, qui représente les noces de Cana. Il a trente-deux pieds de largeur sur vingt-cinq au moins de hauteur. C'est une des plus belles compositions & des plus harmonieuses qu'il soit possible de voir. Le peintre a placé dans une galerie une troupe de muſiciens, où il s'eſt peint lui-même jouant de la viole, le Titien du violoncel, le Tintoret du violon, & Léandre Baſſan de la flûte. Ces quatres portraits rendent ce tableau encore plus intéreſſant... La plus grande partie des moines de cette maiſon ſont nobles Vénitiens; ils ſont remplis de politeſſe & d'attention pour les étrangers... Il y a pluſieurs cloîtres d'une belle architecture, avec des galeries au-deſſus. La bibliothéque eſt conſidérable & bien entretenue. Les dortoirs ſont vaſtes & bien éclairés; les religieux ſont très-bien logés. Cette maiſon a un autre agrément fort rare à Veniſe & dans les environs, c'eſt d'avoir deux grands jardins, dont l'un, planté de charmilles & de grands arbres, ſert de promenade publique. Le doge, avec ſon cortége ordinaire, va tous les ans le jour de Noël après dîner faire une ſtation à cette égliſe; & le lendemain il y retourne dans le même ordre entendre la meſſe, à la ſuite de laquelle il donne un des quatre feſtins ſolemnels aux ambaſſadeurs des couronnes, & au ſénat.

Parmi les autres iſles ſont... *la Chartreuſe*, appellée S. Andrea del Lido...

S. Elena, habitée par des moines Olivétins : on y conserve le corps de sainte Hélène, mere du grand Constantin ; il fut apporté de Constantinople à Venise en 1122... Dans cette isle sont trente-quatre fours où l'on cuit le biscuit pour l'approvisionnement des vaisseaux, la nourriture des soldats & autres personnes destinées au service public... *S. Michele*, occupée par les Camaldules ; il faut y voir la décoration du chœur, qui est de marbres précieux... *S. Nicolo del Lido*, monastere de Bénédictins, où la seigneurie entend la messe solemnelle le jour de l'Ascension, après la cérémonie des épousailles de la mer. Dans le douziéme siécle il ne restoit plus qu'un seul mâle de la maison Giustiniani, qui étoit moine de ce monastere ; il en sortit de l'agrément du souverain pontife, qui le dispensa de ses vœux. Il épousa Anne, fille du doge Domenico Michieli, dont il eut plusieurs enfans ; après quoi il reprit de nouveau l'habit de moine, du consentement de sa femme qui se fit religieuse. Ils avoient vécu saintement, ils mourrurent de même, & on les a mis au rang des bienheureux. On voit leurs statues dans le chœur de l'église. A peu de distance de S. Nicolo sont des casernes assez vastes pour loger commodément quatre mille hommes... Dans une petite isle voisine est un cimetiere où l'on enterre les Protestans; les Juifs ont le leur dans le même endroit (a). *Malamocco*, qui donne son nom au port, est une isle assez grande & peuplée, où les doges & les évêques de Venise ont fait autrefois leur résidence : il y reste encore une église paroissiale & un couvent de filles, sous le nom de *S. Maria dell' orazione*.

Lazaretto Vecchio, grand édifice qui occupe une isle. Il fut élevé en 1423 en temps de peste, & sert depuis à la mê-

---

(a) A l'entrée, on voit une table de marbre incrustée dans le mur, sur laquelle est gravée une inscription en caractères hébraïques, dont le sens est...... Le Seigneur précipitera la mort pour toujours; il essuyera les larmes de dessus tous les visages, & il éloignera l'opprobre de son peuple de l'univers, parce que le Seigneur a parlé....... Ce passage est le huitiéme verset du chap. 25 d'Isaïe. Comme l'inscription semble être composée de deux versets, de très-habiles gens ne se sont pas apperçus d'où elle étoit tirée, & n'ont pas traduit le commencement de l'inscription exactement...... Il y a plusieurs autres tombeaux chargés d'inscriptions....

me destination. Il y a des revenus qui servent, en temps de contagion, à entretenir les ecclésiastiques, les médecins, chirurgiens, & autres gens nécessaires au service des pestiférés... *Lazzaretto Nuovo*, bâti dans une autre isle en 1648. Ce bâtiment a cent chambres séparées, & un grand jardin fermé de bons murs, ce qui de loin lui donne l'air d'une forteresse : c'est où font la quarantaine forcée les bâtimens qui viennent de pays suspects. Il y a des officiers de résidence, des médecins & chirurgiens pour rendre compte au magistrat de santé de l'état de ceux qui font quarantaine.

Torcello, Murano, Mazorbo e Burano... sont quatre isles ou plutôt villes situées au nord-est de Venise ; elles doivent leur origine aux habitans fugitifs d'Altino & de Concordia, qui y avoient des maisons de plaisance, où ils se retirerent pour fuir les barbares du Nord, lorsqu'ils s'établirent en Italie. Martial (*a*) les compare, pour l'agrément,

---

(*a*) *Æmula Baïanis, Altini littora villis,*
Et Phaëtontei conscia silva rogi ;
Quæque Antenoreo Driadum pulcherrima Fauno

à la position de Baïa. Cassiodore parle de leur situation agréable & de leur fertilité. Ces isles étoient autrefois en plus grand nombre. Celles de *Constanziaco*, d'*Amiano* & *Lido maggiore*, qui avoient un podestat particulier, ont été détruites par les eaux (*a*).

Nupsit, ad Euganeos sola puella lacus;
Et tu Ledæo, felix Aquileïa T.mavo
 Hic ubi septenas, Cyllarus haurit aquas.;
Vos eritis nostræ, portus requiesque senectæ,
Si juris fuerint, otia nostra, sui. . . . .
            Mart. Egig. 35. L. 4. . . .

L'ancienne ville d'Altino, dont il ne reste plus qu'une tour, étoit située vis-à-vis de ces isles si délicieuses, que sans doute Martial avoit vues dans un beau printemps, dont l'aspect frais & tranquille pouvoit lui paroître préférable aux délices de Baïa : mais ses souhaits ne furent pas remplis ; il mourut en Espagne. . . . . .

(*a*) Un auteur moderne, dans un ouvrage sur le système général de la terre, & sa formation, en parlant des atterrissemens qui se forment sur les bords de la mer, a prétendu que Venise & ses lagunes seroient un jour unies au continent, & que l'on iroit de cette capitale à Padoue à pied sec. Il veut que les eaux de la mer, sur-tout dans la Méditerranée, diminuent de trois pouces par siécle. Ainsi,

Torcello étoit le siége d'un évêché qui a été transféré à *Murano*, depuis que le mauvais air a contribué à son dépeuplement. C'est cependant

---

depuis la fondation de Venise jusqu'à notre temps, la mer devroit avoir baissé au moins de trente-six pouces, & plusieurs des lagunes rester toujours à sec. Mais par tous les mémoires qui restent, par l'inspection même des lieux, il ne paroît pas que la mer dans le fond de ce golphe ait souffert aucune diminution; au contraire, quelques isles qui étoient habitées & cultivées dans le cinquième & le sixiéme siécle, sont absolument sous l'eau. L'auteur apporte en preuve de son systême le peu de fonds des lagunes, & la difficulté que trouvent les grands vaisseaux à entrer dans le port de Venise; mais cette difficulté a toujours été la même: il faut connoître cette mer, & avoir des pilotes du pays pour aborder sûrement; & c'est cette position qui fait la sûreté & la force de Venise. A examiner les différens canaux qui partagent la ville de Venise, on voit que les choses sont au même état qu'elles étoient il y a neuf ou dix siécles. Ils sont revêtus au moins depuis ce temps-là; il y a des bancs d'huitres le long des maisons, & qui ne sont pas multipliés seulement à un pied d'épaisseur; ils forment un revêtissement ou enduit solide d'un pouce ou deux tout au plus, que j'ai observé être le même sur les murs bâtis depuis cent ans environ, & sur ceux qui avoient cinq ou six

encore la résidence d'un des deux podestats qui régissent ces quatre isles. Torcello est à cinq milles de Venise.

Murano, ville épiscopale. Manufacture de glaces.

96. *Murano* n'en est qu'à deux milles tout au plus. C'est une très-jolie ville, bâtie dans le même goût & la même position que Venise, traversée par un canal principal auquel répondent plusieurs autres. Elle a quatre paroisses, & est peuplée d'environ six mille ames. Il y a deux colléges tenus, l'un par les Somasques, l'autre par les clercs réguliers des écoles pies. Le palais de l'évêque & le séminaire sont bien bâtis... Tous les ans le jour de l'Ascen-

---

siécles d'ancienneté au-delà : ce qui prouve qu'il ne s'y en amasse jamais qu'une certaine quantité. Quelques canaux perdoient de leurs fonds, & on les a comblés ; mais ils en avoient toujours eu peu : & on doit ajouter que les poussieres, les immondices jettées à la longue dans un endroit où il y avoit peu d'eau, & où le flux n'agissoit presque pas, ont dû nécessairement causer cet effet. On ne doit tirer aucune induction favorable à ce systême, du soin que l'on prend de nettoyer les autres canaux : cette précaution est nécessaire pour y entretenir la salubrité de l'air, & la facilité de la navigation, auxquelles un trop grand amas de matières corrompues nuiroient à la longue.

sion se fait après dîner une fameuse promenade sur le grand canal de Murano, où les gondoliers font briller leur adresse. On ne dit rien de trop, en assurant qu'il y a au moins quatre mille gondoles, dont la plus grande partie voguent avec une rapidité étonnante, & cherchent à se devancer...Une preuve de l'habileté des gondoliers, c'est qu'il est très-rare que malgré la foule il arrive quelques accidens.

C'est dans cette isle que sont les verreries & fabriques de glaces de Venise, qui ont été si fameuses dans toute l'Europe, avant que les manufactures de France ne fussent établies. On y travaille toujours; mais cette branche de commerce, autrefois si utile à la république, est considérablement diminuée, depuis que les glaces de France se transportent dans toute l'Europe où elles ont la préférence, à raison de leur grandeur & de leur éclat supérieur à celui des glaces de Venise qui paroissent plus obscures, quoiqu'elles ayent la qualité d'être parfaitement polies, & de rendre les objets très-fidellement. La raison pour laquelle les glaces de Venise sont moins grandes, c'est qu'elles sont soufflées, au lieu que l'on coule celles de France.

On fabrique à Murano beaucoup de verres pour les fenêtres, & il n'est pas permis, dans tous les états de la république, d'en employer d'autres que ceux qui sortent de ces manufactures.

Palais Barbarigo. Tableaux du Titien.

97. Avant que de terminer cette description, je dois dire quelque chose du palais Barbarigo, que l'on appelle à Venise *scuola del Tiziano*, à cause de la quantité de tableaux de ce grand maître que l'on y conserve... Les principaux sont, un Christ portant sa croix... La Vierge, l'Enfant Jesus & la Madeleine... La Madeleine pleurant, qui se couvre le sein avec ses cheveux qu'elle tient de la main gauche, très-beau tableau, & souvent copié.... S. Sébastien... Venus & Adonis... Venus à sa toilette ; une femme & un satyre.... Ces tableaux sont incontestablement du Titien, le peintre le plus fameux de l'école Vénitienne, & le plus grand coloriste qui ait jamais existé. On y remarque encore des parties admirables ; mais ils sont si considérablement altérés, qu'il n'est plus possible de juger de leur mérite principal, qui est le co-

loris. Il m'a paru que quelques tableaux du même maître, qui font à Florence, & ceux du palais Borghese à Rome, font infiniment mieux conservés... Titien Vecelli, né à Cadore dans le Trevifan en 1477, jouît d'une grande confidération pendant le cours d'une très-longue vie : les plus fameux poëtes de fon temps l'ont célébré ; l'empereur Charles V le fit chevalier & comte Palatin ; Henri III, roi de France, l'honora d'une de fes visites. Il mourut de la peste à Venise en 1576, âgé de quatre-vingt-dix-neuf ans. Parmi les peintres qui ont fait honneur à la ville de Venise, la célébre Rosalba Carriera, morte en 1761, a porté au plus haut degré le talent du pastel & de la miniature : aucun artiste de ce genre ne l'a furpaffée, & très-peu peuvent lui être comparés. On voit beaucoup de fes ouvrages à Venise, on en trouve même à acheter ; mais il faut bien prendre garde aux copies que l'on donne pour originaux : ce qui est véritablement d'elle est très-cher.

Je crois avoir rapporté dans un assez grand détail tout ce qui peut donner une idée juste de la république & de la ville de Venise, & la faire connoître par plusieurs objets intéressans. Ce qui me reste à dire sur l'état des mœurs, des sciences, des arts & du commerce dans cette grande ville, achevera le tableau.

Observations sur les mœurs & les usages de Venise.

<small>Mœurs & usages. Inquisitions.</small> 98. Il n'y a point d'état dans l'Europe où la religion catholique se soit maintenue avec autant d'intégrité qu'à Venise. Depuis son établissement jusqu'à nos jours, aucune hérésie, aucune secte n'a osé se montrer à découvert, ni dans la capitale, ni dans le reste des états où elle a donné des loix; ce que l'on ne doit attribuer qu'à la sagesse & à la fermeté du gouvernement. Dans les temps les plus critiques, lors des plus violens démêlés avec la cour de Rome, on a vu l'état défendre ses droits avec une fermeté constante, mais sans jamais se séparer du centre de l'unité, sans jamais manquer au respect dû au chef visible de l'Eglise, sans permettre qu'on fît aucune tentative, aucune entreprise qui eût l'apparence du schisme. Le célèbre Fra-Paolo Sarpi, qui défendit avec tant de succès les droits de la république, & en même temps ceux de tous les sou-

verains contre les prétentions de la cour de Rome, se tint toujours dans les bornes de la modération que son prince & son état lui prescrivoient.

Le sénat, toujours zélé pour le maintien de la religion catholique, est dans l'usage de prendre connoissance de tout ce qui peut l'intéresser. Son autorité va toujours de pair avec la jurisdiction ecclésiastique. L'inquisition est établie à Venise ; mais ce tribunal ne peut rien faire sans la présence & le consentement de trois sénateurs qui assistent, au nom du prince, à toutes ses délibérations. Il ne s'y passe rien que le sénat n'en soit informé ; les inquisiteurs ne peuvent pas même citer, entendre un témoin, ou faire le moindre acte, sous peine de nullité, qu'en présence de ces trois seigneurs, suivant le concordat fait en 1551 entre le pape Jules III & la république ; traité auquel on n'a point dérogé. Le pouvoir de ces assistans est d'autant plus grand, qu'ils peuvent, quand ils le jugent à propos, suspendre les délibérations de l'inquisiteur, arrêter l'exécution de ses sentences, non-seulement quand elles sont contraires aux loix & aux coutumes de l'état, mais même quand ils ont des ordres particuliers du sénat ; ce qui les rend absolument les maîtres de ce tribunal en toutes causes, tant celles qui regardent les ecclésiastiques que les séculiers, parce qu'à Venise l'hérésie, ou tout autre crime contre la religion, est regardé comme intéressant également l'état & l'église.

Les seigneurs assistans ont encore attention à ce que les inquisiteurs ne publient ou ne mettent à exécution aucune bulle, soit nouvelle, soit ancienne, qu'elle n'ait été approuvée par le sénat, & qu'ils s'en tiennent exactement aux six chefs qui leur sont réservés par les loix de l'état. 1. Les hérétiques, & ceux qui les connoissent & ne les dénoncent pas. 2. Ceux qui tiennent des assemblées ou conférences au préjudice de la vraie religion. 3. Ceux qui célèbrent la messe ou administrent les sacremens, sans être prêtres. 4. Ceux qui par leurs blasphêmes donnent lieu de croire qu'ils sont tombés dans quelqu'erreur contre la religion. 5. Ceux qui mettent obstacle aux exercices de l'inquisition, ou les empêchent autant qu'il est en eux. 6. Ceux qui impriment, vendent, débitent ou conservent des livres manifestement hérétiques. L'inquisition ne connoît

noît que de ces chefs. Le sénat s'est réservé ce qui regarde les Juifs, les Grecs schismatiques qui ont des établissemens dans ses états, où il leur est permis de vivre suivant leur rit ; l'examen de tous les livres, autres que ceux spécialement réservés à l'inquisition ; les usuriers ; ceux qui, au mépris des loix de l'Eglise, par avarice ou autre motif, vendroient de la viande publiquement en carême & autres temps d'abstinence. Tous ces crimes, qui sont autant contre la bonne police, que contre la religion, sont de la connoissance des tribunaux séculiers. Outre cela, l'ordonnance du conseil des dix de 1568, qui adjuge la confiscation des biens de ceux que l'inquisition auroit condamnés, à leurs héritiers légitimes, à condition cependant de ne les pas rendre au coupable, fait que ce tribunal a peu d'intérêt d'exercer ses droits, dans toute leur rigueur (*a*).

―――――――――

(*a*) Le sénat a rendu en 1766 un décret par lequel il établit une nouvelle magistrature composée de trois patriciens qui ont le titre d'inquisiteurs des biens ecclésiastiques. Leur charge est d'obliger les Couvents & Monastères à vendre, conformément à une loi publiée en 1660, les biens qui leur ont ont été laissés par des parti-

Tome II.   S

Cérémonies religieuses.

99. Quant au respect extérieur pour la religion & ses cérémonies, il est porté au plus haut point à Venise. Les monumens publics les plus considérables sont des preuves suivies de la piété du gouvernement dans tous les âges de la république. Le souvenir des victoires signalées qu'elle a remportées sur ses ennemis, est renouvellé tous les ans par quelque cérémonie religieuse, qui s'accomplit avec autant de majesté que de décence : c'est le prince, à la tête du sénat, qui remplit ces devoirs de reconnoissance & de piété. Il en est de même de la découverte des conspirations faites contre l'état, de la cessation des fléaux qui l'ont affligé en di-

---

culiers, & de prendre possession au nom de la république de tous les biens légués aux maisons religieuses qui ne les auront pas vendus dans le terme de deux ans prescrit par cette loi. Il est probable que cette loi politique & œconomique a été renouvellée sur les instances des particuliers qui ne trouvoient pas assez de fonds à acquérir dans les états de la république, & qui se plaignoient de ne pouvoir pas y faire des établissemens solides, étant obligés de placer toute leur fortune dans le commerce ou sur les banques, & d'être exposés à mille révolutions imprévues.

vers temps. La république a rapporté au souverain être seul l'interruption des maux qu'elle a soufferts. Elle n'a pas craint de multiplier ses actes de reconnoissance, & d'obliger son chef & ses principaux membres à la représenter autant de fois qu'elle a eu des actions de graces solemnelles à rendre pour quelque bienfait. Il est bien vrai que ce culte extérieur & pompeux ne décide rien sur les mœurs & la conduite des particuliers ; mais c'est toujours un très-grand bien dans un état, de voir cet attachement marqué à la religion dans ceux qui tiennent les rênes du gouvernement.

Il en est de même de toutes les fêtes solemnelles de l'Eglise, pendant lesquelles le doge & le sénat assistent à tous les offices avec grande exactitude, sur-tout pendant la semaine sainte ; ce qui se fait avec une solemnité & un appareil remarquable. Le jeudi, après l'office du matin, on met les espèces consacrées, que l'on réserve pour le service du lendemain, dans un tombeau que le grand chancelier scelle du sceau de la république, en présence du doge & de la seigneurie. Le lendemain il va reconnoître si le sceau n'a point été altéré, le leve lui-même.... Le soir du même jour il se fait une procession solemnelle autour de la place saint Marc, qui est magnifiquement illuminée de torches de cire blanche, attachées à toutes les fenêtres des procuraties & des autres bâtimens... La procession du jour de la Fête-Dieu, à laquelle assistent tout le corps des patriciens & tous les ecclésiastiques, n'est pas moins solemnelle. En général toutes ces cérémonies d'éclat contribuent à rendre la religion respectable au peuple, qui voit ses souverains les remplir avec autant de dignité que de décence. J'ai parlé ailleurs de l'accomplissement de différens vœux faits par la république.

On peut même dire que le peuple de Venise est fort assidu à ses devoirs extérieurs de religion. On voit aux jours de fêtes les églises remplies de gens de tout état, qui y sont avec modestie. Ce n'est pas à dire pour cela que leur piété soit fort éclairée, & qu'il n'y ait des abus. Mais où ne s'en trouve-t-il pas? J'y ai vu pratiquer une cérémonie de dévotion qui m'a paru fort singuliere, & qui peut tirer à de grandes conséquences; c'est l'usage où l'on est d'aller se mettre aux pieds d'un moine ou d'un prêtre qui a une étole au col, & de recevoir de lui une sorte d'absolution qui n'est point sacramentelle, attendu que celui qui se présente ne dit rien & ne fait que s'humilier. Mais ne peut-on pas abuser de cet usage, & croire que cette bénédiction suffit pour aller ensuite se présenter à la sainte table avec confiance, comme on y va effectivement en quittant les pieds du moine ? Il est vrai que l'on m'a assuré que l'intention de celui qui bénit, n'est que de rendre participans des indulgences affectées à certaines églises, ceux qui se mettent en état d'en jouir; mais il me semble que cette application extérieure est très-inutile, si elle n'est pas abusive. Les femmes sont dans l'usage d'aller à la table de la communion les cheveux épars.

L'église de Venise a quelques usages particuliers ; on n'y pratique point l'abstinence des Rogations, ou des trois jours avant l'Ascension, en quoi elle s'est conformée sans doute très-anciennement à l'église Grecque, dont elle conserve encore quelques coutumes particulieres. Quant au reste de ses usages, ils sont conformes à ceux de l'église

Romain, suivis dans toute l'église Catholique.

<small>Reproches faits aux Vénitiens. Bonnes qualités.</small>

10º. On a reproché au gouvernement de Venise plusieurs défauts essentiels, tels que l'irrésolution, la lenteur dans les délibérations, une défiance générale qui dégénère souvent en pusillanimité, une épargne sordide, qui souvent a occasionné de grandes pertes, pour avoir ménagé mal-à-propos, lorsqu'il auroit fallu faire des dépenses nécessaires. Ce que l'on peut répondre à ces reproches, c'est que ces défauts, si cependant ils existent, (car ce seroit peut-être la matiere d'une longue & difficile discussion), n'ont point attaqué les parties essentielles de l'état, puisqu'il s'est soutenu pendant tant de siécles avec autant d'honneur & de réputation qu'aucun autre de l'Europe, & que de toutes les républiques connues, c'est la seule qui ait eu une aussi longue durée, & qui soit encore dans un degré de puissance & de vigueur à ne rien laisser entrevoir qui annonce sa décadence.

Les Turcs lui ont enlevé successivement les royaumes de Chypre & de Candie; mais la belle & longue défense que la république a faite en Candie, les dernieres guerres qu'elle a eues avec eux, & qu'elle a foutenues avec avantage, paroiffent avoir ôté à cette puiffance barbare le deffein d'étendre fon empire dans le golfe. Il eft même à croire que tant que l'état des chofes fubfiftera en Europe fur le pied où il eft, la république confervera fon état de terre ferme, d'autant plus fûrement, qu'il eft de l'intérêt des autres fouverains d'Italie de ne pas permettre que la maifon royale de Savoie ou celle d'Autriche s'aggrandiffent aux dépens de l'état de Venife, & acquierent une autorité prépondérante, qui ne laifferoit plus les autres puiffances dans cet état de fûreté & de tranquillité qu'il eft fi intéreffant de conferver dans ce beau pays deftiné à être le féjour de préférence des fciences & des arts.

Les places de défenfe de la république font en bon état; fon arfenal lui fournira toujours, foit par terre, foit par mer, des fecours prompts & affurés : il feroit à fouhaiter feulement, qu'eu égard à fes richeffes, elle entretînt un corps de troupes plus nombreux & mieux difcipliné, fur-tout que fes garnifons fuffent plus confidérables.

Il est d'expérience que les troupes en temps de paix, quelque bien disciplinées qu'elles soient, perdent cette vigueur & cette activité qu'elles n'acquierent qu'en présence de l'ennemi. Il est donc difficile que la république, qui ne néglige rien pour conserver la paix dont elle jouit, ait des troupes bien aguerries ; mais l'usage où elle est de n'avoir à son service que des officiers étrangers, la met en état de les renouveller de temps en temps, & de profiter des temps de réforme, pour avoir à sa solde des gens expérimentés & en état de la bien servir. Il ne faut, pour cela, que les traiter avec quelque distinction, & leur faire un sort gracieux. Il n'est pas nécessaire de leur donner aucune connoissance des secrets du gouvernement; il ne faut que de l'exactitude à tenir ses engagemens, & de l'attention à récompenser le mérite & les services. On sait que la république n'est point prodigue ; ainsi tout ce qu'elle accordera de distinctions & d'avantages au-delà de la convention, n'en sera que plus précieux à ceux qui en seront favorisés.

Quant au service de mer, la république a dans son sein plus de ressources.

On a vu que dans toutes les occasions elle n'a jamais manqué de grands hommes dans ce genre, qui ont combattu pour ses intérêts avec une valeur & des succès distingués, c'est donc à elle à entretenir, parmi les sujets du premier rang, cette noble émulation qui les encourage à des exercices auxquels la patrie doit sa naissance, son accroissement & sa grandeur. Il est certain qu'elle ne doit pas songer à rien acquérir, mais seulement à se maintenir, & que son grand objet est de conserver l'empire du golfe, & de se rendre respectable sur mer.

La discrétion semble avoir fixé son séjour sur les levres des Vénitiens, surtout des patriciens. On ne les entend jamais parler d'affaires d'état quelles qu'elles soient. Le secret à ce sujet est inviolable. Ils sont aussi discrets sur ce qui les intéresse personnellement. J'ai eu une occasion marquée d'éprouver cette discrétion. Au mois d'Avril 1762, le chevalier Giustiniani, ambassadeur de la république à Rome, eut des démêlés fort vifs avec les ministres de cette cour, au sujet des franchises de son quartier. On prétendit à Rome que l'ambassadeur avoit excédé ses droits; mais comme il connoissoit parfaitement jusqu'où ils s'étendoient, il les soutint avec la fermeté & la modération dignes d'un ministre éclairé d'une sage république. Les choses allerent au point qu'il fut question d'une rupture, sur-tout après la publication d'un écrit anonyme, où la dignité de l'ambassadeur & même sa personne étoient offensées, & que l'ambassadeur envoya au collége, afin que le sénat prît à ce sujet les mesures qu'il jugeroit à propos. Le cardinal Rezzonico avoit déja dit en conférence particuliere, que le saint pere ni ses ministres n'avoient eu aucune part à cet écrit, & le désapprouvoient; mais comme pour une injure publique, il falloit une réparation solemnelle, le pregadi, par un parté où décret du deux juillet suivant, qui fut signifié à l'archevêque de Patras, nonce à Venise, exigea que cette réparation fût authentique. Le cardinal secrétaire d'état fit faire des recherches contre les auteurs & distributeurs du libelle; un des distributeurs connus fut mis au fers; l'auteur, qui devoit rester inconnu, fut condamné par contumace aux peines de droit; & le cardinal Torregiani, secrétaire d'état, écrivit à l'ambassadeur une lettre de satisfaction qui fut rendue publique, dans laquelle il l'invitoit à employer ses bons offices pour que cette affaire ne fut point suivie. Le saint pere lui-même, dans une audiance qu'il donna exprès à l'ambassadeur, désavoua tout ce qui s'étoit fait, comme s'étant passé à son insçu & à celui de ses ministres. Ainsi fut terminée cette affaire qui pouvoit avoir des suites très-considérables.

J'arivai à Venise lorsque cette affaire faisoit le plus d'éclat à Rome, & qu'elle occupoit beaucoup le sénat; je savois tout ce qui y avoit donné lieu. Les liaisons que j'avois eues avec l'Ambassadeur, l'estime & le respect que j'avois pour son mérite personnel, m'avoient fait prendre un véritable intérêt à cet événement. Connoissant son caractere ferme & son génie éclairé, je ne doutois pas qu'il ne le conduisît bien. Les lettres de recommandation qu'il m'avoit données en partant de Rome pour Venise, ne laissoient pas douter que je ne lui dusse de l'attachement & de la reconnoissance: je vis habituellement plusieurs de ses amis; aucun d'eux n'en parla; & ne demanda comment les choses s'étoient passées, quoiqu'il ne

S vj

puisse pas douter que je n'en fusse bien informé....

Il en est de même de tous ceux qui ont quelque part au gouvernement, même dans les emplois les plus subalternes ; ils suivent en tout l'exemple de leurs maîtres. Les citadins & le peuple ne sont pas moins réservés à ce sujet ; & l'habitude de ne rien dire des affaires de l'état est si formée, que l'on ne s'entretient pas même de celles des étrangers ; au moins on ne souffriroit pas que l'on en parlât sans ménagement & avec passion. Le gouvernement a une attention particuliere à ce que le peuple s'accoutume à obéir, sans pénétrer dans les motifs qui doivent l'y déterminer. Il y a toujours entre le gouvernement & lui un voile dont il ne lui est pas permis d'approcher. On ne souffriroit pas même qu'un étranger vînt troubler l'ordre établi par une indiscrétion déplacée, & une curiosité qui peut être tolerée ailleurs, mais qui devient aisément criminelle à Venise. Cette espece de gens inquiets, curieux & désœuvrés, qui vont partout parlant ou s'informant de ce qui ne les regarde pas, devient d'abord suspect, & on ne la souffre point, ne fût-ce que pour ne pas laisser sous les yeux du citadin & du peuple un exemple de ce genre que l'on regarde comme dangereux. Ainsi un homme, de quelque rang qu'il soit, à qui on a fait dire *aria e non buona*, c'est-à-dire que l'air de Venise ne lui convient pas, peut se retirer, s'il n'a pas envie qu'on l'y contraigne bientôt. Pour vivre à Venise avec agrément, pour fréquenter les Vénitiens librement, il faut imiter leur discrétion, se monter à leur ton, ne porter dans la conversation que de l'enjouement & un désintéressement marqué sur toute affaire d'état, des connoissances sur toute autre matiere, si on en a, mais sans affectation ni pédanterie ; alors on est assuré d'y trouver la société la plus aimable & la plus douce, toujours intéressante par l'agrément réel que l'on y trouve, & une gaieté qui paroit y être naturalisée. J'en parle d'après ce que j'y ai éprouvé comme étranger qui ne me mêlois point des mysteres du gouvernement. Je n'ai trouvé nulle part ailleurs autant de gentillesse & d'affabilité (*a*).

(*a*) Un étranger, pour vivre à Venise avec

101. L'attention qu'a la république de n'envoyer en ambassade que des sujets d'un mérite distingué, & des familles les plus illustres, devroit être imitée de tous les souverains. Rien ne

Choix des Ambassadeurs. Soin d'entretenir l'union parmi les nobles.

agrément, connoître & fréquenter les Vénitiens autant qu'il lui est possible, doit être assez connu de l'Ambassadeur de sa nation pour être avoué de lui; mais d'ailleurs il ne doit pas vivre en grande intimité avec lui, ni trop fréquenter sa maison. Nous avions pour ambassadeur à Venise en 1761, M. le Comte de Baschi....

Le spectacle général de Venise donne aisément à entendre comment on a pu y former tant de ligues; tout étranger qui ne se mêle point des affaires de la république, peut librement aller, venir par-tout où il lui plaît, & voir qui bon lui semble. Je crois bien que les inquisiteurs d'état sont bientôt informés de ses démarches; mais si la république n'y a d'autre intérêt que celui de savoir ce qui se passe, elle leur laisse toute la liberté d'agir: l'histoire même de notre siècle en offre des exemples. C'est donc à Venise où il faut établir le chef-lieu de la politique en Europe. La discrétion & la réserve qui y regnent, & la liberté qui y est commune à toutes les nations, semblent l'y placer de préférence à tout autre état; à quoi il faut ajouter qu'il y a des fêtes publiques, qui de tout temps y ont attiré même les souverains, qui peuvent encore s'y rassembler sous le seul prétexte de la curiosité.....

contribue autant à donner une idée avantageuse d'une nation dans un pays étranger, que lorsque celui qui est chargé de la représenter, est capable de le faire avec dignité, autant par sa naissance que par ses grandes qualités; il ne faut pas même regarder comme inutiles les avantages de la taille & de la figure. Dans un gouvernement où l'on n'arrive que par degrés aux places importantes, & où les ambassadeurs sont choisis dans un ordre où ils s'instruisent d'avance de ce qu'ils auront à faire lorsqu'ils seront envoyés, il est bien difficile que le choix tombe sur des sujets incapables; c'est ce qui fait que les ambassadeurs Vénitiens tiennent presque toujours un rang distingué dans les cours étrangeres. Il sont dans l'usage de ne pas quitter avant qu'ils n'ayent installé leurs successeurs dans la place qu'ils leur cédent, & ne les ayent instruits de la route qu'ils doivent tenir : ce qui fait que le même esprit de conduite se communique de l'un à l'autre. Ils sont obligés à leur retour de présenter au sénat une relation manuscrite de ce qui s'est passé dans leur ambassade; par où ils l'instruisent de l'état actuel des puissances avec lesquelles ils ont traité de leurs intérêts, & des secrets du ministere qu'ils ont pu pénétrer. Cette relation est le résultat de toutes les dépêches qu'ils ont faites; elle est déposée dans les archives. C'est sur ces mémoires originaux que l'historiographe de la république peut travailler avec succès à composer une bonne histoire. On sent combien ces relations faites en même temps dans différentes cours, par des génies différens, mais qui tous doivent tendre au vrai, répandent de lumiere sur les faits qui y sont détaillés. Les ambassadeurs remettent au sénat les présens qu'ils ont reçus des princes étrangers ; on ne manque jamais de les leur rendre, à moins qu'il n'y ait contr'eux de graves sujets de plainte. Quand ils menent leurs femmes avec eux, ils sont obligés de veiller sur leur conduite ; ils sont responsables des excès où elles donnent ; & ils sont rappellés quelquefois avant que le temps soit expiré, pour cette raison seule.

Une des grandes attentions du gouvernement, est d'entretenir un esprit de paix & d'égalité dans le corps des patriciens. Ainsi il ne souffre point que les querelles qui s'élevent entr'eux ayent des suites qui fassent éclat; il s'entremettent aussi-tôt pour les décider, & les force à en passer par ce qu'il régle à ce sujet. Il est vrai que son intention étant de ne point faire de mécontens, il tient la balance aussi égale qu'il est possible. Cet usage d'être jugés par ses pairs arrête les ressentimens quels qu'ils puissent être, & force le mécontent à vivre à l'extérieur, comme s'il avoit lieu d'être très-content de ce qui a été décidé. Il sait ce qu'il auroit à craindre de la puissance des inquisiteurs d'état, ou du redoutable tribunal des dix, s'il faisoit le moindre mouvement pour se venger. Ce ne seroit plus alors une affaire particuliere, ce seroit un crime d'état sévérement puni. Tout ce qui regarde les nobles a les premieres attentions du gouvernement, qui vont jusqu'à s'intéresser à l'arrangement des affaires domestiques. S'il arrive qu'un patricien ait fait quelque perte considérable au jeu, & qu'il ne puisse payer tout de suite sans déranger sa fortune; alors l'autorité publique prend pour lui les arrangemens convenables, & fixe les payemens qui se font à la longue, & presque toujours sur les revenus. Ce qui fait qu'il est rare que les Vénitiens jouent gros jeu entr'eux.

Le sénat a soin de ne pas laisser les pauvres nobles dans une indigence honteuse, qui étouffe en eux l'amour de la patrie. Il y a une quantité de petites charges qui s'exercent dans l'intérieur de Venise : on les leur donne, & les revenus qui y sont attachés leur procurent le moyen de vivre dans une honnête médiocrité, & d'élever leur famille. Si on voit qu'ils profitent de cette faveur du gouvernement, & que leur mauvaise conduite n'ait point été la cause de leur ruine, on leur confie des emplois plus considérables, & dès-lors plus utiles. Il ne faut pas qu'un esprit d'avarice les engage à épargner mal-à-propos, & à vouloir paroître pauvres pour obtenir davantage : ce seroit le moyen de tout perdre. Si on voit au contraire, que sans contracter des dettes ils se fassent honneur de leur revenu, soit par la manière dont ils entretiennent leurs familles, soit par l'aisance où ils affectent d'être, se présentant toujours aux assemblées dans un état honnête, ayant la gondole à eux, & ne traînant pas à pied la robe patricienne par tous les quartiers de la ville ; alors on juge bien de leur façon de penser, & ils font sûrs de voir croître leur fortune par la faveur du gouvernement: méthode excellente d'éprouver les sujets, & de leur inspirer des sentimens & une conduite qui répondent à la dignité de leur état. Quant aux sujets de ce genre desquels il n'y a rien à espérer, ils présentent le spectacle le plus singulier ; il semble que leur orgueil croisse avec leur misere, quoique couverts de haillons ; ils tiennent une morgue qui semble crier qu'ils sont nés patriciens. Dans cet état misérable, le citadin & l'artisan ont pour eux le plus grand respect extérieur (a).

Jamais le gouvernement n'a permis qu'un noble Vénitien allât servir une puissance étrangere, quelques talens qu'il eût par l'art militaire, à moins qu'il ne voulût se bannir pour toujours

---

(a) Ce qui seroit vraiment bon à peindre, c'est la mine altiere d'un de ces nobles couverts de haillons, lorsqu'il parle à un citadin opulent, à qui cette caricature ne fait perdre ni le sérieux, ni le respect qu'il doit à un homme né pour être son maître. J'ai été témoin de quelques-unes de ces scènes originales, qui pourroient se représenter sur un théâtre, mais non se décrire.

de sa patrie, où les loix ne lui permettroient pas de rentrer ; il ne confie même point à ses sujets le commandement en chef de ses armées de terre, dans la crainte que quelqu'un d'eux, connoissant l'intérieur du gouvernement, ne se servît des forces même de la république pour lui enlever sa liberté. Ce furent les grands talens dans l'art militaire qui accoutumerent les plus illustres des Romains à se regarder comme supérieurs aux loix, & qui enfin leur inspirerent le dessein de subjuguer leur patrie ; à quoi ils réussirent en anéantissant la liberté. C'est ce qui n'arrivera jamais à Venise. La plûpart des petits états voisins dont elle s'est emparée, & qui forment son état de terre ferme, n'ont succombé sous ses armes, qu'après que leur constitution intérieure eut été ébranlée par les divisions intestines qui s'y éleverent. Ces exemples sont une leçon toujours présente, qui arrête l'ambition avant qu'elle ait pu faire aucun progrès.

Il n'en est pas de même des armées navales, qu'il eût été plus dangereux de mettre en main étrangere; on eût pu les employer à une destination contraire aux ordres du sénat ; il eût été plus difficile d'arrêter un général de mer, qui a avec lui ses munitions, son artillerie & sa caisse militaire pour toute une campagne. Le général de mer étant toujours noble Vénitien, il n'est pas à craindre qu'il s'unisse d'intérêt avec le général des troupes de débarquement, qui est étranger.

C'est sans doute pour entretenir cette subordination générale, que l'on donne une éducation fort bornée à la jeune noblesse. On ne l'instruit que de ce qui regarde le gouvernement de l'état auquel elle doit avoir part, & pour lequel on lui inspire autant d'attachement que de respect. Ce n'est pas que l'on ne trouve parmi la noblesse des sujets d'un mérite distingué, qui ont des connoissances très-étendues ; mais d'ordinaire ils se sont formés dans les ambassades, état tranquille, qui a assez de rapport avec le gouvernement intérieur, dans lequel tout se fait avec la plus grande circonspection, & où la prudence est absolument nécessaire pour réussir.

On veille de près à ce que la noblesse de terre ferme, sujette de la république, mais qui n'a aucune part au gouvernement, ne trame rien de contraire aux intérêts de l'état. Son sort est moins heureux que celui des citadins & du peuple. Les plus riches de ces nobles sont observés avec soin, & au moindre soupçon qu'ils donnent sur leur fidélité, on trouve aisément les moyens de leur susciter quelqu'affaire qui entraîne la perte de leur liberté & de leurs biens. Ils n'osent pas se retirer en pays étranger, où ils auroient peine à trouver quelqu'établissement qui les dédommageât de ce qu'ils abandonneroient : ils savent qu'en s'observant, ils jouiront tranquillement de l'héritage de leurs peres.

Ce seroit un crime à un noble Vénitien d'être trop populaire, d'avoir des qualités trop supérieures à celles de ses collégues, d'ouvrir des avis & de les faire valoir avec une si grande force de raison, qu'ils entraînassent tous les suffrages. On a plusieurs exemples de patriciens éloignés du gouvernement, obligés d'accepter des places qui sont regardées comme une sorte d'exil, condamnés même à mort, pour avoir eu des vertus trop éclatantes. De l'égalité partout, c'est ce que l'on veut à Venise. Un homme qui se sent de l'élévation dans le génie, de la force & de la pénétration, ne doit s'en servir principalement qu'à déguiser ses talens au public, & sur-tout ne paroître point au-deſſus des affaires qu'il a à traiter. Le ſyſtême du gouvernement dans cette partie n'eſt pas moins fondé en raiſon, que dans aucune autre. Que l'on examine la conſtitution des républiques anciennes & modernes, & on verra que par-tout où l'eſprit & les grands talens ſe ſont montrés avec le plus d'éclat, c'eſt là où la paix a été moins ſolide, même parmi les citoyens qui les premiers ont travaillé, par leurs jalouſies mutuelles, à la ruine de la patrie. Leurs entrepriſes téméraires, & leurs diviſions ſoutenues à force ouverte, ont appris les moyens de les ſubjuguer. C'eſt ainſi que les Florentins & les Piſans ont forgé eux-mêmes les fers qu'ils ſe ſont donnés ; peut-être en ſeroit-il de même des Génois, ſi le brave André Doria eût eu un ſucceſſeur digne de lui.

Cette égalité eſt ſi fort de régle, que dans les conſeils où l'on ne parle que le langage Vénitien, qui eſt une dialecte très-corrompue de l'Italien, un noble Vénitien qui chercheroit à ſe diſtinguer en parlant Romain, ſeroit repréhenſible, parce qu'il cauſeroit une eſpece de honte à ſes collégues qui n'en ſauroient pas autant. Cependant tous les édits & ordonnances qui paroiſſent au-dehors, sont rédigés en Italien correct, langage que l'on parle dans toutes les conversations polies. La maxime, *quot capita, tot sensus*, (autant de sentimens que de têtes) semble n'être pas applicable ici, où il est de l'intérêt personnel de n'avoir au moins à l'extérieur qu'une même façon de penser.

Voilà à-peu-près ce qui regarde la partie des mœurs qui se rapporte au gouvernement général. Quant au particulier, on reproche aux Vénitiens d'être vindicatifs, fins, dissimulés, peu capables d'amitié, & infiniment plus sensibles aux injures qu'aux bienfaits, qu'ils oublient, dit-on, par vanité, se regardant comme la premiere nation de l'Europe, la plus noble, la plus puissante, comme un peuple de rois.

La dissimulation est une habitude ou qualité nécessaire dans un gouvernement de cette espece, & parmi ceux qui le composent, entre lesquels régne une jalousie continuelle, qu'ils ne satisferoient jamais, s'ils ne savoient dissimuler leurs desseins. On sait qu'il y a différentes classes de nobles; ceux de la premiere se regardent comme infiniment supérieurs aux autres, & ont pour eux le plus grand mépris. Ils s'appliquent à

les

les contredire, sous prétexte de l'intérêt d'état, & l'emportent presque toujours sur eux, la politique & l'inclination du sénat étant de favoriser en tout les anciens nobles au préjudice des nouveaux, qu'elle ne regarde que comme des intrus dans le gouvernement, que la nécessité a forcé d'admettre au rang des patriciens, sans autre mérite que celui d'une somme considérable d'argent comptant. On les regarde longtemps comme des usurpateurs du titre de noble Vénitien, & il est bien rare qu'on leur confie aucun emploi distingué, ou qu'on les place dans les grandes ambassades, où leur nom ne répondroit point à leur dignité, quoique ces emplois leur convinssent beaucoup, eu égard à la dépense qu'il est nécessaire d'y faire, & que souvent ils sont plus en état de soutenir que les anciens, dont les fortunes, à force d'être partagées, se réduisent à très-peu de chose ; mais alors l'état, sans augmenter sa dépense réglée, s'arrange de façon à leur faire trouver dans leurs propres biens les ressources qui leur sont nécessaires. Ces nouveaux nobles, en temps de guerre, n'ont pas à espérer des commandemens d'importance ; on n'auroit pas de confiance en eux ; les jeunes nobles ne les respecteroient point, & le mépris intérieur que les principaux patriciens ont pour eux, ne leur permettroit pas de penser qu'ils fussent capables de soutenir les intérêts de la république avec la même fermeté & le même zèle qu'eux : ainsi ils n'ont rien de mieux à souhaiter que la paix ; ils sont admis forcément dans les conseils, & au moins à l'extérieur ils sont au même rang que le reste des patriciens. Ils briguent beaucoup les charges qui les placent hors de Venise, & qui les mettent dans le cas de jouir de la qualité de nobles Vénitiens dans toute son étendue, d'autant mieux que c'est le seul moyen qu'ils ayent d'acquérir une considération réelle, & de prouver qu'ils peuvent servir la république aussi utilement que ceux qui se regardent comme les descendans immédiats des premiers fondateurs de l'état.

Parmi les nobles du premier rang, une raillerie piquante ne se pardonne jamais; celui qui l'a faite doit s'attendre tôt ou tard aux effets de la vengeance de celui qui se croit offensé ; ce qui est d'autant plus fréquent, que la nation, naturellement spirituelle, a la répartie vive... Il arrive encore que les caracteres soupçonneux, & qui sentent par où l'on peut les attaquer, croyent toujours que c'est de ce côté-là que l'on tire sur eux. De-là tant de projets conçus & manqués par l'opposition secrette qu'y met un adversaire que l'on ne soupçonne pas d'y avoir aucun intérêt à traverser les démarches d'un noble qui brigue quelque place, & qu'il n'obtient pas, quoiqu'il ait le rang & les qualités qui le mettent en état de la remplir avec distinction; mais il a un ennemi caché qu'il ne connoît pas, qui abuse de sa confiance, & qui fait échouer son projet, en lui témoignant à l'extérieur le plus grand desir de le faire réussir. Voilà ce qui fait que les jeunes nobles, qui ont quelques vues pour l'avenir, sont en apparence si honnêtes, si prévenans, si discrets, pour éloigner tous les obstacles qui pourroient arrêter leur avancement. Ils s'attachent à se concilier la bienveillance de tous les patriciens, qui leur est aussi utile, qu'il seroit dangereux pour eux d'avoir celle des citadins & du peuple au même degré. Il faut convenir que dans une pareille école on doit acquérir une souplesse d'esprit singuliere, apprendre à couvrir ses passions d'un voile impénétrable, & que les politiques les plus fins & les plus déliés devroient se trouver à Venise, si on avoit autant de soin de s'y instruire de ce qui regarde les intérêts des nations, que celui de la république, auquel ils ne peuvent pas donner trop d'attention, mais sans exclure les connoissances qui peuvent former de grands hommes d'état, & qui ne se bornent pas à celles qui regardent la seule patrie.

Jalousie du gouvernement républicain.

102. L'ingratitude est, dit-on, le vice dominant des républiques : comme il n'y en a point de plus ancienne & de plus respectable que celle de Venise, si la maxime est vraie, il est difficile de la sauver de ce reproche. Ce qu'il y a de certain, c'est qu'on lui a reproché en différentes occasions d'avoir maltraité des personnages d'un mérite distingué, qui lui avoient rendu les plus grands services, par la raison que leur crédit devenoit dangereux, & pouvoit leur inspirer des sentimens d'orgueil & d'indépendance qui n'ont jamais été impunis à Venise. Il est inouï que le gouvernement s'y soit jamais laissé éblouir du mérite d'aucun sujet, quelqu'éminent qu'il ait été ; au contraire, en parcourant ses annales, on voit qu'il a toujours tenu dans la dépendance la plus

exacte ceux qui l'ont le mieux servi, & que ce sont ceux à qui il a le moins pardonné les actes qui sembloient tendre à l'indépendance.

Un étranger qui lit l'histoire de Venise, & qui n'a pas l'esprit républicain, est étonné comment on a pu y porter l'ingratitude au point de contrarier en tout, de bannir même, & quelquefois de se défaire secrettement des plus grands hommes : il est certain qu'on ne trouve pas dans cette conduite, la franchise, la grandeur d'ame, cette noblesse de sentimens, que l'on regarde comme l'honneur de l'humanité. Cependant, à ne considérer que l'intérêt de l'état, on ne peut pas blâmer ceux qui tenoient les rênes du gouvernement d'en avoir agi de cette maniere. Ils ont détruit l'ambition dans son principe ; ôté à tout sujet l'espérance de dominer dans sa patrie, en les obligeant, quelques services qu'ils ayent rendus, à rentrer dans l'égalité, sans pouvoir espérer ni distinction, ni récompense, autre que celle d'avoir fait leur devoir ; trop heureux qu'on les laisse jouir tranquillement dans l'obscurité d'une condition privée, de la satisfaction que le souvenir de leurs belles actions ne peut manquer de leur procurer. J'avoue que la politique Vénitienne considérée sous ce point de vue, me paroît le chef-d'œuvre de l'esprit républicain, & qu'en s'en tenant exactement à ses maximes, elle s'assure la plus longue durée ; elle prévient les divisions, en retenant ce corps immense de noblesse dans une égalité parfaite. Car enfin, que sont les dignités à Venise ? Qu'est-ce qu'un doge ? Que sont les procurateurs de saint Marc ? Les premiers sujets de l'état, ceux qui doivent être les plus soumis, parce qu'ils sont les plus observés, & que rien ne les mettroit à l'abri de la sévérité des loix, s'ils avoient le malheur de s'y exposer. Aussi il s'en faut beaucoup qu'on les regarde actuellement comme des récompenses. La dignité ducale est onéreuse, & souvent on la propose à tel qui la refuseroit, s'il osoit. Il est d'usage, après avoir rempli certaines places, de venir recevoir la robe de procurateur ; & ce seroit une sorte de honte de ne la pas avoir, comme ceux qui ont précédé dans les mêmes emplois. Les sentimens d'honneur, qui sont par-tout les mêmes, font demander ces places ; sans quoi un noble Vénitien se trouveroit certainement plus heureux de remplir une place dans le sénat, où il jouiroit d'une autorité plus réelle, sans embarras & sans dépense.

103. On accuse encore les Vénitiens d'être fort orgueilleux. Si la chimere de la naissance & la dignité de l'état doivent avoir quelque part un grand effet, c'est plus à Venise que dans aucun autre état de l'Europe. Si on considere l'ancienneté de la naissance, qu'elles sont les maisons de l'Europe aussi connues & qui datent d'aussi loin que les familles électorales, & celles qui leur sont aggrégées, & que l'on regarde à Venise comme aussi anciennes ? Si on regarde les dignités, on n'a qu'à ouvrir l'histoire, & on y apprendra que ces nobles comptent parmi leurs ancêtres des princes qui ont régné souverainement dans ce même état, & qui ont sacrifié les plus belles prétentions à l'intérêt public, en travaillant eux-mêmes à substituer l'aristocratie républicaine au gouvernement absolu d'un seul qu'ils auroient pu rendre héréditaire.... Ils y verront de grands généraux d'armée, des souverains pontifes, des cardinaux, des hommes distingués dans tout genre de mérite, & sur-tout une suite d'ancêtres qui ont servi sans interruption la patrie,

Maniere de vivre. Société. Courtisanes.

de leurs conseils, de leurs personnes, de leurs biens, en portant l'héroïsme au plus haut degré; ce qui doit passer dans tout état pour le premier mérite. Qu'est-ce que la noblesse la plus ancienne & la plus illustre des autres états de l'Europe peut compter de plus beau parmi ses titres, que ce qui appartient incontestablement aux nobles Vénitiens?

Leur état actuel n'est pas moins distingué que celui de leurs ancêtres. Ne sont-ils pas tous également souverains par le droit de leur naissance, étant appellés au gouvernement d'un état florissant & riche, & aucun d'eux ne pouvant dire qu'il y a plus de part, qu'il en est plus souverain qu'un autre? Toutes ces idées, qui sont fondées en réalité, & qui ne doivent pas moins affecter les Vénitiens, qu'un étranger qui ne les a considérées qu'en passant, doivent faire excuser cet orgueil qu'on leur reproche, & qui fait qu'ils se préferent à toutes les nations de l'Europe.

Ils laissent par-tout où ils passent l'écusson de leurs armes, avec leur nom & la qualité de leur emploi; ils ont des feuilles imprimées, avec leurs armoiries coloriées, qui apprennent à la postérité, qu'un tel a paffé en tel temps, allant en ambaffade à telle cour. Ces feuilles font l'ornement de tous les cabarets d'Italie, & de ceux qui font fur la route de Venife en France. Cette forte de vanité eft commune à tous les Italiens d'une naiffance diftinguée, aux cardinaux qui voyagent, à cette multitude de petits princes qui font en Italie, & qui paroiffent avoir pris cet ufage des Vénitiens. Les aubergiftes confervent avec foin ces monumens, afin que fi quelqu'étranger ne fe trouvoit pas bien chez eux, ils puffent lui objecter que les plus grands feigneurs y logent, & font contens d'eux, ainfi qu'en répondent ces témoignages parlans de leur préfence.

Quant à la jaloufie que l'on a reprochée aux Vénitiens, comme à tous les autres Italiens, il peut fe faire qu'elle fubfifte encore dans quelques familles, ou qu'elle ait donné une maniere de vivre, un ton de conduite aux gens attachés aux anciens ufages, qui faffent croire qu'ils penfent comme leurs ancêtres. Mais en général on peut affurer que les femmes y jouiffent de la plus grande liberté; elles reçoivent chez elles qui leur plait; les tête-à-tête ne font point défendus ; aucune espece de parure ne leur est interdite. Le sénat, en leur permettant les modes françoises, a semblé leur donner le droit d'en suivre les maximes de liberté. On prétend encore que lorsqu'elles avoient un habit particulier à la nation, elles affectoient aussi une coëffure qui distinguoit les dames issues des anciennes familles, de celles qui étoient de la noblesse moderne, les premieres se coëffant à la Guelfe, & les autres à la Gibeline ; distinction qui étoit entr'elles une source inépuisable de querelles auxquelles souvent les maris prenoient part, ce qui pouvoit occasionner des mouvemens dangereux dans l'état. Il est vrai qu'alors ces Dames vivant dans une retraite forcée, & ne se voyant que dans quelques cérémonies d'éclat, il y avoit moins d'occasions de prendre de la jalousie. Ce n'étoit pas ordinairement la tendresse des maris pour leurs femmes qui faisoit naître ce sentiment cruel. Tous ceux qui faisoient profession de galanterie, vivoient plus avec les courtisanes que chez eux, & y passoient tout le temps que les affaires publiques leur laissoient libre. Dans les siécles précédens, c'étoit chez ces femmes que se traitoient les affaires les plus sérieuses, que se formoient les plans les plus intéressans : c'étoit là que les ambassadeurs s'assembloient. Aujourd'hui elles n'ont plus la même espece de considération ; les nobles ne se ruinent plus à les entretenir, depuis que les femmes sortent, se font des visites mutuelles, & tiennent des assemblées où les hommes sont admis : on assure même que le ton aimable, honnête & doux qui régne à Venise, sur-tout parmi la jeune noblesse, vient de ce qu'ils sont accoutumés à ne plus vivre qu'avec des femmes dont le rang exige nécessairement du respect & des attentions au moins extérieures. On dit hautement à Venise que l'état a gagné à ce changement. Les femmes y sont plus heureuses, les hommes plus polis, & ne se ruinent plus mal-à-propos, soit au jeu, soit en débauches d'autre genre.

Ce n'est pas que le métier de courtisanes soit absolument en discrédit ; elles sont encore sous la protection du gouvernement, qui ne souffre point qu'on les insulte, ou que l'on manque aux conventions que l'on a faites avec elles, comme il assure chez elles la sûreté &

la tranquillité que l'on doit efpérer en femblable lieu. Elles font très-nombreufes à Venife, très-hardies fur-tout avec les étrangers qu'elles invitent à venir chez elles, en fe faifant connoître pour ce qu'elles font ; & c'eft-là où il faut fe défier des apparences, car la plûpart ont un extérieur féduifant, qui n'en eft que plus capable de faire de triftes victimes. Leur état n'eft point odieux ; il eft auffi libre d'aller chez elles à toute heure du jour, que dans la maifon la plus honnête, fans que perfonne y trouve rien à blâmer. On voit l'homme domicilié, l'étranger, le religieux même & eccléfiaftique aller dans ces miférables réduits, demander même où l'on en trouve, & le voifinage les y conduire avec autant d'attention qu'à l'œuvre la plus méritoire. C'eft la partie la plus chere des libertés Vénitiennes, celle à laquelle le peuple eft le plus attaché.

Dans un inftant de réforme, le confeil des dix avoit banni de la ville toutes les courtifanes qui y étoient en très-grand nombre ; mais les jeunes nobles, les citadins & le peuple même fe porterent pendant leur abfence à des excès étonnans ; ils forcerent les maifons, les couvents même ; les filles & les femmes n'étoient plus en sûreté ; il n'y eut d'autre moyen d'arrêter le défordre, qu'en appellant au plus vîte les filles de joie que l'on put trouver dans les villes voisines, auxquelles le sénat fut obligé d'assigner des logemens & quelques revenus pour vivre, jusqu'à ce qu'elles euffent formé quelques établiffemens. Il eft vrai que connoiffant la févérité du gouvernement, elles font très-attentives à ce qu'il n'arrive aucun défordre par leur faute ; elles s'obfervent beaucoup, furtout quand elles font riches, parce que le gouvernement, par les amendes qu'il leur fait payer, les réduit à une mifere réelle, & dans un temps où il n'y a plus d'efpoir pour elles de réparer leurs fortunes. Les grands établiffemens de charité dont j'ai parlé ailleurs, fur-tout l'hôpital des enfans-trouvés, empêche qu'il ne se commette des crimes encore plus crians. Ainfi le gouvernement, en autorifant un mal qu'il regarde comme néceffaire, en empêche toutes les fuites fâcheufes autant qu'il eft poffible.

Les Vénitiens vivent encore chez eux dans une circonfpection, fur-tout avec les étrangers, qui les fait taxer d'épargne fordide, étant très-rare d'en trouver quelques-uns parmi eux qui tiennent une table où ils admettent les étrangers. En général on peut dire que dans toute l'Italie, excepté Milan & Gênes, les étrangers n'ont point de ressource de ce côté ; mais c'est l'usage du pays, & un reste de cette ancienne jalousie qui ne pouvoit s'accoutumer à voir des étrangers avec cette familiarité que la liberté de la table exige & autorise. Quant aux Vénitiens, outre cette raison générale, ils ont celle de l'état, qui regarde comme suspect tout commerce trop intime avec les étrangers ; d'ailleurs, il y a des temps où les affaires publiques les occupent si fort pendant le cours de la journée, que s'ils veulent donner quelques instans aux plaisirs particuliers de la société, il faut qu'ils les prennent sur le temps même de leur repos, leurs occupations commençant de très-grand matin, & finissant fort tard. Et personne ne manque à remplir ses devoirs avec la plus grande exactitude, sur-tout les jeunes magistrats qui ont des projets d'avancement, & qui savent qu'ils ne réussiront qu'autant qu'ils se seront fait estimer dans les premiers postes qu'ils auront remplis.

Usages particuliers des femmes.

104. Il seroit plus aisé d'avoir accès chez les dames Vénitiennes, si l'on fai-

soit quelque séjour à Venise ; elles sont moins occupées, & fort sensibles aux attentions que leur témoignent les étrangers qui se présentent sous un aspect aimable, & qui savent les intéresser par leur esprit & leur politesse. Je ne crois pas qu'il y ait une nation au monde où les femmes soient plus aimables, ayent autant de présence d'esprit, de cette pénétration vive & placée, qui leur fait saisir le caractere de ceux avec qui elles ont à traiter, & leur dire les choses les plus convenables & les plus intéressantes pour eux. Elles ont l'attention de ne jamais rien avancer dans la conversation, auquel un étranger ne puisse prendre part. Si elles se livrent à quelque plaisanterie de société, elles sont de nature à être entendues sur le champ. Elles n'ont point cet esprit particulier que l'on trouve si souvent ailleurs, & qu'il faut deviner. Au contraire, la sphere de leurs idées paroît s'étendre à proportion des objets qu'elles ont à traiter ; ce qui suppose un très-grand esprit naturel, & une habitude de politesse qu'elles ne peuvent acquérir que lorsqu'elles sont mariées ; car leur éducation, tant qu'elles sont filles, est extrêmement bornée ; elles ne sortent jamais, & ne voyent que leurs parens.

Les femmes du second rang, les citadines sont aussi très-aimables; on trouve parmi elles la même tournure d'esprit, de la politesse, beaucoup de sensibilité aux attentions qu'on leur témoigne. Comme elles ont moins de politique, & qu'elles s'expriment plus franchement que les femmes du premier rang, c'est avec elles qu'on peut s'instruire plus sûrement des mœurs des Vénitiennes... Tant qu'elles sont filles, elles vivent dans la plus grande contrainte, & ne témoignent aucun goût pour quelque plaisir que ce soit, dans la crainte de faire soupçonner leur régularité ou leur humeur à celui qui se présente pour les épouser, & qui souvent est fort long-temps à se décider. C'est dans cette occasion qu'elles portent la dissimulation aussi loin qu'elle peut aller, & qu'elles n'épargnent rien pour donner d'elles la meilleure idée qu'il est possible à celui qu'elles désirent d'avoir pour époux, sur-tout si elles entrevoient un avantage certain pour l'avenir. Il n'est permis aux hommes d'être impunément jaloux, qu'avant que d'être mariés, & ils le sont à la tyrannie: c'est ce que j'ai observé, & ce que m'a confirmé une jeune personne qui soupiroit après l'instant d'être mariée. Mais aussi dès que le lien indissoluble est formé, elles prennent amplement leur revanche, & exercent sur leurs maris le même empire qu'ils ont exercé sur elles avant que de les avoir épousées; & ce qu'il y a de pis, c'est que les citadins, qui sont, sur cet article, de meilleure foi que les nobles, restent toujours jaloux, & ne s'en cachent pas.... Dès qu'un étranger va faire visite à la femme d'un citadin, il se retire, mais avec toutes les marques du mécontentement & de l'inquiétude. J'en ai été témoin; je fis part de mes idées à ce sujet à une jeune femme fort aimable, que je trouvai tête à tête avec son mari, qui se retira aussi-tôt que je fus entré; elle me dit que je ne me trompois pas, mais que chacun avoit son tour; qu'il ne lui arrivoit pas assez souvent d'avoir le plaisir d'entretenir des étrangers, pour en échapper l'occasion; qu'elle avoit tout le temps de voir son mari... Voilà comme pensent les jeunes femmes; car, le feu de la jeunesse éteint, la premiere fleur de la beauté commençant à se ternir, elles deviennent d'excellentes meres de famille, uniquement occupées du soin de leur maison, n'imaginant plus comment on peut se livrer à ces plaisirs dont elles ont été si curieuses dans leur jeunesse. J'ai vu une mere de famille de ce rang, femme encore aimable, qui m'assura qu'elle n'avoit quitté sa maison depuis plus de vingt ans, que pour aller à l'église de sa paroisse, qui étoit vis-à-vis de sa porte ; elle avoit été uniquement occupée du soin d'élever une famille nombreuse, qui avoit pour elle le plus grand respect. Cette vie retirée ne lui avoit rien fait perdre de sa politesse & de sa gaieté ; deux qualités qui sont vraiment particulieres aux Vénitiennes, qui semblent en avoir hérité des Grecques des beaux temps d'Athènes.

Quant aux filles de race patricienne, dès que leurs parens ne voyent pas qu'ils puissent les marier convenablement, soit à Venise, soit ailleurs, on les conduit, sans les prévenir, au monastere où l'on a dessein qu'elles soient religieuses, d'où elles ne sortent plus : il est vrai qu'elles se dédommagent de la contrainte qu'on leur fait, par la grande liberté dont elles jouissent dans ces couvents, & dont elles n'avoient pu se former l'idée dans la maison paternelle. J'ai déja dit quelque chose à ce sujet dans la description de la ville, à l'article *le Vergini* dans le quartier *di Castello*.

105. La police est très-bien faite à Venise; on y vit dans la plus grande sûreté, même dans les temps où l'affluence des étrangers augmente le mouvement, & met une certaine confusion, dont les mal-intentionnés savent profiter ailleurs. J'y ai passé la fête de l'Ascension qui y attire beaucoup d'étrangers, tant par rapport aux différens spectacles, qu'à la foire qui se tient alors. En même temps mourut un doge, & son successeur fut élu ; cérémonie qui, occasionnant des fêtes extraordinaires, y attira un plus grand concours d'étrangers. Je n'ai pas oui dire que dans tout le mouvement qui se faisoit alors, il soit rien arrivé de fâcheux; on n'y parla ni de vols, ni d'assassinats; les ouvriers ne se faisoient pas payer plus cher qu'à l'ordinaire; les vivres n'y étoient pas plus rares ; il n'y avoit rien d'extraordinaire que le bruit continuel des allans & venans, qui ne cessoit pas plus la nuit que le jour; & on ne peut pas dire que le bruit des voitures y entrât pour rien. Voilà ce qui prouve, autant que toute autre chose, l'excellente for-

Police de la ville. Usage de porter le masque en différentes saisons de l'année.

me de gouvernement, & combien elle est respectée par le peuple qui se tient toujours dans le devoir. Les différens tribunaux ne manquent pas de faire publier & afficher dans ces occasions des ordonnances & des réglemens de police très-séveres, qui ne sont pas toujours observés à la rigueur; mais pourvu qu'il n'arrive point de désordres marqués, la seigneurie dissimule ces sortes d'infractions, pour tromper le peuple, & le laisser jouir d'une apparence de liberté qu'il croit régner seulement à Venise. Il se regarde comme heureux, parce qu'il n'est point tyrannisé. Il est vrai qu'aussi-tôt que les magistrats s'apperçoivent que leurs ordonnances sont oubliées, ils les renouvellent, ce qui arrive très-souvent. De-là le proverbe connu à Venise: *parte veneziana dura una settimana.*

Il n'y a point de peuple en Europe plus content de son état, plus attaché à ses souverains, qui admire davantage la patrie & les usages qui y sont établis, que le Vénitien; il n'en parle qu'avec respect, & est persuadé du bonheur de vivre sous un pareil gouvernement. Ceux qui sont à la tête, n'épargnent rien pour les entretenir dans ces idées,

& sur-tout pour leur faire croire qu'ils ne trouveroient pas ailleurs les aisances & les douceurs de la vie, telles qu'ils les ont à Venise; ce à quoi contribue la grande ignorance de tout ce qui se passe hors de Venise. J'y ai vu un banquier Juif fort opulent, mais qui probablement n'étoit jamais sorti des lagunes. Il habitoit une fort belle maison, meublée avec autant de propreté que de goût; ce qu'il y trouvoit de mieux étoient les vitres, dont cependant les verres étoient d'une qualité très-médiocre; mais il n'imaginoit pas que l'on pût en avoir ailleurs d'aussi beaux & à aussi grand marché. Il fut fort étonné en entendant parler des beaux verres de France & d'Allemagne, & du prix médiocre où ils sont. Cet homme, avec de l'esprit naturel, & une grande intelligence, étoit rempli d'une multitude de préjugés, tous à l'avantage de son pays, & il m'avoua franchement que je trouverois par-tout la même façon de penser sur une multitude d'objets qui ont un rapport immédiat aux besoins & à l'agrément de la vie, qu'il croyoit ne se trouver qu'à Venise.

C'est pour entretenir cette façon de penser si avantageuse à la tranquillité de l'état, que le gouvernement ne permet pas que les enfans de ses sujets soient élevés hors de leur patrie. Il faut une permission expresse du sénat aux nobles qui veulent envoyer leurs enfans aux colléges de Rome ou de Bologne ; permission qu'il révoque quand il lui plaît, sur-tout par rapport à ceux qui n'ont pas renoncé au droit qu'ils ont d'entrer dans le corps de la magistrature, en embrassant l'état ecclésiastique ; car, dès qu'ils ont pris ce parti, ils peuvent voyager, & se fixer où bon leur semble ; ils sont étrangers à leur propre patrie.

Une des libertés les plus cheres aux Vénitiens, c'est de porter le masque environ six mois de l'année. Il n'y a point de fêtes publiques, que les masques ne soient permis ; ils sont de son essence. Depuis les Rois jusqu'au Carnaval, à la fête saint Marc, pendant toute la foire de l'Ascension, une partie des mois d'octobre & de Novembre ; aux entrées des procurateurs, à toutes les cérémonies extraordinaires, on se masque, & tous d'une maniere uniforme. Un manteau de taffetas noir, qui descend jusqu'à mi-jambe, appellé *tabaro* ; un capuchon qui retombe sur les bras, &

reſſemble à un camail fermé, appellé *bahute* ; le chapeau uni ou à plumet, & le maſque blanc. On voit les Vénitiens par milliers, dans cet équipage, à toutes les heures du jour & de la nuit. Cet habillement eſt une franchiſe qu'il n'eſt pas permis de violer. Comme c'eſt par autorité publique que l'on prend les maſques, la même autorité les protége, & ne permet pas qu'on leur faſſe la moindre inſulte ; ils ont même le privilége de ne pouvoir être troublés dans leurs plaiſirs ou dans leurs aſſemblées. Il y a quelque temps que de jeunes nobles voulurent forcer les portes d'un lieu public, où étoient pluſieurs maſques aſſemblés. Comme ils n'avoient pas jugé à propos de prendre le *tabaro* & le *bahute*, & qu'ils étoient dans leurs habits ordinaires, les maſques ne leur en permirent point l'entrée, & les maltraiterent aſſez vivement. Ils appellerent la garde à leur ſecours ; elle vint, mais ſe retira dès qu'elle apperçut les maſques, l'officier ayant repréſenté aux nobles qu'ils avoient eu tort de troubler une aſſemblée de maſques, & il n'y eut pas moyen d'avoir juſtice ni vengeance des mauvais traitemens qu'ils s'étoient attirés, quoiqu'ils fussent sûrs que tous les masques n'étoient que des gens du peuple.

Le spectacle que donnent ces masques est fort monotone & du plus grand sérieux : on parle beaucoup du carnaval de Venise, plus à raison du temps qu'il dure, de la grande liberté qui y régne, que des plaisirs brillans qu'il procure. Alors on ne voit par-tout que des masques de toute taille & de tout état, vêtus uniformement, avec l'air le plus grave, qui ne paroissent même pas s'amuser beaucoup. Il est aisé de voir que l'uniformité de l'habillement peut donner la plus grande facilité pour cacher les démarches que l'on veut qui soient ignorées.

Dans tout le temps que j'ai passé à Venise, il n'y a point eu de *ridotti* ou d'assemblées de jeux publics. Les joueurs & les spectateurs y sont masqués ; on n'y dit pas le mot, & on y perd tranquillement un argent immense ; on y entend tout au plus quelques imprécations à voix basse de la part de ceux qui éprouvent la fortune trop contraire. Il régne dans ces assemblées une sorte de décence, maintenue par la présence de quelques nobles qui y sont pour faire observer obferver la police, & empêcher tout désordre. On n'aime pas que les étrangers y gagnent des sommes confidérables. Pendant le carnaval de 1762, un jeune Hollandois, peu riche, & qui cependant voyageoit pour son plaifir, y gagna plus de cinquante mille ducats. Je l'ai oui fe plaindre de la partialité que l'on témoigna lorfque l'on vit qu'il enlevoit prefque tous les fonds de la banque, & de la fatisfaction univerfelle qui parut, lorfque l'on vit que la chance tournoit contre lui. Mais il fe retira avant que la fortune ne l'eût privé de ce qu'elle lui venoit d'accorder. Ceux qui l'ont vu peuvent bien dire que ce fut un vrai caprice de l'inconftante déeffe.

Que l'on ne s'impatiente point de la longueur de mes réflexions fur la nobleffe Vénitienne ; elles font néceffaires pour connoître un état qu'elle compofe effentiellement, tout le refte de la nation n'étant qu'un inftrument entre fes mains, qui n'a, à proprement parler, ni mœurs, ni fentimens à elle, & qui n'agit que comme on la fait agir. Les chefs de la nation le favent : de-là cette gravité, cettte prudence, cette uniformité dans leurs actions, au moins à l'exterieur ; cette patience dans les affaires difficiles, & cette constance à se montrer toujours les mêmes, quoique souvent ils éprouvent les plus grandes agitations intérieures ; mais le peuple n'en a jamais aucune connoissance. Tous également attachés à l'honneur de la patrie, ils travaillent à le conserver par toutes sortes de voies, & ils n'épargnent rien pour y réussir : de-là leurs succès dans les ambassades, où avec le plus grand attachement aux intérêts de la république, ils savent se concilier, pour l'ordinaire, l'estime & la bienveillance des souverains, à la cour desquels ils résident ; ce qui prouve un mérite réel, & la perfection des qualités requises dans cet état.

Ils portent dans le commerce ordinaire de la vie cette discrétion avec laquelle ils sont habitués à traiter les affaires d'état ; de sorte que l'on peut en toute sûreté leur confier les choses les plus secrettes & les plus intéressantes, sans crainte qu'ils les divulguent. Ils ne manquent pas au secret, même à l'égard de leurs ennemis les plus déclarés. Ils ont beaucoup d'ordre dans leurs affaires ; habitude qu'ils contractent dans le maniement des affaires publiques, où tout se passe avec la plus grande circonspection, & où l'on ne donne rien au hazard. Toutes ces qualités réunies en forment d'excellens amis, quand ils veulent bien l'être; mais on dit qu'ils ne s'y déterminent qu'avec la lenteur & l'attention qu'ils employent dans toutes leurs autres affaires; ce qui doit rendre ce sentiment encore plus cher à ceux qui ont sçu le faire naître en eux.

Mais la premiere de toutes leurs qualités, est leur attachement ferme & inviolable à la religion chrétienne & à l'église catholique. Dès le septiéme siécle, le pape Honorius accorda à la république le titre de très-chrétienne; le pape Pie II. le confirma depuis en plein consistoire, & elle s'en est rendue digne dans toutes les circonstances. Ses généraux d'armées, les gouverneurs de ses places, dans les guerres qu'ils ont eues avec les Turcs, ont soutenu jusqu'à l'effusion de leur sang, & dans les supplices les plus cruels, la foi de J. C. On a vu, dans la guerre de Negrepont, un Paul Erizzo scié par le milieu du corps par les ordres du Sultan Mahomet II, qui cependant avoit garanti la tête de ce brave homme dans la capitulation qu'il fit après s'être défendu jusqu'à l'extrémité. Il souffrit le supplice avec autant de fermeté que les premiers martyrs. L'illustre Marc-Antoine Bragadin, gouverneur de Famagouste en Chypre, après avoir fait périr quatre-vingt mille Turcs devant cette place, fut obligé de se rendre au féroce Bacha Mustapha, qui, après l'avoir tourmenté long-temps de la maniere la plus barbare, le fit écorcher vif; supplice horrible qu'il souffrit pour la foi qu'il ne voulut point abandonner, & dans la confession de laquelle il persista constamment, en invoquant le nom de J. C. jusqu'à son dernier soupir, le 18 Août 1571. Le plus beau siécle des martyrs n'offre rien de plus admirable que la grandeur d'ame vraiment chrétienne de ce héros. Le barbare vainqueur fit de cette peau un trophée de sa victoire, qu'il déposa dans l'arsenal de Constantinople, d'où Marc-Hermolaüs & Antoine Bragadin, fils de l'illustre Marc-Antoine, la retirerent en 1596, & l'apporterent à Venise, où elle fut déposée dans l'église de saint Jean & saint Paul.... Pendant l'interdit de Paul V, à quelques extrémités que ce pape se fut porté contre les Vénitiens, ils eurent la plus grande attention à conserver le dépôt de la foi dans sa pureté, & empêcher que les fauteurs des nouvelles hérésies ne répandissent le venin de leur doctrine dans l'état... La guerre de Candie qui a duré près de vingt-cinq ans, a produit une multitude de héros, qui combattirent avec autant de courage pour la défense de la foi, que pour conserver ce royaume qui appartenoit depuis plusieurs siécles à la république. A présent le zèle du gouvernement est le même, & aucun particulier ne peut avoir impunément des sentimens qui ne soient pas conformes à ceux qui doivent animer tout bon catholique.

106. Les citadins, occupés pour la plûpart aux affaires du gouvernement, ou à un commerce considérable, ont un très-grand intérêt à se conformer en tout à la maniere de penser & de vivre de leurs souverains; les uns, pour arriver aux charges honorables qui leur sont affectées, & aux distinctions qui en sont les suites; les autres, pour exercer leur commerce avec sûreté, & jouir tranquillement des richesses qu'ils travaillent à acquérir, & dont la sévérité du gouvernement fait priver ceux qui prétendroient s'en prévaloir, pour s'é-

Citadins & peuples. Leurs mœurs & usages.

lever contre les loix. Cet ordre est très-content de son état, & fort attaché au gouvernement, dans le secret duquel il est admis, les secrétaires qui en font la partie principale, entrant nécessairement dans tous les conseils & les tribunaux. Outre cet avantage, les citadins jouissent d'une distinction qui les flatte infiniment; les ecclésiastiques de cet ordre sont nommés à la plûpart des évêchés des états de la république; il n'y a que ceux des villes principales, comme Padoue, Vérone, Bresce, &c. qui soient toujours possédés par des prélats de famille patricienne. Ils ont encore l'honneur de porter le même habit que les nobles Vénitiens; ce qui, aux yeux du peuple, les confond avec eux, & leur attire la même considération extérieure; ce qu'ils regardent comme un avantage attaché à leur état, & dont ils ne pourroient jouir ailleurs.

Parmi le peuple, ceux qui aspirent à l'honneur de devenir citadins, soit par mérite, soit par argent, prennent d'avance les inclinations & l'extérieur qu'ils auront dans l'état qui fait l'objet de leur ambition. Cette conduite est un des moyens d'y arriver; & ce sont les marchands les plus riches, ceux qui dans l'état populaire jouissent d'une fortune assez considérable pour y prétendre. Comme le desir de se distinguer est de tous les états & de tous les pays, chacun cherche, autant qu'il est en lui, ou d'être citadin, ou au moins de passer pour tel : de-là l'extérieur réglé & grave de tous les Vénitiens qui veulent se tirer de la classe du peuple.

Quant au simple peuple, celui qui ne pense qu'à vivre dans son état, sans s'élever plus haut, tels que sont les artisans, les gondoliers, les pêcheurs, les porte-faix, ce qui fait par-tout le plus grand nombre, le gouvernement a toujours l'œil ouvert sur eux. Il paroît que ce peuple vit dans la plus grande subordination ; on ne souffriroit point qu'il s'assemblât, qu'il formât des unions secrettes, dont la république ne seroit point informée, même sous prétexte de religion : on fait en sorte qu'il ne connoisse point ses forces. La situation de Venise contribue à le tenir dans une grande ignorance à ce sujet : il n'est presque pas possible, ni qu'il se connoisse, ni qu'il se rassemble. Chacun se tient dans son quartier, & cherche à y jouir des plaisirs qu'il peut s'y procurer, n'étant pas dans l'habitude d'aller se promener ailleurs, d'y faire des connoissances, ou de former des liaisons qui donnent quelque inquiétude à la république. En vain il se trouveroit parmi le peuple de ces génies fermes & élevés, qui, en connoissant sa force réelle, voudroient la mettre en œuvre pour secouer le joug qu'il porte. Comment feroit-il pour persuader le peuple des ressources qu'il a en main? Et supposé qu'il fît quelques tentatives, il seroit moralement impossible qu'elles échapassent à la vigilance d'un gouvernement qui commence par punir avant d'examiner, & qui a sçu étouffer dans leur principe toutes les conjurations formées contre lui, de maniere à effrayer ceux qui oseroient en tramer de nouvelles.

Il y a deux partis subsistans parmi le peuple depuis un temps immémorial, connus sous le nom de Castellans & de Nicolottes. Ils sont perpétuellement occupés à se contrecarrer, sur-tout à s'accabler réciproquement des plaisanteries les plus vives qu'ils peuvent imaginer. Jamais ils ne se rencontrent sans s'agacer. Les enfans sur-tout sont les plus attachés à leur parti. Dès qu'un petit Castellan rencontre un Nicolotte de son âge, la querelle s'échauffe entr'eux, &

ils en viennent aux coups; ce qui ne finit guéres sans qu'il y ait effusion de sang, légere à la vérité, mais le battu n'en est pas moins animé à prendre sa revanche. On ne peut croire combien ces petits combats particuliers contribuent à augmenter l'aversion qui est entre ces deux partis. Les Nicolottes ont une espece de chef de convention, auquel ils donnent le titre de doge; personnage ridicule, même pour ceux qui l'ont élu, & qui est le sujet perpétuel des plaisanteries des Castellans, qui ne cessent de se moquer de ce prince imaginaire, dont les Nicolottes défendent les droits avec chaleur, ce qui occasionne entr'eux des scènes fort vives, mais plaisantes par la tournure que ces gens donnent aux injures qu'ils se disent. Le gouvernement ne favorise pas plus un parti que l'autre; il y a toujours quelqu'un d'autorisé, qui anime à propos le parti qui commence à foiblir, ce qui soutient l'animosité, qui cependant n'est jamais portée au point qu'ils osent attenter à la vie les uns des autres. La division, quelque permise qu'elle soit entr'eux, ne sauveroit pas du dernier supplice celui qui auroit tué ou blessé à mort son adversaire. Ce même esprit d'opposition les porte à faire des prodiges d'adresse & de force dans les combats publics & joutes, où ils s'exercent les uns contre les autres, pour s'enlever réciproquement l'honneur de la victoire. Hors de ces disputes, qui ne sont intéressantes qu'autant qu'elles sont un spectacle toujours nouveau pour le peuple & pour les étrangers, le peuple de Venise est soumis, bon, fort doux, naturellement gai, ne songeant point au lendemain, & ne travaillant que pour vivre, ou pour épargner pendant la semaine quelque argent qu'il dépense régulierement le dimanche ou le jour de fête, qu'il va passer avec sa famille, ou en terre ferme, ou dans quelques isles voisines. La plus grande partie seroient fâchés d'avoir un sol en réserve; ils ont autant d'attention à dépenser ce qu'ils ont gagné, qu'un avare peut en avoir à accumuler son argent. Dans une ville aussi peuplée, & où les étrangers abondent, l'artisan qui se porte bien, trouve toujours à s'occuper & à gagner; s'il est malade, les établissemens de charité bien fondés & très-multipliés ne lui laissent aucune inquiétude ni pour lui, ni pour sa famille. Outre cela, la bonne police qui régne à Venise, y tient les denrées de consommation ordinaire à un très-bas prix, & toujours abondantes ; attention qui rend avec justice le gouvernement très-cher au peuple, qui est sûr de trouver justice au palais, & pain à la place : *Justitia in palozzo, e pane in piazza*...

La galanterie, portée à l'excès à Venise, semble être autorisée par les libertés prétendues de l'état, quoique dans le vrai on ne puisse la regarder que comme une dissolution réelle. On n'a aucun scrupule à ce sujet ; chacun se livre à ses penchans sans remords & sans inquiétude, & cela par la seule force de l'habitude, qui est si bien enracinée dans cette ville, & dans le reste de l'état, à l'imitation de la capitale, qu'il faudroit un temps considérable pour réformer les mœurs sur cet article important, que le gouvernement croit avoir intérêt de tolérer, parce qu'il attache le peuple à l'état par les liens du plaisir. Cette espèce de morale est surprenante dans un état chrétien, où la piété a les plus beaux établissemens, où les enfans sont instruits avec soin des devoirs de la religion ; mais il semble que la vertu de continence

V vj

soit bornée à cet âge tendre. Dès qu'ils sont dans la fleur de la jeunesse, ils oublient, & les maximes sages qu'on leur a inspirées, & les instructions qu'ils ont reçues; le mauvais exemple les séduit & les entraîne, ce qui est cependant de la plus grande conséquence pour la tranquillité des familles.

Quoique le concile de Trente ait été reçu à Venise solemnellement & sans réserve, les mariages clandestins y sont encore autorisés, sans doute parce que c'est l'usage ancien de la république, & une de ses libertés. Il est très-ordinaire qu'un fils de famille se marie sans que le pere & la mere le sachent & y consentent; il fait un établissement forcé, qui dans la suite le couvre de confusion, & le conduit à une misere certaine, parce que s'il y a plusieurs enfans dans la même maison, celui qui a fait un mariage de cette espece, est presque sûr d'être deshérité. Il n'en est pas de même des nobles; ils sont assez punis par la honte qui se répand sur leur postérité, qui est exclue de l'ordre des patriciens; mais ils conservent le droit d'égalité de partage que leur donne leur naissance. Les enfans étrangers à la famille de leur pere ne succédent en aucun cas à leurs parens collatéraux, à moins que l'on n'ait acheté la noblesse pour eux.

On a vu le temps où les passions étoient si vives dans les Vénitiens, que la moindre résistance les irritoit au point de les rendre furieux; & cette véhémence venoit du déréglement même dans lequel la nation vivoit. Accoutumé à se satisfaire sur tout, & à ne point éprouver de résistance, un Vénitien ne craignoit pas de courir les plus grands risques pour renverser les obstacles qu'il avoit à vaincre. Le ton a changé, quoique la morale ne soit peut-être pas plus épurée: il y a actuellement très-peu de ces parties de débauche qui faisoient autrefois le seul plaisir du Vénitien. Il y a beaucoup plus de société, plus de douceur & d'aménité dans les mœurs, & la nation devra cette espece de réforme au commerce des femmes, & à l'empire qu'elles acquierent tous les jours sur des hommes qui cherchent à leur plaire. Il faut espérer que la vigilance du gouvernement empêchera qu'une trop grande mollesse ne succéde à l'austérité qui régnoit autrefois. Le ton grave se maintiendra toujours parmi ceux qui seront à la tête du gouvernement. La maturité de l'âge réduit les passions au silence, & les charges importantes de l'état ne sont confiées qu'à ceux qui n'ont plus rien autant à cœur que la conservation de la république, & l'observation des loix. L'autorité suprême, dont sont revêtus ces sages administrateurs, retiendra toujours la jeunesse dans les bornes du respect & de la subordination où elle doit vivre.

Fêtes & divertissemens publics. Cérémonies des épousailles de la mer.

107 Les fêtes & les divertissemens publics d'une nation, où tout se fait en vertu de quelque loi solemnelle, peuvent contribuer à la faire connoître, & doivent être regardés comme une partie nécessaire de son histoire. J'ai déja parlé de quelques-unes de ces visites solemnelles que le doge fait à certains jours de l'année, en accomplissement de vœux faits par la république.

La principale, celle que l'on doit regarder comme la plus fameuse, qui est en même temps une cérémonie de religion, & un acte de souveraineté, est celle qui se fait le jour de l'Ascension, avec le plus grand appareil & une pompe vraiment royale. J'ai déja donné la description du bucentaure où s'embarque la seigneurie; il ne me reste plus qu'à parler de l'ordre de la marche &

des cérémonies qui font particulieres à ce jour.

La veille de l'Ascension on tire le bucentaure de l'arsenal, & on l'amene au port vis-à-vis la place saint Marc. On jette un pont long d'environ quarante pieds, qui va du quai au bucentaure : la seigneurie sort du palais ducal à neuf heures du matin, dans l'ordre qui suit.

Cinquante huissiers publics, appellés *comandadori*, ouvrent la marche, huit desquels portent autant d'étendards, deux blancs, deux rouges, deux bleux & deux violets; six autres portent chacun une longue trompette d'argent, telles qu'on s'en servoit autrefois sur les vaisseaux de la république. Marchent ensuite six fifres, seize écuyers ou porte-bannieres, le chevalier du doge, accompagné du capitaine grand & du premier écuyer... Le clerc de chapelle, le maître des cérémonies de l'église saint Marc, & six chanoines en chappe.

Les deux bedeaux du palais... Quatre secrétaires du sénat... Le chapelain du doge, portant un flambeau de cire blanche, appellé *torcio di carita*, que le sérénissime tient allumé à la messe pendant l'évangile, par concession du pape Alexandre III... Viennent ensuite deux chanceliers ou secrétaires du grand conseil; son excellence le grand chancelier... Le doge accompagné des ambassadeurs; on porte à côté de lui l'ombelle de drap d'or, la chaise & le coussin couverts de même étoffe, marques de souveraineté. Suivent deux patriciens, dont l'un porte l'épée de l'état dans le fourreau. Après eux, la seigneurie, c'est-à-dire les six conseillers, les trois chefs des quaranties, les avogadors, les chefs du conseil des dix, les dix sages, les censeurs, les gouverneurs préposés à l'arsenal, & les magistrats de tous les tribunaux de la ville, le châtelain de saint Felix de Verone, celui de Bresce, le commandant de Malamocco, les podestats de Murano & de Torcello, avec le capitaine de la citadelle neuve de Corfou. Ce cortége est composé d'environ trois cents personnes en habit de cérémonie.

Quand il est placé dans le bucentaure, il quitte le rivage du palais, remorqué par deux barques peintes & dorées, montées chacune par douze rameurs. Il est suivi de deux galeres neuves, très-brillantes & bien pavoisées, qui l'accompagnent de droite & de gauche, pour recevoir la seigneurie, en cas qu'il survînt un gros temps.

La marche est grave & majestueuse, & se fait au son de toutes les cloches de la ville & du bruit continuel de l'artillerie, tant de celle des bâtimens qui se trouvent dans le port, qui sont rangés en file avec leurs étendards & pavillons déployés, que de celle qui est placée le long des isles & châteaux qui sont depuis saint Marc jusqu'au commencement de la pleine mer, hors du port de Lido, à près de trois milles de la ville.

Le patriarche de Venise, accompagné de son clergé, attend dans l'isle de sainte Hélène le passage du bucentaure : dès qu'il l'apperçoit, il monte dans une grande péote dorée, joint le bucentaure, & fait la bénédiction de l'eau, qui se verse dans la mer immédiatement avant que le doge y jette l'anneau nuptial, en prononçant ces paroles : *desponsamus te mare in signum veri & perpetui dominii.* (Nous t'épousons, en signe d'un vrai & perpétuel domaine.) Les moines Olivétains de sainte Hélène, suivant un très-ancien usage, offrent au patriarche une très-frugale collation de châtaignes & d'eau fraîche...

La cérémonie des épousailles se fait

en pleine mer: dès qu'elle est terminée, ce qui est assez prompt, le bucentaure rentre dans le port, & vient aborder à *san Nicolo del Lido*, abbaye de Bénédictins, où le doge & la seigneurie assistent à la grand'messe chantée par l'abbé de cette maison, qui vient avec son clergé, précédé de la croix, recevoir le doge à la descente du bucentaure. Après la messe, la seigneurie se rembarque, & revient au palais dans le même ordre, & avec le même bruit de cloches & d'artillerie.

Ce qui contribue beaucoup à rendre cette marche plus pompeuse, c'est la quantité de péotes & de gondoles qui suivent le bucentaure. Les gondoles des ambassadeurs qui ont fait leur entrée solemnelle, sont de la plus grande magnificence. Quand il se trouve quelques princes ou riches étrangers qui veulent briller par leur dépense, ils montent des péotes très-richement ornées, ordinairement chargées d'instrumens à la poupe & à la proue. Outre cela, les isles principales des environs de Venise, les villes de Murano & de Torcello y envoyent des péotes, à quoi on doit ajouter trois à quatre mille gondoles, qui vont avec plus ou moins de rapidité, suivant le goût de ceux qu'elles portent. Ce spectacle singulier a de la noblesse & de la magnificence. La marche grave du bucentaure & des galeres qui l'accompagnent, & le bruit du canon, des cloches, des cors, des trompettes, le son aigu des fifres des galeres, les cris des gondoliers, le murmure confus de la quantité des spectateurs, qui ne laisse pas de faire sensation, quoique dans un très-grand espace, tout cela rassemblé forme un spectacle très-digne de curiosité, dont la description la plus exacte donnera difficilement une idée; mais ce que j'en dis pourra servir à l'instruction des voyageurs, qui, en suivant ce que j'écris, seront au fait de tout, sans avoir la peine de s'en informer ailleurs.

Cette cérémonie est terminée par le festin solemnel que donne le doge aux ambassadeurs, à la seigneurie & à tous les nobles qui ont été du cortége. Ils dînent tous en robe d'honneur : ce repas est servi avec profusion, mais d'un goût très-ancien.

Le même jour, après dîner, se fait la grande promenade de Murano, où, à l'exception du doge & de quelques vieux sénateurs, je crois que tout ce qui est à Venise ayant gondole se trouve.

Il semble, au premier coup d'œil & au bruit que l'on entend, que toutes les gondoles vont culbuter dans le canal. Le bon air est d'aller avec la plus grande rapidité ; mais on s'accoutume bientôt à ce mouvement tumultueux, & on n'a qu'à admirer la force & l'adresse des gondoliers. Cette promenade, ou assemblée générale de Murano, ne se fait que ce seul jour de l'année ; c'est pourquoi elle est si célèbre. Voilà les deux principales fêtes de mer, & les plus bruyantes que j'aye vu à Venise. Les marches ou processions tranquilles que fait le doge du palais saint Marc à quelqu'église de vœu, n'ont rien d'aussi solemnel, & ne sont pas accompagnées de ce grand concours de personnes de tout rang, qui se trouvent le jour de l'Ascension, le matin au Lido, & le soir à Murano.

Je n'ai point vu de regates : c'est un divertissement que la république donne dans quelques occasions, soit pour la satisfaction du peuple, soit pour l'amusement de quelques princes étrangers qui viennent à Venise. Les regates sont des courses de barques qui se font sur le grand canal, pour gagner des prix. Elles furent établies dans le commencement du quatorziéme siécle par le doge Jean Soranzo, pour accoutumer les Vénitiens aux combats de mer, dont ces sortes de naumachines étoient une image, à-peu-près comme les tournois servoient à entretenir la noblesse dans l'habitude de combattre & de vaincre. On choisit l'espace du canal le plus large & le plus droit, & on dresse la machine sur laquelle les prix sont exposés devant le palais Foscari. Il y a différentes courses ou joûtes de péotes, de gondoles & de barques, pour chacune desquelles il y a des prix destinés : c'est-là où les gondoliers donnent des preuves de leur agilité & de leur hardiesse ; plusieurs jeunes nobles ne dédaignent pas cet exercice, & concourent pour les prix, surtout dans la regate des gondoles à une seule rame. L'ornement principal de cette fête sont les péotes, dont plusieurs sont magnifiquement parées, suivant le goût de ceux qui les font courir; car, outre celles que le sénat commande, plusieurs particuliers en font voguer pour leur plaisir. Comme c'est une occasion permise de se distinguer, ceux qui aiment à faire de la dépense ne l'échappent pas. Les péotes sont chargées de trompettes & de cors de chasse ; il y a sur les quais des concerts d'inſtrumens de muſique ; mais ce qui domine, ce ſont les cris des ſpectateurs qui encouragent les différens partis ; les fenêtres des palais qui bordent le canal ſont garnies de riches tapis, & on éleve des échafauds pour les ſpectateurs, par-tout où il y a de l'eſpace pour en placer. C'eſt un des ſpectacles qui intéreſſe le plus la nobleſſe & le peuple de Veniſe, & pour leſquels ils ayent le plus de goût. Une fête de cette eſpece entraîne de grandes dépenſes, mais qui ſe font plus par les particuliers que par l'état, qui ne ſe charge que de donner des ordres néceſſaires, & de fournir les prix... Les différentes regates, de péotes, de barques ou de gondoles ſont rangées ſur une même ligne dans la largeur du canal, & partent au ſignal de la trompette ; tout ſe fait avec autant d'ordre qu'il eſt poſſible.

Pluſieurs des autres fêtes publiques ont auſſi une origine fort ancienne. Tous les ans le jeudi gras après dîner, le prince & la ſeigneurie deſcendent en robe rouge à la place ſaint Marc, pour y aſſiſter aux ſpectacles qui s'y donnent, & qui conſiſtent dans la préſentation d'un taureau, douze porcs gras

& douze pains, qui se fait à la seigneurie, en mémoire de la prise d'Ulric, patriarche d'Aquilée, qui ayant attaqué mal-à-propos le patriarche de Grade en 1162, fut fait prisonnier avec douze de ses chanoines, & ne fut mis en liberté, qu'à condition qu'il payeroit tous les ans à la seigneurie un taureau, douze porcs, & autant de pains... Ensuite les Nicolottes & les Castellans donnent un spectacle fort singulier, appellé les forces d'Hercule, *forze d'ercole*, qui consiste à faire une pyramide d'hommes élevés les uns au-dessus des autres. Sur une estrade solide, huit hommes rangés deux à deux soutiennent des bâtons sur leurs épaules, sur lesquels sont montés quatre autres hommes, sur les quatre, deux, sur les deux, trois qui sont placés perpendiculairement les uns sur les autres; celui qui fait la pointe de la pyramide ayant les jambes en haut, & la tête appuyée sur la tête de celui qui le porte. Ces deux partis rivaux cherchent à se vaincre réciproquement par l'adresse & la célérité à s'arranger, & par le temps qu'ils peuvent tenir dans cette attitude; ensuite les mêmes acteurs font des vols sur la corde tendue du clocher de saint Marc au grand canal. Ces spectacles sont terminés d'ordinaire par un grand feu d'artifice, qui est tiré dans le milieu de la place.

Le jour du dimanche gras se font, dans la cour du palais, des courses de taureaux, très-anciennement instituées pour amuser les demoiselles suivantes de la princesse femme du doge, & le reste de la famille, qui ne pouvant pas, à raison de son service, prendre part à toutes les fêtes publiques, étoit régalée de ce spectacle, aux dépens du public. Cette fête se continue, & certains champions font paroître leur adresse & leur bravoure à abattre la tête du taureau, ou au moins à l'arrêter d'un seul coup de sabre.

Le premier février, le doge va à vêpres à l'église de santa Maria formosa, pour remercier Dieu de la victoire remportée à pareil jour en 939 sur les habitans de Trieste, qui la veille avoient fait une descente à saint Pierre de Castello, d'où ils avoient enlevé toutes les femmes. En considération de cette victoire, & pour récompenser le doge de la peine qu'il prend, les artisans de la paroisse lui font présent d'un chapeau de paille & de deux bouteilles de vin. Ces usages sont si simples en apparence, que ceux qui n'en jugent que par-là, les

trouveront

trouveront ou inutiles, ou ridicules. Cependant il est essentiel de les observer; ils sont en quelque sorte le lien qui unit le peuple avec la seigneurie, & qui la lui fait aimer. Ces cérémonies qui se renouvellent tous les ans avec la même pompe & la même gravité, charment le peuple, qui voit que son prince ne dédaigne pas de prendre part à ses plaisirs, de les autoriser par sa présence, & de les rendre plus solemnels. Cette politique est excellente dans tout gouvernement, sur-tout dans celui-ci, où la puissance étant entre les mains des familles patriciennes résidantes à Venise, le peuple, dans ces jours d'éclat, voit en quelque sorte au même rang que lui, non-seulement les négocians les plus riches, mais même tous les nobles de terre ferme, qui n'ont aucune part au gouvernement, & qui ne sont, comme lui, que des sujets peut-être encore moins libres. Le peuple de terre ferme n'a pas moins d'admiration, de respect & d'attachement pour le gouvernement établi, que le peuple de Venise. Il peut à toute heure entrer chez le podestat, qui a le souverain pouvoir entre les mains, qui le traite doucement, qui rend la justice prompte & exacte au premier comme

Tome II. X

au dernier des sujets, & toujours au peuple de préférence. Le palais du podestat est toujours ouvert, même aux étrangers qui ont à lui parler, & qu'il reçoit honnêtement. Ses réponses sont nettes & précises, & toujours accompagnées de quelque politesse ; de sorte qu'il est difficile de sortir mécontent de son audience.

Il est certain que ce gouvernement égal, exact & doux, comparé à celui des anciens gouverneurs du Milanez pour le roi d'Espagne, qui étoit despotique & violent, a dû accoutumer tout le peuple de terre ferme à penser que rien n'étoit plus heureux que de vivre sous les loix des Vénitiens : ils jouissent encore du même avantage, & sont traités aussi favorablement.

<small>Etat des sciences.</small> 108. Les sciences n'ont point d'établissement considérable à Venise ; le temps est passé, où les nobles Vénitiens se faisoient un honneur de remplir alternativement une place dans le sénat, & une chaire de philosophie ou de droit dans l'université de Padoue. Les nobles même sont fort gênés dans l'éducation de leurs enfans, qu'ils ne peuvent envoyer aux colléges les plus renommés, sans une permission expresse du sénat,

qui limite le temps qu'ils doivent y passer. Le gouvernement est encore attaché à cette vieille maxime, que les sciences sont contraires à la docilité qui doit faire le caractere dominant de tous les sujets. Aussi les esprits brillans ne sont pas ceux qui sont le plus assurés de faire fortune, & ils doivent se garder avec soin de faire montre de leurs talens, lorsqu'il est question de traiter les affaires d'état, ou de hazarder quelques opinions nouvelles & hardies, qui tendroient à quelque changement dans l'administration suivie. La science que l'on exige, est une grande connoissance de l'intérieur de la république, de ses maximes & de ses usages, ce qui est nécessaire, mais qui ne suffit pas seul. Ce n'est pas à dire pour cela que les talens & le génie y soient odieux, quand ceux qui en sont doués ne cherchent point à s'en prévaloir. J'ai ouï dire que l'excellentissime Marco Foscarini, qui fut fait doge au mois de juin 1762, étoit le plus éloquent des sénateurs, & le meilleur écrivain de la république; cependant il fut élu sans contradiction. Ceux auxquels il est permis de faire parade de leurs talens & de leurs sciences, ce sont les ambassadeurs, qui ordinairement sont très-instruits, & n'en font que plus d'honneur à la république; outre l'avantage réel qu'elle en retire, d'avoir chez les princes étrangers des représentans en état de la bien instruire de ce qui s'y passe & de ce qui l'intéresse; aussi la compagnie la plus agréable que l'on trouve à Venise, est, ou des ambassadeurs qui ont fini leur temps, ou de jeunes nobles qui se disposent à les remplacer.

C'est dans les républiques, dit-on, que l'éloquence s'est formée; les grandes affaires se traitant en public, & passant toujours à l'opinion de ceux qui avoient le talent de s'énoncer avec le plus de force & de dignité, & qui par ce moyen entraînoient les suffrages de la multitude. Mais à Venise, le gouvernement, quoique républicain, ne met point le peuple dans la confidence de ses projets; tout s'y passe avec la plus grande circonspection & un secret qui tient du mystere. Aussi ne parle-t-on pas de l'éloquence des Vénitiens, même dans leurs assemblées générales, où tout se traite d'une maniere simple & égale, qui n'exige aucuns talens distingués : il n'est point permis, dans le traitement des affaires, de faire mouvoir les grands ressorts de l'éloquence, qui s'emparent des esprits, & les tournent comme il leur plaît. Au sénat & dans les conseils, les affaires se conduisent plutôt avec subtilité qu'avec force, à en juger par la tournure d'esprit des membres qui les composent... Si dans l'histoire littéraire de Venise, on compte quelques orateurs distingués, ils ne se sont pas formés en traitant les affaires de la république.

Il y a eu des poëtes Vénitiens célébres dans la république des lettres; sans doute que l'on y parle encore le langage des Dieux, dans les occasions qui semblent l'exiger. La langue Italienne, qui se prête aisément à la poësie, fait éclore des poëtes en si grand nombre, que toute cette partie de l'Europe peut se regarder à juste titre comme une des dépendances les plus peuplées du Parnasse. Si quelqu'un devoit y tenir le sceptre d'Apollon, c'est le comte François Algarotti, né sujet de la république.

Dans toutes les occasions un peu remarquables, la verve de toutes ces poëtes s'échauffe, & produit promptement des fleurs éphémeres, qui souvent ne sont connues que de celui à qui elles doivent leur existence. Lors de l'élection du doge Marco Foscarini, la ville de Venise étoit tapissée de différens sonnets faits à sa louange, imprimés avec la plus grande magnificence : quelques-unes de ces feuilles étoient à conserver, par le goût avec lequel étoit gravé à la tête l'écusson des armes du doge. Dans ces temps de fête, on ne voit, on n'entend que chansons, odes & piéces de vers faites sur le sujet dont le public est occupé, parmi lesquels le sonnet tient toujours le premier rang.

Musique & Théâtres.

109. On sçait que la musique a été portée à Venise au plus haut degré de perfection, & que de temps en temps il est sorti des écoles de cette ville des prodiges de sçience dans cet art enchanteur. Il est toujours cultivé à Venise avec les plus grands succès, & s'y soutiendra par l'éducation que l'on donne dans les conservatoires aux jeunes gens qu'on y éleve, & que l'on y forme particulierement pour la musique. Eu égard aux dispositions naturelles que cette nation a pour la musique, elle doit nécessairement fournir de temps à autre, des sujets distingués qui fassent époque dans ce genre, & qui seroient plus connus encore, s'il étoit dans les mœurs des Vénitiens d'aller faire briller leurs talens hors de leur patrie, comme c'est l'usage des autres Italiens.

Pendant mon séjour à Venise, il y avoit trois théâtres ouverts, sur chacun desquels on représentoit un grand opéra; la musique & les acteurs en étoient médiocres. Ce qu'il y avoit de mieux, étoient des orchestres, où il y avoit de bons symphonistes. Les ballets méritoient quelqu'attention, & étoient dirigés par ces maîtres François qui courent quelque temps la province, passent ensuite en Italie, où ils essayent leurs talens, & finissent par se fixer dans quelque cour d'Allemagne. Ce que j'ai trouvé de plus intéressant à ces spectacles, est la facilité qu'ils donnent d'y trouver rassemblée la meilleure & la plus aimable compagnie; car à Venise, comme ailleurs, le spectacle intéresse très-peu : on est plus occupé de ce qui se passe dans la loge où l'on est, que de ce qui se fait sur le théâtre. On donne à peine quelques momens d'attention aux ariettes les plus saillantes & aux ballets les premiers jours de la représentation.

110. Les autres arts y sont dans une espece d'assoupissement, dont l'état cherche à les tirer, en formant quelqu'établissement d'où il puisse sortir des sujets qui fassent renaître les beaux siécles des

Soins de l'état pour le rétablissement des arts.

Titien, des Paul Veronese, des Palma, des Tintoret, des Bassans, &c. J'ai vu le projet d'une académie de peinture, de sculpture & d'architecture, que j'ai lieu de croire que le gouvernement a intention d'établir. Il me fut communiqué par un noble Vénitien, qui, par ses connoissances distinguées & le rang qu'il occupe, est bien en état de présider à un établissement de ce genre. Il exigea de moi que j'examinasse ce plan, que je misse par écrit ce que je croirois devoir y être changé ou ajoûté pour le bien de la chose; ce que je fis d'après les connoissances que j'avois prises dans les statuts & réglemens des différentes académies de l'Europe, sur-tout de celles de France. Comme j'avois très-peu de temps à donner à ce travail, je m'en acquittai, moins pour faire parade d'érudition ou d'esprit, que par déférence & par respect pour celui qui l'exigea de moi. Il y avoit de très-bonnes vues dans ce projet. Il étoit question d'établir des professeurs gagés par l'état, qui donneroient des leçons publiques dans un palais destiné à cet usage : & il paroît que l'on y destinoit une partie des procuraties neuves, pour mettre l'académie sous les yeux du sénat, sous sa protection visible & immédiate, & être plus à portée de contenir les profeſſeurs & les écoliers dans l'exactitude & la régularité. On projettoit encore d'entretenir à Rome un certain nombre d'élèves pour la peinture, la ſculpture & l'architecture, qui iroient ſe former le goût ſur les beaux monumens antiques & modernes que l'on y admire, & qui ſeroient enſuite obligés de revenir travailler dans leur patrie. Le but des leçons d'anatomie devoit être non ſeulement de contribuer à la perfection du deſſein, mais bien plus de remettre la chirurgie en honneur; cet art ſi néceſſaire à la conſervation des hommes & à leur ſoulagement, & fort négligé en Italie. On ſe propoſoit de faire à ce ſujet toute la dépenſe néceſſaire, & même d'avoir un habile profeſſeur étranger connu par ſon expérience, qui pût inſtruire & former ſous ſes yeux des ſujets capables de le ſeconder. Il devoit y avoir encore un profeſſeur & un adjoint pour l'hiſtoire & les belles-lettres, qui donneroient des leçons aux jeunes éleves, & parviendroient à les rendre capables de former, d'après leurs connoiſſances particulieres, les plans des tableaux qu'ils auroient deſſein de compoſer. Les éleves seroient obligés de prouver de temps en temps, par des dissertations qu'ils auroient composées, qu'ils mettoient à profit les instructions du professeur. Il devoit se faire en public, au moins deux fois l'année, des distributions de prix aux différentes classes des éleves. Cet établissement devoit être sous la direction de quatre seigneurs choisis par le sénat, dont deux au moins présideroient aux assemblées publiques, à l'examen des piéces admises au concours pour les prix, & à la distribution de ces prix.

Voilà ce que je me rappelle du projet de cet établissement, qui ne peut contribuer qu'à l'honneur & au profit de l'état. Comme la république va gravement dans toutes ses démarches, je ne crois pas qu'il ait encore été mis en exécution.

Le seigneur *Farsetti a san Luca*, qui a pris l'habit ecclésiastique, pour être exempt de toutes charges de l'état, & se livrer plus librement à son goût pour les beaux arts, a rassemblé dans son palais quelques antiques précieux, & une belle suite de plâtres d'après les plus beaux antiques de Rome & de Florence, & les plus grands sculpteurs modernes, tels que Michel-Ange, l'Algardi, le Bernin, &c. Il a plusieurs plâtres du Corradi. Il continue cette collection précieuse, & la destine à enrichir le nouvel établissement proposé en faveur des arts; ce que l'état même doit regarder comme un objet d'encouragement très-considérable. Il y a dans ce palais quelques bons tableaux qui ont la même destination, parmi lesquels un Seneque prêt à entrer dans le bain, dictant son testament à ses secrétaires. Ce tableau de Luc Jordan est de la plus grande force de ce maître, de bonne couleur, & de l'expression la plus vraie; les figures sont de grandeur naturelle. On ne peut que former des vœux pour que cet établissement ait lieu, & que la nouvelle école de Venise, qui renaîtra des cendres de l'ancienne, l'égale un jour en gloire & en mérite.

Outre le Tiepolo & le Piazzetta, peintres Vénitiens dont j'ai déja parlé, le Maïotta & Amiconi, tous deux peintres d'histoire, ont du mérite, quoiqu'ils ne soient pas au degré de perfection du Tiepolo. Canalette est excellent pour peindre des vues, qui sont d'une vérité frappante; il a formé des éleves déja connus, qui le remplaceront dans ce genre.

Gravure. Imprimerie. 111. Venise est la seule ville d'Italie où la gravure ait fait des progrès considérables. Les estampes qui sortent de ses presses, commencent à occuper une place distinguée dans le cabinet des curieux. Marco Pitteri passe pour un des premiers graveurs de l'Europe ; il a une maniere forte & expressive qui lui est particuliere ; il réussit parfaitement bien dans les portraits & dans les figures de caractere. Innocent Alessandri & plusieurs autres annoncent des talens distingués dans cet art. Ils peuvent fournir au reste de l'Europe la plus belle suite d'estampes, d'après cette multitude de chefs-d'œuvres de l'école Vénitienne ; par ce moyen, ils conserveront à la postérité au moins le souvenir de ces magnifiques tableaux qui ornent & enrichissent leur patrie... Paul Veronese seul leur fournira les sujets d'un recueil très-considérable. Les idées nobles de ce maître, sa composition ingénieuse, ses airs de tête si vrais & si gracieux, se font remarquer dans les estampes faites après ses tableaux, & les rendent vraiment intéressantes. Quand cet art aura acquis le degré de perfection dont il approche, il n'est pas douteux qu'il n'établisse à Venise une nouvelle branche de commerce très-utile, sur-tout si on ne s'en tient pas, comme on a fait jusqu'à préfent, à donner quelques morceaux détachés, mais que l'on entreprenne des fuites complettes des mêmes maîtres, qui ferviront à faire connoître leurs manieres dans bien des parties effentielles à la peinture.

La fculpture n'a, quant-à-préfent à Venife, aucun fujet diftingué dont elle puifle fe glorifier : ce n'eft pas qu'il n'y ait beaucoup d'artiftes qui travaillent à la décoration des édifices publics & particuliers ; mais depuis le Corradi, dont on voit des ftatues excellentes dans plufieurs villes d'Italie, & dont je parlerai, il n'y a eu aucun fculpteur du premier mérite. Le bucentaure, qui eft un des plus beaux ouvrages de ce grand artifte, mérite d'être examiné avec foin.

L'imprimerie, dans le fiécle même de fa naiffance, a été pratiquée à Venife avec les plus grands fuccès : on connoît les anciennes éditions qui font forties de fes preffes, & qui font encore l'ornement des grandes bibliothéques. Les Aldes qui vinrent peu de temps après, par l'étendue de leurs connoissances, la beauté & la fidélité de leurs éditions, porterent cet art à un haut degré. L'illustre Erasme, au commencement du seiziéme siécle, ne dédaigna point d'être correcteur d'imprimerie d'Alde Manuce. Cet art s'y est toujours soutenu depuis avec honneur, & l'état lui permet une honnête liberté qui favorise ses progrès. C'est dommage que les papiers que l'on y emploie à l'ordinaire, soient de si mauvaise qualité : ce qui diminue beaucoup le mérite des éditions des grands ouvrages qui s'y font. Les Pasquali & Giambattista Albrizzi ont des magazins considérables, & font leur commerce avec honneur. L'Albrizzi a donné nouvellement une édition grand in-folio de la *Gierusalemme liberata*, enrichie de vignettes, fleurons & culs-de-lampes en grand nombre, dont plusieurs sont bien exécutés. Il a voulu imiter les magnifiques éditions des poëtes, faites à Londres & en Hollande. Quoiqu'il ne soit pas encore arrivé au degré de perfection de ses modeles, son entreprise annonce quelque chose de mieux pour la suite, d'autant plus qu'il a fort à cœur les progrès de son art, que son commerce est étendu, & qu'il est en état de faire toutes les avances nécessaires pour de grandes entreprises de ce genre.

112. Le commerce a été autrefois très-florissant à Venise, & étoit l'unique ressource d'un état né au sein des eaux, qui a été plusieurs siécles sans avoir aucun établissement en terre ferme. Les Italiens étoient alors regardés comme les premiers & les plus hardis navigateurs du monde, & ils méritoient justement cette réputation, puisque ce sont eux qui ont ouvert la route du nouveau continent. Tout le commerce du Levant, de la Perse & des Indes se faisoit par Alexandrie. Les Vénitiens, qui sont la plus ancienne puissance d'Italie, & que l'on doit regarder encore comme la premiere sur mer, faisoient la plus grande partie de ce commerce, & leur ville étoit l'entrepôt où le reste de l'Europe venoit se fournir. Que l'on juge de-là du degré de puissance, de considération & de richesses, où elle étoit alors. Ses citoyens uniquement adonnés à la marine, étoient tous nés pour la navigation. Ceux qui s'éloignoient le moins, & qui tiroient de la pêche une substance abondante & né-

Commerce & industrie.

cessaire, n'étoient pas moins propres aux voyages de long cours dès qu'il en étoit besoin : de sorte que tout ce peuple n'étoit que de négocians, de matelots & de pêcheurs. Les guerres continuelles avec les Narentains, les Grecs, les Princes Normands établis dans la Pouille, & ensuite les Turcs, avoient aguerri la nation, & l'avoient rendue tres-brave : qualité qui s'est conservée sur-tout dans les familles patriciennes, qui dans tous les siécles ont produit des guerriers qui ont porté la bravoure à l'héroïsme, & qui en produiroient encore, si la guerre les tiroit de la tranquillité où ils vivent, & s'ils avoient à défendre leurs possessions maritimes contre leur ennemi naturel.

Telle étoit le génie de cette nation, uniquement occupée à la pêche, au commerce de mer & à la guerre, pendant les sept ou huit premiers siécles de son existence. Ce ne fut que dans le quatorziéme siécle que l'industrie commença à y former des établissemens considérables, encore furent-ils dûs à des étrangers. Plusieurs habitans de Lucques, du parti d'Uguccione della Faggiola, craignant la vengeance de Castruccio d'Egli Anterminelli, chef des Gibellins, qui, en cette qualité, avoit obtenu de l'empereur Louis de Baviere l'inveſtiture de la ſouveraineté de Lucques à titre de Duché, ſe retirerent à Veniſe, & ſe logerent dans le quartier du canal regio, où ils bâtirent un oratoire ou chapelle nationale, qui ſubſiſte encore ſous le titre de *ſcuola di lucheſi*. Ils apporterent avec eux l'art de filer la ſoie, de la teindre, & d'en faire des étoffes, environ l'an 1316. Les Vénitiens, qui avoient aiſément, par le moyen du commerce étranger, les ſoies du Levant & de la Perſe, ſentirent toute l'utilité d'un pareil établiſſement, & s'unirent aux Lucquois, qui les formerent au même genre d'induſtrie, qui s'augmenta conſidérablement dans la ſuite, & qui faiſoit un objet très-eſſentiel dans le commerce de Veniſe, avant que les fabriques d'étoffes de ſoie ne fuſſent multipliées au point où elles le ſont.

Le goût du luxe de repréſentation s'étoit répandu dans les différens états de l'Europe, long-temps avant qu'ils ne fuſſent policés, & que les différens arts & métiers n'y fuſſent établis. Pour le ſatisfaire, on tiroit à grands frais de l'étranger tout ce qui étoit néceſſaire.

Il paroît même que dans ces temps reculés il y avoit une forte de gloire à méprifer les productions de fon pays, pour fe parer de ce qu'on ne pouvoit avoir qu'avec peine & à force d'argent. Il eft vrai que ces dépenfes étoient reftraintes à un fafte extérieur, qui n'avoit lieu que dans certaines occafions d'éclat. Mais depuis que le goût du luxe a gagné tous les rangs, que le particulier veut vivre dans un état d'aifance & de fafte, qui fembloit alors réfervé aux princes feuls, & à quelques perfonnes en petit nombre, qui tenoient le-premier rang par leur naiffance & leurs richeffes, il a fallu trouver des moyens moins difpendieux de le fatisfaire, pour ne pas appauvrir les états, qui, étant fans induftrie, étoient obligés de faire un commerce ruineux avec les étrangers. C'eft ce qui a engagé les fouverains à établir dans leurs états des manufactures de toute efpece, fur-tout celles des étoffes de foie, qui font devenues d'un ufage prefque indifpenfable. De-là encore les loix fomptuaires, qui ordonnent dans tous les états où il y a des manufactures établies, de fe fervir des étoffes que l'on y fabrique, à l'exclufion des autres, ou qui n'en permettent l'entrée qu'en payant des impôts si forts, que ceux qui ont la fantaisie d'user des marchandises étrangeres, font un profit considérable à l'état, en payant les droits établis. Cette sorte de police est sévérement exercée à Venise, sur-tout depuis que les fabriques de dentelles & de glaces qui lui rapportoient autrefois un profit considérable, ne lui sont plus si utiles; les étrangers préférant les glaces de France, qui sont plus grandes & à meilleur marché; & trouvant à se fournir, soit en France, soit en Angleterre ou en Flandre, de dentelles & de points, qui ont autant d'apparence que ceux de Venise, qui sont encore à un très-haut prix.

Il est de l'intérêt des Vénitiens de consommer de préférence les denrées du pays; elles y sont de bonne qualité, très-abondantes, & il ne seroit pas aisé d'en faire l'exportation dans les états voisins, qui ne sont pas moins fertiles.

Les jouaillers font encore un commerce considérable à Venise; c'est la ville d'Italie où il y en ait le plus, & de plus riches. Ils ont conservé une très-grande correspondance, & quelqu'un qui veut se procurer un diamant d'un prix considérable, doit s'adresser à eux pour le trouver à meilleur prix que dans aucun autre endroit de l'Europe.... Ils ne savent pas mettre en œuvre avec autant de délicatesse & de goût que les artistes de Paris; mais leur travail n'est pas méprisable.... Cette branche de commerce se soutiendra à Venise par la quantité d'ouvriers qui s'y appliquent. On y fait une multitude de bagues, de pendans d'oreilles, de croix, de bracelets & autres bijoux à l'usage des femmes avec des pierres fausses, quelques-uns avec des pierres fines, mais beaucoup plus avec des pierres fausses de toutes couleurs. Les jeunes artistes s'exercent à ces ouvrages de peu de conséquence, jusqu'à ce qu'ils méritent qu'on leur en confie de plus précieux. Cette bijouterie est à très-grand marché, & s'enleve très-promptement par les étrangers. Il y a aussi une quantité considérable d'orfévres, dont beaucoup travaillent avec peu de goût: ils font passer presque tous leurs ouvrages dans le Nord & dans le Levant.

On y a fait un commerce de tableaux qui y attiroit un argent considérable,

& que l'on pouvoit bien dire être le seul fruit de l'induſtrie & du génie, & par conſéquent celui qui contribuoit le plus à enrichir l'état; mais la ſource en eſt bien prête à tarir, faute d'artiſtes qui l'entretiennent. J'ai vu la foire de l'Aſcenſion, l'une des plus conſidérables de Veniſe. Les marchandiſes étalées à la place ſaint Marc ne donnoient pas l'idée d'un commerce opulent. On y voyoit beaucoup de toiles & d'ouvrages de coton de toute eſpece, apportées par les Levantins; des étoffes de ſoie communes; de la quincaillerie de toute eſpece; beaucoup de boutiques d'orfévres-bijoutiers; quelques-unes de glaces de Murano, dont une fort curieuſe; tout le revêtiſſement de la chambre, les pilaſtres, cadres, corniches, jambages de cheminées, étoient en glaces, avec beaucoup de girandoles & de luſtres de criſtaux coloriés. Il y avoit auſſi une grande quantité de tableaux médiocres, & pluſieurs boutiques de perruques de toute maniere & de toutes grandeurs. ... On ne doit pas juger, par cet étalage, du commerce de Veniſe, qui eſt encore conſidérable, à en juger par la quantité de marchands fort riches qui y ſont établis.

Le commerce des drogues du Levant se soutient à Venise, par la qualité excellente de celles qui s'y vendent. La thériaque que les apothicaires y composent est de premiere qualité, & fort connue dans toute l'Europe, où on la transporte, & où elle est recherchée; elle se fait sous les yeux des magistrats de santé, & des médecins députés par l'état : il n'y entre que des drogues choisies. Les boutiques d'apothicaires y sont fort multipliées, on en voit dans tous les quartiers, & il n'y en a pas un qui ne se vante d'avoir un spécifique assuré *contra il malo Francese*, dont cependant aucun ne guérit. L'état d'apothicaire est utile dans toute l'Italie, & fournit de grandes ressources à ceux qui l'exercent, à en juger par la quantité & l'étalage de leurs boutiques dans toutes les villes où l'on passe.

On fait à Venise & dans les environs beaucoup de liqueurs & d'eaux-de-vie. On connoît le fameux marasquin de Zara; il est difficile d'en avoir du vrai, même à Venise. Depuis que cette liqueur a eu acquis une réputation connue, il s'est établi à Venise & dans les autres villes de l'état, des fabriques de marasquin fort inférieur à celui de

Zara, mais qui se débite à l'étranger sous ce nom. Pour en avoir du vrai, il faut le tirer de Zara même, & le faire passer de-là dans quelqu'autre port, l'entrée n'en étant pas permise à Venise. Le marasquin n'est autre chose qu'une eau-de-vie de cérises, dont l'arbre planté originairement à Zara, s'est fort multiplié dans tous les états de la république. Le fruit en est fort gros, rouge & brun noir. Il a quelque chose d'agreste au goût, & cependant fort agréable à manger ; il laisse à la bouche le goût même du marasquin. On en trouve le long de la Brenta, dans le Padouan, le Véronois & le Bressan, où l'on en distille beaucoup.

113. Venise a dans ses environs tout ce qui peut contribuer à l'aisance de la vie, & au luxe de la table. Le Padouan & le Polesin, pays d'une fertilité admirable, lui fournissent les grains, les fruits de toute espece, les vins communs, le bétail, la volaille, le gibier, les légumes & les herbages, dans la plus grande abondance & de très-bonne qualité. Dans tous les quartiers de la ville, on nourrit des vaches qui donnent du lait frais à ceux qui en ont besoin. Comme elles ne peuvent point sor-

Denrées & productions du pays.

tir, de temps en temps on les reconduit en terre ferme, & on en amene d'autres. Un spectacle amusant, c'est de voir tous les matins la quantité de barques chargées de denrées de consommation qui arrivent de tous côtés dans cette ville, & qui se rendent aux différens marchés. L'ordre établi est si exact, que dans les temps même du plus grand débit les denrées n'augmentent pas de prix, & sont aussi abondantes que dans toute autre saison. C'est cette police qui attache singuliérement le peuple au gouvernement sous lequel il vit; il est sûr de trouver toujours, & au même prix, ce qu'il lui faut pour sa consommation journaliere... Outre les huiles qui se font en terre ferme, l'isle de Corfou en fournit plus que la ville de Venise n'en peut consommer; & il n'est pas permis d'y en faire entrer d'autres, à moins que de payer des droits qui en triplent la valeur réelle. Les huiles de Provence sont d'une qualité bien supérieure : mais le prix où elles sont, fait que l'on en débite très-peu. La seigneurie même donne l'exemple de se contenter des denrées du pays. Dans les repas solemnels, à l'exception de quelques vins étrangers qui y sont permis, on n'y sert rien
que

que ce que produisent les états de la république.

La pêche contribue beaucoup à l'aisance dans laquelle vivent les Vénitiens. Les lagunes fournissent une quantité inépuisable de poissons & de coquillages de toute espece, & qui se vendent au plus bas prix. On y prend de bonnes huitres ; celles qui se tirent de l'arsenal & des environs, sont fameuses en Italie, où on les transporte pendant l'hiver.

Ce qui manque essentiellement à Venise, c'est l'eau douce. La ville est fournie d'une quantité de citernes publiques & particulieres ; mais comme elles ne peuvent être remplies que par les eaux de pluies , il arrive presque toujours qu'elles sont à sec dans le temps des chaleurs, à la suite des hivers pendant lesquels les vents du nord & les gelées ont dominé. Au mois de mai 1762, il y avoit cinq mois qu'il n'avoit plu à Venise ; toutes les citernes étoient taries, & le peuple souffroit véritablement de la disette d'eau ; on n'en avoit d'autre pour boire, que celle que l'on alloit puiser dans la Brenta, & qui ayant été échauffée, battue & viciée par quelque mélange d'eau de mer dans le transport, étoit d'une très-mauvaise qualité. Le gouvernement, les ambassadeurs, les gens riches en faisoient venir tous les jours des grandes barques, qui se distribuoient au peuple de chaque quartier, & qui y couroit avec le plus grand empressement. Les bateliers en transportent dans des tonnes, & la vendent. C'est un accident difficile à sauver dans la position où est Venise. Cependant je n'ai pas oui dire qu'il en résultât aucun inconvénient pour les naturels du pays. Ceux qui en souffrent le plus, sont les étrangers, qui boivent peu de vin, & qui ne sont pas accoutumés aux eaux de ce pays, qui sont fort pesantes, & qui affoiblissent beaucoup l'estomac. Je crois qu'en les laissant déposer, & en les faisant bouillir ensuite, on les rendroit plus salubres.

Quoique les denrées à Venise soient à très-grand marché, à cause de leur abondance, les auberges n'y sont pas moins dispendieuses, sur-tout dans les temps de fêtes publiques, telles que le carnaval & l'Ascension, qui y attirent beaucoup d'étrangers. Les logemens y sont alors d'une cherté immense, & la table y est d'un prix fort au-dessus de sa valeur. Le reste de l'année, c'est la ville d'Italie où l'on vit à meilleur compte, & où l'on est obligé de faire le moins de dépense extérieure.

114. Les loix somptuaires, à l'exécution desquelles les censeurs tiennent la main, fixent la manière & la couleur dont chacun doit être habillé. Tous les seigneurs qui sont dans la magistrature, & les officiers inférieurs des tribunaux, sont la plus grande partie du jour en robe noire & en grande perruque, vêtus si uniformement, que le noble n'y est point distingué du secrétaire citadin. On prétend que cette uniformité est une politique du gouvernement, qui veut multiplier aux yeux du peuple le nombre de ses maîtres, & lui faire illusion sur leur force & leur puissance, à en juger seulement par le nombre. Le reste du jour, les uns & les autres doivent porter un manteau gris, en hiver de camelot, en été de taffetas, avec un habit modeste par-dessous. On ferme les yeux sur la conduite des jeunes patriciens, qui souvent portent des habits fort riches sous le manteau : on sçait que dès qu'ils seront dans les grandes charges, ils observeront fidellement les loix & la modestie qu'elles prescrivent. En effet, c'est un usage si bien établi à Venise,

Loix somptuaires.

Y ij

que les premiers magiſtrats de la république, lorſqu'ils ſont hors de chez eux, & chargés même d'affaires qui demandent de la repréſentation extérieure, ont peine à s'accoutumer à ce faſte d'habits qui eſt d'uſage à préſent. Je puis citer en exemple le ſeigneur Alviſe Mocenigo, procurateur de ſaint Marc, que j'ai vu ſéjourner aſſez long-temps à Florence, au retour de ſon ambaſſade extraordinaire à Rome & à Naples. Il y fut toujours vêtu très-ſimplement, de même que ſes fils & ſon frere qui l'accompagnoient. Il a ſuccédé en 1763 au ſéréniſſime Marco Foſcarini, doge qui n'a pas ſurvécu un an à ſon élection.

Ainſi il régne à Veniſe une grande uniformité extérieure. Dans les temps de réjouiſſances publiques, tout eſt de maſques vêtus les uns comme les autres ; le reſte de l'année, tout eſt de manteaux gris. Les eccléſiaſtiques portent le manteau noir de camelot ou de ſoie, de même forme que celui des laïques, l'habit court, le petit collet, & les cheveux ronds : il eſt très-rare d'en voir en perruques.

Il n'en eſt pas de même des femmes : comme on leur a permis d'adopter les modes étrangeres, & de s'habiller à leur fantaisie, elles ne suivent que leur goût dans ce genre, & préferent les modes Françoises à toutes les autres. Celles du premier rang font beaucoup de dépenses en ajustemens, sur-tout en diamans & en perles; & on peut dire qu'elles se parent avec goût, non pour aller aux spectacles, où elles se montrent dans le plus grand négligé, & très-souvent les cheveux en papillottes, parce qu'elles sont censées y être *incognito*, quoique la porte de la loge soit ouverte à tous ceux qui veulent venir y faire visite. Les citadines & les femmes du peuple s'habillent aussi bien que leur fortune le leur permet: quand elles sortent, elles portent une espece de coiffure ou grand voile de taffetas noir, qui est croisé par-devant, & renoué par-derriere, avec une grande juppe ou tablier, aussi de taffetas noir, qui les enveloppe en entier, & ne laisse presque rien voir de leur robe qu'une partie des manches. Ordinairement elles n'ont point d'autre coiffure que ce voile qui est fort avancé, mais qu'elles gouvernent avec une sorte d'adresse & de coquetterie qui leur est particuliere; & quoiqu'elles paroissent fort enveloppées, elles favent & regarder & fe faire voir autant qu'il leur plaît, fans montrer la moindre affectation. Cette maniere de s'habiller eft fort décente, & toute à l'avantage des femmes.

Le peuple même, les artifans aifés, quand ils vont par la ville, font habillés comme les citadins. Il n'y a que les gens qui font dans le travail actuel, les porte-faix & autres de cette efpece, qui à Venife comme par-tout ailleurs, préfentent le fpectacle mouvant de la mifere de leur état, qu'ils cherchent à vaincre à la fueur de leur front. J'ai déja parlé des gondoliers, & de la maniere dont ils font habillés : ils font une partie confidérable du peuple de Venife.

Qualité de l'air. 115. Malgré la pofition de Venife dans une efpece de marais, l'air n'y eft pas mal fain; on y voit beaucoup de vieillards dans tous les états; les hommes confervent de la fraîcheur & de la force jufqu'à un âge fort avancé; les femmes n'y vieilliffent pas fi-tôt que dans les climats chauds de l'Italie, ce que l'on attribue en général à la qualité de l'air; à quoi on peut ajoûter que la fobriété avec laquelle on y vit, contribue beaucoup. Quant aux lagunes ou marais, il eft très-rare que, même dans les plus grandes chaleurs, les canaux exhalent une mauvaise odeur; l'eau n'y est point stagnante, & est renouvellée & mise en mouvement par le flux & reflux; seulement après les longues sécheresses dans les endroits les plus fréquentés, on s'apperçoit au fort du jour d'une odeur un peu forte, mais qui n'a rien de fétide, & qui est à-peu-près la même que celle que la mer Méditerranée exhale sur tous ses bords, & qui est plus sensible quand elle est agitée, que lorsqu'elle est tranquille. Une preuve que l'air de Venise est sain, c'est que les étrangers qui se portent bien, s'y accoutument aisément, sur-tout quand ils ont la précaution de prendre de l'exercice en marchant, ce qui n'est pas trop d'usage dans ce pays, où l'on ne sort qu'en gondole.

Les Vénitiens sont en général grands & bien faits; ils ont la physionomie spirituelle & gaie; il faut en excepter ceux qui ont quelque part au gouvernement, & qui dès-lors deviennent très-sérieux, au moins à l'extérieur. Les femmes y sont d'un beau sang, comme ils le disent eux-mêmes, *bel sangue*, communément bien faites & de belle taille: j'ai parlé ailleurs de leur caractere...

Cette nation en général est aimable, estimable à bien des égards, & mérite d'être connue.

Suite de l'Etat de Venise. Padouan.

Canal de la Brenta.
116. Nous retournâmes de Venise à Padoue, par la même voie que nous y étions arrivés, dans une grande péote sur le canal de la Brenta. Rien n'est plus magnifique & plus riche que les bords de ce canal, qui s'étend de Fusina sur les bords des lagunes dans la longueur d'environ vingt milles. Quatre portes ou écluses soutiennent les eaux de ce canal à une hauteur toujours à-peu-près égale. La premiere *a stra*, la seconde *al dolo*, la troisiéme *alla mira*, la quatriéme *a moranzan*. La campagne qui l'environne est de la plus grande fertilité, & produit toutes sortes de grains & de fruits. Outre plusieurs beaux villages bâtis sur le canal, on voit des deux côtés, dans toute sa longueur, une multitude de maisons de campagne des nobles Vénitiens, accompagnées de beaux jardins & de promenades couvertes, ornées de statues & de vases, parmi lesquelles le palais Pisani, situé à gauche du canal en descendant, est

de la plus grande magnificence, tant par la richesse de sa construction, que par les dehors qui le précédent, & qui aboutissent immédiatement sur le canal. Ce qui contribue encore à rendre cette route agréable, c'est la multitude de barques, de gondoles, de péotes qui montent & descendent continuellement; le peuple nombreux que l'on voit le long des chemins, sur-tout dans les villages, qui vient présenter aux étrangers des fruits de toute espece, des pâtisseries, des fleurs. Tous ces objets réunis rendent la navigation de ce canal très-riante, & retracent à l'esprit une peinture vivante de ces lieux de délices si fameux dans l'antiquité; de ce célébre fauxbourg de Daphné, situé au midi d'Antioche; & des côtes de Baïa, dans les beaux temps de la république romaine. Dans la belle saison de l'année, les nobles qui ne sont pas occupés à des charges qui demandent leur présence à Venise, sortent du sein des flots, pour venir en terre ferme jouir du beau spectacle d'une campagne riante & fertile, diversifiée par mille objets plus intéressans les uns que les autres, dans des contrées où la végétation se fait avec une force, une beauté qui do-

Y v

nent une idée de ce qu'étoient les productions de la terre, lorsqu'elles sortirent immédiatement des mains du créateur. Cette fertile & riche plaine est terminée par la ville de

Padoue & ses révolutions. Sa situation.

117. Padoue, capitale du Padouan, borné au levant par le duché de Venise, au midi par le Polesin de Rovigo, au couchant par le Vicentin, au nord par le Trevisan. Cette ville est l'une des plus anciennes d'Italie; la tradition est qu'elle fut bâtie long-temps avant Rome. Du temps de Virgile, on regardoit Antenor, l'un des compagnons d'Enée, comme son fondateur; il en parle ainsi dans le livre de l'Enéide. Lorsque les Romains eurent subjugé toute l'Italie, ils conserverent une sorte de respect pour la ville de Padoue, en la traitant moins comme sujette que comme alliée; ils accorderent le droit de bourgeoisie à ses habitans, & lui permirent d'avoir un sénat fixe dans ses murs; en reconnoissance de quoi la ville de Padoue fut toujours fidellement attachée à Rome, & ne s'en sépara que lorsque les Barbares du Nord eurent anéanti sa puissance en Italie. Attila s'empara de Padoue, & la réduisit en cendres. Narsès la fit rebâtir; mais les

Lombards la traiterent aussi mal que les Huns. Elle ne se rétablit de ses malheurs qu'après que Charlemagne eut détruit l'empire des Lombards en Italie : alors elle redevint florissante, elle reprit son ancienne forme de gouvernement, & fut administrée par des consuls & des podestats. Dans le treiziéme siécle, Ezzelin de Romano s'empara du souverain pouvoir, & gouverna en tyran absolu. Après sa mort, les Padouans rentrerent dans leurs droits, se gouvernerent comme auparavant, & étendirent leur puissance sur une grande partie des provinces qui composent aujourd'hui la seigneurie de Venise. Cet heureux état dura peu. Les divisions intestines obligerent les Padouans à reconnoître les Carrares pour leurs seigneurs. Ils y dominerent jusqu'en 1406, que la république de Venise soumit Padoue par la force des armes, & la réunit à son domaine avec le pays qui en dépend, après avoir fait étrangler François Carrare, dernier seigneur de Padoue, & ses deux fils.

Cette ville, située dans le territoire le plus fertile de la Lombardie, est arrosée par le Bachiglione & la Brenta, deux rivieres qui coulent des Alpes

Trentines dans la mer Adriatique, après s'être réunies sous les murailles de Padoue. Son enceinte actuelle est fort vaste ; elle a été revêtue de bonnes fortifications, depuis qu'elle appartient à la république, sur-tout après quelle eut été assiégée inutilement en 1509 par l'empereur Maximilien I. On la divise en vieille & nouvelle ville, qui sont encore séparées l'une de l'autre par des murailles, des tours, & des fossés pleins d'eau. La vieille ville donne une juste idée de l'ancienne Padoue ; elle est en général mal bâtie, encore plus mal pavée ; presque toutes les rues étroites, mais elles sont bordées de portiques, sous lesquels on marche commodément ; on y voit des marchands & des artisans de toute espece, pour le service de la ville & du pays qui en depend.

La justice y est administrée par un podestat, qui est toujours un sénateur Vénitien du premier rang, & déja âgé ; il a pour adjoint un capitaine d'armes, qui a inspection sur le militaire & la garde de la ville. Ce gouvernement est un des plus considérables de la république, & il n'est confié qu'à un patricien d'une prudence consommée, qui puisse tenir dans la plus exacte subordination la noblesse de Padoue, qui se souvient non-seulement d'avoir dominé dans le sénat autrefois établi dans cette ville, mais qui regarde la république de Venise comme une puissance qui devroit encore dépendre d'elle, comme elle en dépendoit effectivement, lors de son premier établissement dans les lagunes. Le sénat de Venise, qui a pu autrefois avoir quelque raison de craindre les Padouans, les fait observer, & les tient dans la plus exacte dépendance ; ce qui paroît un joug insupportable à la noblesse de ce pays, sur-tout à celle dont la généalogie remonte bien haut, (& il y a peu de pays au monde où on en fasse de plus belles). Quelque riche qu'elle soit, elle est obligée de se borner aux occupations les plus pacifiques & les moins capables de donner quelque ombrage au sénat de Venise, si jaloux de ses droits. La justice y est rendue avec la plus grande exactitude, sur-tout au peuple.

118. Ce qui, dans les derniers siécles, a rendu la ville de Padoue célébre dans toute l'Europe, est l'université, qui y fut établie en 1222 par l'empereur Frédéric. Les différentes révolutions qu'occasionnerent les changemens d'état & les guerres des Padouans, la dérangerent fort

Université Cabinet d'histoire naturelle.

dans ses exercices, sans cependant les interrompre totalement. En 1431, après que les Vénitiens en furent paisibles possesseurs, ils contribuerent, autant qu'il fut en eux, à lui rendre son premier éclat, en quoi ils furent secondés par Alfonse, roi d'Aragon. Alors on vit les nobles Vénitiens partager leur temps entre les soins du gouvernement, & l'honneur de donner des leçons de toutes les sciences dans l'université de Padoue. Les professeurs & les écoliers tenoient le premier rang dans la ville, & étoient favorisés en tout par le gouvernement, qui les regardoit comme une espece de garnison qui leur répondoit de la fidélité des habitans. Quoique cette université produise de temps en temps quelques sujets d'un mérite distingué, surtout dans l'étude du droit & de la médecine, elle est fort déchue de son ancienne splendeur : on n'y voit plus cette quantité d'étudians de toutes les nations, qui venoient s'y établir pour une longue suite d'années. La ville y a perdu par rapport au commerce, & y a gagné pour la tranquillité, les habitans étant plus les maîtres chez eux, que lorsqu'une foule de jeunes gens de toutes les nations y exerçoient une sorte d'empire, dans un âge où les passions les plus vives les gouvernoient plus que la raison.

L'université de Padoue a pour souverains magistrats deux procurateurs de saint Marc, que l'on appelle *reformatori dello studio di Padoa*. Leurs fonctions répondent à celles de proviseurs de Sorbonne : outre cela, ils font chargés de prendre connoissance de tous les livres qui s'impriment dans l'état, d'en permettre le débit, & d'avoir soin qu'ils ne soient pas mis en vente avant que les libraires en ayent porté les exemplaires aux bibliothéques publiques.

Le palais de l'université, où sont les chaires des professeurs qui donnent des leçons publiques de toutes les sciences, est situé dans le centre de la ville ; il est vaste & bien bâti ; la cour est entourée de deux galeries de bonne architecture, l'une au-dessus de l'autre. Ce qu'il y a de plus curieux, est le théâtre anatomique, meublé de plusieurs squelettes, les uns artificiels, les autres naturels ; il est bien entendu, & construit dans le goût de celui de Bologne. Le cabinet d'histoire naturelle, commencé par le médecin Vallisnieri, & continué par son fils, est bien composé & fort riche ; il embrasse toutes les parties intéressantes de cette science. La salle où il est placé est grande & bien éclairée ; on y voit des pétrifications singulieres & très-curieuses, une riche suite de métaux & de minéraux. La collection des coquilles est considérable ; on n'y a admis que celles que leur beauté, leur singularité ou leur rareté rendoient dignes d'y être placées. Il y a beaucoup de bezoars. La partie qui regarde l'anotomie, & qui est dans un cabinet séparé, présente une collection singuliere de parties du corps humain, qui se sont offifiées par quelque accident... Le jardin des simples, établi en 1546 par la république, où les professeurs de botanique vont faire leurs démonstrations, est situé dans la ville neuve, entre les églises de saint Antoine & de sainte Justine... Douze Colléges établis à Padoue dans différens quartiers, & fondés par un certain nombre de bourliers, sont du corps de l'université. Les deux derniers sont établis pour les Grecs, c'est-à-dire pour les sujets de la république nés en Candie, dans les isles de l'Archipel, & dans les places du Levant.

Près de l'université est le palais de la justice, ou hôtel-de-ville, bâti sur les ruines de l'ancien sénat de Padoue. Le bâtiment est vaste & d'une architecture fort noble; la salle principale est l'une des plus grandes qu'il soit possible de voir, elle a cent dix pas de long & quarante-six de large; la voûte est une charpente à plein ceintre d'une exécution fort hardie, lambrissée & peinte en dedans, couverte en dehors de plomb. On voit dans le fond quelques peintures anciennes du Giotto, fort altérées, dans lesquelles cependant on voit encore quelques-unes des modes du quatorziéme siécle, parmi les monumens élevés à l'honneur des illustres Padouans, & dont cette salle est décorée : on doit remarquer sur-tout celui qui a été érigé à la mémoire de Tite-Live, que le peuple de Padoue regarde comme le tombeau de ce célébre historien. Au bout de cette salle est une pierre ronde qui s'éleve d'environ un pied hors du pavé; on l'appelle la pierre d'opprobre : c'est là où vont se placer ceux qui n'ayant pas de quoi payer leurs dettes, permettent aux juges de les déclarer insolvables & infâmes. Cette peine à laquelle ils se soumettent volontairement, les met à l'abri des poursuites de leurs créanciers ; c'est un ancien usage du pays, maintenu sans doute en faveur du peuple, qui craint moins la honte que la peine. Devant ce palais est une fort grande place entourée en partie de portiques.

Le podestat habite l'ancien palais des Carrares ; il est fort vaste, orné de quelques peintures & d'une bibliothéque publique ; au-devant est un corps-de-garde de troupes de la république, d'où sont tirés les soldats placés en différens postes du palais pour la garde d'honneur du podestat. Ce palais est ouvert à toute heure & à toutes personnes, qui peuvent parler librement au podestat, & qui en reçoivent de promptes réponses à leurs demandes.... L'ancien arsenal qui est dans ce quartier, a été changé en grenier d'abondance : sa construction extérieure annonce encore son premier usage... L'amphithéâtre, appellé *palasso dell' arena*, a quelques restes d'antiquité, recouverts en partie par les maisons qui l'environnent : il est de forme ovale, & sert encore aux spectacles & aux fêtes qui se donnent au peuple.

Cathédrale. Sainte Justine. S. Antoine.

119. La cathédrale, située au milieu de la ville, reconnoît pour son premier évêque saint Prodoscime, vivant à la

fin du troisiéme siécle de l'Eglise. Son évêque est suffragant d'Aquilée : elle a un clergé nombreux & très-riche ; on appelle dans le pays ses chanoines, les cardinaux de Lombardie, à raison de leurs gros revenus. Le siége épiscopal est presque toujours occupé par un cardinal noble Vénitien. Le pape Clément XIII, avant son exaltation, étoit évêque de Padoue; il a été remplacé par le cardinal Sante Veronese.... Le séminaire de ce diocèse est l'un des plus magnifiques d'Italie ; il a de très-grands revenus, qu'il doit en partie au cardinal Grégoire Barbarigo, évêque de Padoue, qui avoit un grand zèle pour la discipline ecclésiastique, & l'instruction des clercs de son diocèse. Il a établi dans ce séminaire une imprimerie fameuse, d'où sortent des livres imprimés en toutes sortes de langues, même orientales. La belle édition de l'alcoran faite par Maraccius à la fin du dernier siécle, est sortie des presses du séminaire. Le cardinal Barbarigo mourut en 1697.

Sainte Justine, abbaye chef d'ordre d'une congrégation de Bénédictins réformés, est située dans la ville neuve. L'église, toute bâtie de marbre, est d'une magnificence éclatante ; à quoi contribue beaucoup son pavé à compartimens de marbres rouges & blancs : toutes les proportions en sont grandes, nobles & bien entendues : il n'y a qu'un seul ordre d'architecture qui s'éleve du sol de l'église jusqu'à la voûte qu'il porte ; maniere simple & en même temps très-majestueuse, dont l'aspect imposant prouve que dans ces sortes d'édifices il ne faut multiplier ni les ornemens, ni les ordres. Le maître-autel est bien composé, & revêtu de beaux marbres : le tour du chœur est couvert d'une boiserie ornée de petits bas-reliefs bien sculptés, mais qui seroient mieux partout ailleurs que dans ce vaste édifice où on les apperçoit à peine. Au fond du chœur est un grand & beau tableau de Paul Véronese, représentant le martyre de sainte Justine, patrone de la ville. Il y a dans la tour de l'église vingt-quatre chapelles, qui toutes doivent être décorées de différens groupes exécutés en marbre ; plusieurs sont finis, parmi lesquels est une descente de croix dans le goût du cavalier Bernin. Cette noble décoration, pour laquelle on n'admet d'autre matiere que le marbre, assure à la beauté de cette église une durée inaltérable : la solidité de sa construction, la propreté avec laquelle elle est tenue, en conserveront les ornemens toujours dans cet état brillant qui fait une partie de leur mérite, & qui prévient si avantageusement. L'église est couronnée de six coupoles qui y répandent une très-grande lumiere. Les bâtimens réguliers, les cloîtres, les jardins sont vastes, bien bâtis, & bien entretenus; la sacristie est fort riche. Tous ces ouvrages se font aux dépens de l'abbaye, qui a de grands revenus.

S. Antoine, église de Franciscains, appellée par excellence dans le pays l'église du saint *Chieza del santo*. Ce saint, connu sous le nom de saint Antoine de Padoue, où il mourut en 1231, après y avoir vécu long-temps avec la plus grande édification, étoit né à Lisbonne en Portugal... Les miracles que Dieu a accordé à ses prieres pendant sa vie, ceux qui se sont opérés à son tombeau après sa mort, ont fait de cet endroit un des lieux de dévotion les plus fameux de l'Italie. Il y vient continuellement des pélerins de tous les côtés. L'église du saint est un très-grand édifice gothique d'une ancienne construction. La chapelle où l'on conserve ses reliques est revêtue de grands bas-reliefs qui représentent les principales actions de la vie du saint. Ils sont du Lombardi, du Sansovino & du Campagna; ils ne sont pas tous de la même bonté de dessein & d'exécution. Celui qui représente le saint au moment de prendre l'habit de Franciscain, est du Campagna, & le meilleur de tous. La voûte est ornée d'arabesques, de petits bas-reliefs, & autres ornemens bien exécutés pour les détails, mais en trop grand nombre & confus. L'autel de cette chapelle est enrichi de plusieurs statues de bronze : au-devant sont douze grosses lampes d'argent toujours ardentes. Les chapelles qui sont autour du chevet de l'église, ont quelques bons tableaux modernes, parmi lesquels la décollation de saint Jean, par le Piazzetta ; le martyre de saint Barthelemy, & celui de sainte Agathe, par le Tiepolo.... On voit que la dévotion du saint a contribué beaucoup à enrichir l'église & le couvent des Franciscains... Dans l'oratoire du saint, qui est sur la place où est bâtie l'église, on montre quelques tableaux que l'on dit être du Titien : ils ont pour sujets différens miracles faits en faveur de la ville de Padoue. Soit que ces tableaux ayent été gâtés, & restaurés ensuite par une main peu habile, on n'y reconnoît point la beauté du pinceau du Titien.

Devant une des portes principales de cette église est la statue équestre en bronze de Gattamelata de Narni, capitaine général des armées de la république : elle est sur un piédestal élevé, revêtu de marbres & de bronzes ornés de quelques bas-reliefs, & d'une inscription composée par ordre du sénat, à la louange du héros qui est représenté.

S. Augustin, église de Dominicains, que l'on prétend avoir été anciennement un temple de Junon, que les Carrares, seigneurs de Padoue, consacrerent au culte du vrai Dieu : c'est la tradition du pays, je ne sai sur quoi fondée ; car on n'y remarque rien qui annonce la haute antiquité que l'on veut donner à cette construction.

Dans la rue saint Laurent, à côté de l'église des Servites, est un tombeau ancien, élevé sur quatre colonnes, que l'on dit être celui d'Antenor, compagnon d'Enée, & fondateur de Padoue. Une épitaphe en quatre vers latins, l'annonce ainsi : elle est en caracteres gothiques encore lisibles. On prétend que l'on voyoit autrefois sur ce même tombeau une autre épitaphe que voici.

Hic jacet Antenor, Paduanæ conditor urbis,
Proditor ille fuit, hique sequuntur eum.

Si jamais elle a existé, comme on le dit, les Padouans ont eu grande raison de la faire disparoître. Vis-à-vis est un tombeau à peu près de même forme, & qui paroît avoir été posé pour faire symétrie avec celui d'Antenor : il est de Titus Lovatus, Padouan, chevalier, juge & poëte, mort en 1300. Il prétendit avoir trouvé les os d'Antenor, & lui fit ériger le tombeau dont j'ai parlé. On voit sur le tombeau de Lovatus deux écussons en relief, mais sans armoiries ni émaux.

Voilà ce que j'ai remarqué de plus curieux dans la ville de Padoue.

Fête du saint. Fertilité & productions du pays.

120. Le temps où elle est la plus brillante, c'est au mois de juin : on y célébre le treize la fête du saint; on y ouvre en même-temps une foire fameuse. Les acteurs qui ont tenu les différens théâtres de Venise pendant la foire de l'ascension, viennent représenter sur ceux de Padoue pendant trois semaines ou environ, que dure la foire & l'affluence

fluence des étrangers qui y paffent ce temps, tout occupé de fêtes de différentes efpeces, de mafcarades, de promenades générales, de courfes de chevaux & même d'ânes, de fpectacles & de jeux, qui fe font, pour la plus grande partie, dans ces vaftes places ou champs qui font dans la nouvelle ville du côté de faint Antoine & de fainte Juftine; ce qui met alors un grand mouvement dans cette ville affez trifte & fort tranquille en toute autre faifon.

Le peuple y paroît pauvre; il y a quelques maifons de nobles très-riches, mais qui vivent dans une forte d'efclavage. Le pays abonde en toutes fortes de denrées de confommation, & qui font de bonne qualité. Les vins qui croiffent dans fes environs paffent pour très-bons; les blancs fur-tout font agréables à boire, mais très-fumeux. On dit que les étrangers qui fe déterminent à y faire quelque féjour, y trouvent une fociété honnête, douce & agréable, & y jouiffent d'une grande tranquillité. Comme il y a peu d'objets de diffipation, excepté le temps de la fête du faint, cette ville convient beaucoup à ceux qui veulent employer quelques années à l'étude. Les bibliothéques qui sont dans la ville, & l'université qui a toujours quelques professeurs d'un mérite distingué, fournissent des ressources certaines, & des agrémens que l'on ne trouveroit pas dans une ville plus brillante, & où la dissipation seroit plus grande.

Route de Padoue à Vicence.

121. La route de Padoue à Vicence se fait par un chemin uni, à travers une plaine très-fertile, arrosée de plusieurs ruisseaux, & coupée de canaux artificiels, pour distribuer les eaux dans toute la campagne. On s'apperçoit, en approchant de cette ville, par la quantité de mûriers qui y sont plantés, de même que par divers bâtimens considérables destinés uniquement à nourrir les vers, & à donner les premieres préparations à la soie, que l'on y fait un grand commerce de cette marchandise... Tout ce pays est si fertile, si riant, & peuplé de tant de gibier, qu'on l'appelle le jardin & la boucherie de Venise.

Vicence, (*Vicenza*) ville épiscopale sous le patriarchat d'Aquilée, très-anciennement bâtie, ou par les Gaulois Senonois, suivant Tite-Live, ou par les Toscans, au rapport de Pline. Elle appartient aujourd'hui à la république de Venise, dont elle se dit la fille aînée, parce qu'elle est la premiere ville de terre ferme qui se soumit volontairement à son domaine en 1404, après avoir eu pour seigneurs particuliers les Lescale de Vérone, & Jean-Galeas Visconti, duc de Milan. L'empereur Maximilien I. s'en empara en 1509, & la rendit aux Vénitiens par le traité de 1516. Elle est gouvernée par un podestat ou recteur, dont les fonctions ne durent que seize mois. Tous les quatre ans, le sénat envoie un pauvre noble remplir cette place, à cause du présent en argent que la ville est en usage de faire tous les cinq ans à son recteur. Elle a environ quatre milles de tour, dans une forme assez irréguliere : on la dit peuplée de trente mille ames. Le Bachiglione traverse une partie de la ville, & reçoit les eaux du Rerone, autre riviere qui vient s'unir à lui au bas de la ville. On voit dans l'enceinte de la ville, sur le Bachiglione, plusieurs moulins & usines, sur-tout pour les manufactures où l'on travaille la soie, & qui sont considérables.

122. Plusieurs édifices, construits sur les desseins du Palladio, célébre architecte, né à Vicence dans le seiziéme siécle, font l'ornement principal de cette

Eglises. Palais. Edifices publics.

ville, & méritent toute l'attention des étrangers. La place qui est devant le palais public, environnée de portiques, la décoration extérieure de ce palais qui étoit d'ancienne construction gothique, ainsi qu'on en peut juger par la tour de l'horloge qui y tient, & que l'on a conservée, sont l'ouvrage du Palladio, de même que le bel arc de triomphe qui en est peu éloigné. Dans la grande salle où le podestat rend la justice, assisté des conseils ou assesseurs qu'il se choisit parmi les jurisconsultes de la ville, sont plusieurs grands tableaux, parmi lesquels le jugement dernier, par le Titien, & un autre qui représente la sortie de Noé hors de l'arche, par Paris Bordone.

L'église cathédrale dédiée à saint Vincent, est une grande construction gothique. Le grand-autel, d'une belle forme, est décoré de marbres précieux : on y voit quelques tableaux qui ont du mérite... A santa Corona, église de Dominicains, où l'on conserve une épine de la couronne du Sauveur, est un magnifique tableau de Paul Véronese, & bien conservé : il représente l'adoration des Rois. La figure de la Vierge & celle des Anges qui sont dans la gloire, sont d'une beauté à ravir. Le peintre a jugé à propos d'habiller un des Rois en sénateur Vénitien, & il n'y a pas à douter que ce ne soit le portrait de quelqu'un de son temps.

Palazzo Vecchia, hors de la porte de Vicence, dans une belle situation, est une maison charmante, tant pour l'architecture extérieure, que pour la distribution des dedans décorés avec goût & propreté, & l'agrément des jardins. Le salon qui s'éleve jusqu'au haut de la maison, avec des galeries pour communiquer dans les appartemens du haut, est très-richement décoré; on y voit quatre grands tableaux de Luc Jordan, qui ont pour sujets le jugement de Salomon, l'enlevement des Sabines, le massacre des Innocens, & les vendeurs chassés du temple; ils sont d'une belle composition, très-bien peints, & doivent être mis au rang des meilleurs ouvrages de ce peintre célébre. Le plafond, qui a pour sujet principal un héros assis sur un lion entouré des sciences & des arts, est un ouvrage excellent du Tiepolo, d'une couleur belle & éclatante, & sur-tout bien composé. Il y a beaucoup d'autres tableaux dans cette maison, parmi lesquels deux tableaux de paysages avec des animaux, peints par Salvator Rosa, avec autant de force que de vérité.

Théâtre olympique du Palladio.

123. Par-tout à Vicence on reconnoît quelques productions du génie admirable du Palladio. Son goût dominant étoit de décorer ses constructions de colonnades qui sont toujours d'un grand effet & fort noble; mais son chef-d'œuvre, ce qui prouve la grande connoissance qu'il avoit de la belle architecture grecque, est le théâtre qu'il a fait construire dans le goût antique, qui subsiste en entier, & très-bien conservé : on l'appelle à Vicence *theatro olimpico*. Le plan est un ovale coupé sur sa longueur, dont la moitié est destinée à placer les spectateurs, l'autre est occupée par la scène. La partie où sont les spectateurs est l'idée de construction la plus heureuse que l'on puisse imaginer en ce genre. La forme d'un ovale coupé par le milieu met les spectateurs à portée d'entendre & de voir commodément. Plusieurs rangs de gradins s'élevent du parterre, jusqu'au tiers de la hauteur de la salle : ensuite est un rang de grandes loges, ornées d'une colon-

nade, couronnée d'une baluftrade & de plufieurs ftatues des poëtes fameux, & autres grands hommes de la Grece. Au-deffus eft un fecond ordre de gradins, moins larges que les premiers, mais capables de contenir beaucoup de fpectateurs : ils fe perdent fous une grande corniche qui borde le plafond. Au bas eft le parterre, plus long que large. L'orcheftre eft placé fur les côtés. La fcène eft avancée de façon à être également expofée à la vue de tous les fpectateurs. Les décorations du théâtre y font d'un goût fingulier ; elles repréfentent une partie d'une ville grecque en relief, avec des fuyans de perfpective. L'ufage actuel des décorations peintes, que l'on change à propos, eft plus capable de faire illufion. Le Palladio, immédiatement après qu'il eut conftruit fon théâtre en 1585, eut la fatisfaction d'y voir repréfenter l'Œdipe de Sophocle ; & on n'oublia rien à cette repréfentation de ce qui pouvoit rappeller aux fpectateurs les beaux jours de la Grece. On ne manque pas de vendre aux voyageurs qui vont voir ce théâtre fameux, un volume in-4°. avec les plans gravés de ce théâtre, & leur explication.

Hors de la ville, est une très-grande place fermée de murs, entourée de fossés, & plantée de quelques rangs d'arbres; on l'appelle le *champ de Mars*, & elle étoit autrefois destinée aux exercices militaires : aujourd'hui elle sert de promenade publique en été, & on y tient les foires. A Vicence, comme dans toute l'Italie, l'usage est de se promener tous les jours à vingt-trois heures en carrosse sur un pavé très-incommode.

Madonna di Monte Berrico. Grande usine à filer la soie

124. A deux milles environ de Vicence, sur une montagne assez haute, est la fameuse église des Servites, dite la *Madonna di monte Berrico*. On y va sous un long portique couvert, qui commence a peu de distance de la ville, & qui est bâti à l'imitation de celui qui conduit de Bologne à la *Madonna di san Luca*. Les trois faces extérieures de l'église, qui sont isolées, sont revêtues de marbre, & très-ornées d'architecture & de sculpture. L'intérieur de l'église est d'une assez belle construction, mais entierement couverte de tableaux d'*ex voto*, qui s'y multiplient au point que l'on a été obligé de porter les plus anciens & les moins considérables dans des corridors & le long des

escaliers de la maison: ceux qui font d'orfévrerie, occupent le premier rang & le plus honorable.... Dans le réfectoire des religieux, est un très-grand tableau de Paul Véronese: le sujet est un repas où assiste Jesus-Christ; le pape est placé au milieu de la table, entre le Sauveur & saint Pierre; deux cardinaux sont en retour aux deux bouts de la table. Cette composition singuliere est très-bien peinte. La table est placée sous un portique d'une riche architecture: au deux côtés sont des escaliers qui montent à l'étage du haut, & sur lesquels sont placés différens groupes. Ce tableau commence à souffrir des injures du temps.

De la maison des Servites, & de la plate-forme qui est devant l'église, on a la plus belle vue & la plus variée, terminée d'un côté par les Alpes, & de l'autre par la mer. On distingue très-bien la ville de Padoue, qui en est éloignée de dix-huit milles. Le pays est beau & riche, comme un jardin bien cultivé où tout abonde, bleds, vins, riz, grains & fruits de toute espece, fourages & chanvres: on ne voit point de forêts, mais beaucoup d'arbres répandus dans la campagne, qui suffisent pour la confommation ordinaire. On tire du Frioul & des montagnes les bois à bâtir. Les deux rivieres qui coulent dans ce pays, ornent beaucoup le tableau. La république de Venife tire de gros revenus de ce pays, & n'y fait aucune dépenfe. Le Vicentin entretient trois mille hommes de cette milice appellée *cernides*.

Il faut encore voir à Vicence les machines à eau pour filer & tordre la la foie. Chaque roue met en mouvement quatre mille bobines qui tournent en même-temps, & deux hommes fuffifent pour renouer les fils qui fe caffent, & changer les bobines quand il en eft befoin. Il y a plufieurs manufactures où l'on fabrique des moires, des damas, des tafetas, dont le débit fe fait en Allemagne.

On n'a fait aucunes fortifications à la ville de Vicence, parce qu'elle eft dominée par les montagnes au pied defquelles elle eft bâtie. On dit que les habitans font très-vindicatifs, & qu'il faut prendre garde de les offenfer. Le proverbe du pays met les affaffins de Vicence au nombre de ce qui y eft à craindre.

Le chemin de Vicence à Vérone fe

fait par une plaine aussi fertile & aussi riante que celle où sont situées Vicence & Padoue. On côtoie à gauche une chaîne de montagnes peu élevées & presque par-tout cultivées, qui rejoignent d'un côté les Alpes Trentines, & de l'autre la mer Adriatique, entre le Padouan & le Polesin de Rovigo, où elles s'abaissent insensiblement : on les appelloit autrefois *Euganei colles*, aujourd'hui *Monti di Padoa*. Ces montagnes sont pleines de pétrifications curieuses, sur-tout de testacées de tous les genres ; plusieurs même ont conservé des couleurs que l'on distingue, sur-tout celles que l'on trouve aux environs de Vérone. On compte de Vicence à Vérone environ trente milles.

125. Vérone peut passer pour la plus grande & la plus belle ville d'Italie du second ordre ; elle est située dans une plaine traversée par l'Adige, grand & beau fleuve qui prend sa source dans la montagne de Brenno dans le Tirol. Comme il descend d'un pays très-élevé, son cours conserve une grande rapidité dans une partie de la plaine de Lombardie. Il se jette dans la mer Adriatique, entre Chiozza & l'embouchure du Pô, dite *il Pô grande*.

Vérone, son ancienneté. Situation. Amphithéâtre & autres antiques.

T vj

Cette ville, l'une des plus anciennes d'Italie, doit sa fondation aux Euganéens, premiers habitans de la Gaule transpadane ; son agrandissement aux Rhétiens & aux Gaulois Cenomans, qui occuperent toute cette partie de l'Italie que l'on a nommée depuis Lombardie. Elle tint un rang distingué dans la république Romaine, lorsque cette puissance fut devenue dominante en Italie. Son amphithéâtre qui est encore bien conservé, les restes d'un palais immense que l'on croit avoir été un capitole bâti à l'imitation de celui de Rome, prouvent qu'elle a été très-puissante lorsqu'elle s'administroit par ses propres loix. Plusieurs de ses citoyens ont été célébres dans l'empire Romain. Cornelius Nepos, Macer, Cassius Severus, Pomponius Secundus, Pline l'ancien, étoient de Vérone, ainsi que Catuelle & Vitruve : elle resta sous la domination de l'empire Romain jusqu'au temps d'Attila, qui détruisit toutes les villes de Lombardie, en dispersa les habitans, & y anéantit le nom & la puissance des Romains. La beauté de sa situation, ses édifices magnifiques qui avoient bravé en quelque sorte la fureur des Barbares, furent cause que les Gots & les Lombards qui vinrent après eux, & s'établirent dans cette partie de l'Italie, travaillerent à la faire renaître de ſes ruines. Théodoric & Alboin, tous deux rois de cette nation, y fixerent leur réſidence royale. Elle fut ſoumiſe enſuite à la nouvelle puiſſance que Charlemagne établit en Italie, & qui dura peu. Pendant l'anarchie qui ſuccéda, & qui ſubſiſta pluſieurs ſiécles, elle ſe forma en république, comme quantité d'autres villes, & fut preſque toujours du parti des empereurs d'Allemagne. Enſuite elle eut des ſeigneurs particuliers, dont les plus connus ſont les Leſcale, deſquels le célèbre Jules-Céſar Scaliger prétendoit tirer ſon origine. Cet homme à grands projets prit l'habit de Franciſcain dans ſa jeuneſſe, dans l'idée que ſon mérite éminent le conduiroit à la tiare, & qu'enſuite, les armes à la main, il s'empareroit du domaine de ſes ancêtres; mais la vie monaſtique lui ayant déplu, il renonça à ſes deſſeins, & à l'eſpérance de ſe voir ſouverain de Vérone, & finit par venir exercer la Médecine en France, où il ſe fit naturaliſer. Cette ville & ſon territoire paſſerent ſous le domaine de la république de Veniſe.

en 1403, qui la possède depuis ce temps.

Parmi les monumens antiques que l'on admire en Italie, il y en a peu d'auffi confidérables & mieux conservés que l'amphithéâtre de Vérone ; toute la partie intérieure eft encore dans fon entier, de même que les corridors ou galeries tournantes ; les deux escaliers principaux, les autres petits escaliers de dégagement, toutes les parties inférieures & les voûtes où on logeoit les bêtes deftinées aux combats publics, font bien conservés. L'arène ou l'espace vuide de l'amphithéâtre deftiné aux spectacles, foit par quelqu'inondation de l'Adige, foit par négligence, avoit été rempli de terre & de fable à quelques pieds de hauteur : on étoit occupé à le nettoyer, lorfque je l'ai vu en 1762. Le Marquis Scipion Maffei, qui en a fait graver les plans, a engagé les magiftrats de la ville à faire réparer quelque partie des gradins ; ce qui a été fait avec foin.

Il y a quarante-fix rangs de gradins, tous de marbre veiné, rougeâtre, qui vont en s'élargiffant à mefure qu'ils s'élèvent : fa forme eft ovale. L'arène a deux cents quarante pieds de longueur, cent trente pieds de largeur : la hauteur de l'amphithéâtre est d'environ soixante & dix pieds. On voit par la position des *vomotorii* ou issues par où les spectateurs entroient & sortoient, la distinction des rangs. Cet amphithéâtre en a conservé quatre rangs. L'enceinte extérieure, qui étoit d'ordre toscan, a été détruite presqu'en entier; on sçait qu'elle s'élevoit beaucoup plus haut que les gradins, & qu'elle servoit de couronnement à l'intérieur, qui étoit terminé par une colonnade qui régnoit tout autour. Une large corniche couronnoit tout l'ouvrage; elle étoit percée d'espace en espace de larges trous quarrés, dans lesquels se plaçoient les cabestans, par le moyen desquels on tendoit les cordes qui soutenoient les toiles dont l'amphithéâtre étoit couvert dans le temps des spectacles. On a pris les matériaux de cette partie, pour les employer à d'autres constructions. Dans les siécles d'ignorance & de barbarie, on n'a pas cru qu'il fût nécessaire de la conserver, les gradins suffisant pour placer le peuple aux spectacles. On ne peut plus en donner que lorsqu'il fait beau, car on y est exposé à toutes les injures de l'air, sans qu'il y ait aucun moyen de s'en garantir. Cependant, comme la partie qui reste entiere suffit pour donner une idée de la maniere dont se plaçoit le peuple aux spectacles, l'amphithéâtre de Vérone, qui seul de tous ces monumens antiques reste entier, devient très-intéressant. Dans l'état où il est, vingt-deux mille spectateurs s'y placent sans être trop pressés, & il arrive encore que dans certaines fêtes & spectacles publics, on les y voit rassemblés. C'est là que se font les courses de masques dans le temps du carnaval; quelquefois on y donne des combats d'animaux, on y tire des feux d'artifices, on permet aux vendeurs de mithridate d'y élever leurs théâtres, & d'y jouer la comédie. Ordinairement la ville le tient fermé; mais on n'en refuse pas l'entrée aux étrangers qui demandent à le voir. Le premier coup d'œil a quelque chose d'étonnant; on ne voit rien dans les constructions publiques des modernes, qui soit aussi majestueux ; cependant cet amphithéâtre, dépouillé de son enceinte extérieure & de son couronnement, est absolument nud; il n'a plus ces ornemens qui le faisoient paroître beaucoup plus vaste; on peut juger de son air de magnificence antique, par le plan élevé qu'en a donné le Marquis Maffei, où l'amphithéâtre est représenté dans son entier. On est incertain à quel temps on doit en rapporter la construction ; quelques auteurs l'ont attribuée à Auguste, d'autres à Maximien ; mais il est probable & presque certain qu'il est beaucoup plus ancien, & que c'est le sénat ou conseil établi à Vérone, lorsqu'elle se gouvernoit en république, qui l'a fait construire. Le goût de l'architecture, le peu d'ornemens dont elle est chargée, fixent à-peu-près l'époque de sa construction.

De l'autre côté de l'Adige, au bas de Castel san Pietro, on voit des restes considérables de constructions antiques, qui ont appartenu autrefois ou à un capitole, ou à quelque palais, qui s'élevoit des bords du fleuve, jusqu'au haut de la colline où est bâti Castel san Felice ; mais on ne peut que former des conjectures, parce qu'il ne reste rien d'assez entier pour décider à quel usage ces constructions étoient destinées... Il reste encore à Vérone trois arcs de triomphe antiques ; deux sont placés le long d'une rue où passoit autrefois la voie émilienne. Le premier est d'ordre corinthien, mais qui n'a plus la régularité des proportions.

de la belle architecture antique : une inscription que l'on lit encore en partie, apprend qu'il fut construit sous l'empire de Gallien, l'an 252 de Jesus-Christ. On appelle cet arc, *porta de Bosari*. Le second est d'une meilleure architecture ; il est d'ordre composite dans les proportions du corinthien : c'est ce que l'on appelle *porta del foro judiciale*. Le troisiéme, près de Castel Vecchio, est de Vitruve lui-même, ainsi que l'assure l'inscription gravée sur un des pilastres de côté. Le nom de cet illustre artiste est ce qui fait le plus grand mérite de cet arc. Il fut construit à l'honneur de la famille Gavius. Il est enterré en partie, & n'a rien de la beauté de l'art, qui cependant étoit alors dans sa perfection. Ces monumens antiques méritent qu'on y donne quelqu'attention, ne fût-ce que pour les comparer aux constructions modernes, & juger des différentes manieres & des progrès de l'architecture depuis son rétablissement.

Le Castel Vecchio, situé au bas de la ville sur le bord de l'Adige, n'a rien de plus remarquable que son ancienneté. Il paroît que c'étoit l'habitation des anciens seigneurs de Vérone, assez bien fortifiée pour le temps où elle a été construite, c'est-à-dire dans le onziéme ou le douziéme siécle. Le pont qui communique à ce château, & qui traverse l'Adige, a trois arcades; celle du milieu a cent quarante-deux pieds de largeur, & est d'autant plus étonnante, qu'elle a peu d'élévation. Ce pont est entiérement bâti de grandes briques. Je crois qu'on ne permet pas à présent que les voitures y passent.

126. Les fortifications de la ville sont bien entretenues; elle est entourée de bonnes murailles flanquées de distance en distance de demi-lunes & de bastions revêtus avec un bon fossé. Près de Castel san Pietro sont quelques beaux morceaux de fortifications, construits dans le seiziéme siécle par Michel san Micheli, sous la conduite duquel la ville fut fortifiée; mais ce que l'on voit d'excellent de cet artiste, est la porte *del Pallio*, qui est l'une des plus belles constructions & des plus nobles qui se soient faites depuis le rétablissement des arts. Il y a employé l'ordre dorique: on regrette véritablement qu'un si bel ouvrage soit resté imparfait. Si le couronnement eût été fini & décoré comme il devoit l'être, cette porte ou arc de triomphe à plusieurs arcades, l'eût disputé à tout ce

Fortifications de la Ville. Châteaux.

que l'antique avoit eu de plus majeſtueux & de plus noble dans ce genre.

Tout ce qu'a conſtruit cet artiſte, eſt marqué au coin du vrai génie. C'eſt lui qui a ouvert la carrière qu'ont couru depuis avec tant de ſuccès les habiles maîtres dans l'art des fortifications. Les palais qu'il a fait conſtruire ont toute l'élégance, la nobleſſe & les agrémens des édifices modernes les mieux entendus; & où il a été queſtion de décorations, il a fait voir qu'il n'y étoit pas moins habile.

Caſtel ſan Felice eſt regardé comme une place importante. Il eſt d'ancienne conſtruction, à laquelle ſan Micheli a ajouté quelques bons ouvrages extérieurs; il eſt ſitué au haut de la colline, & commande la ville. La république y tient toujours une bonne artillerie, & une garniſon aſſez conſidérable.

La ville de Vérone, dans ſon état actuel, a plus de ſix milles de tour; le tortueux Adige la diviſe en deux parties inégales, peuplées de cinquante mille ames, nombre peu conſidérable, eu égard à l'étendue de la ville. En général, elle eſt bien bâtie; la plûpart des rues ſont longues, larges & bien alignées; on y voit de très-beaux palais, de belles églises, & des places grandes & décorées, dont la principale est la *piazza de signori*, sur laquelle est le palais du Conseil, dont la façade est enrichie de plusieurs statues de bronze & de marbre: les meilleures sont de Girolamo Campagna. Quatre grands ponts de pierre, bâtis sur l'Adige, servent à la communication des deux parties de la ville.

127. La cathédrale, sous l'invocation de la Vierge, est un très-ancien édifice gothique. Aux côtés de la porte d'entrée sont deux figures de bas-relief, travaillées sur la pierre, que le Marquis Maffei, dans sa *Verona illustrata*, prétend représenter Roland & Olivier, qui, selon les anciens romans, ont été paladins de la cour de Charlemagne. Au-devant du grand-autel est le tombeau du pape Luce III, qui mourut en cette ville en 1160. On conserve dans cette église un grand tableau de l'Assomption, peint par le Titien, qui doit être mis au rang des plus beaux ouvrages de ce maître. On voit sur le visage de la Vierge l'expression la plus frappante & la plus noble de la sainteté & de la satisfaction toute céleste que l'on peut imaginer dans cette sainte ame

Eglises & tableaux.

à ce moment. Toutes les têtes des Apôtres sont belles & variées, & la perspective aërienne est de la plus grande vérité.

S. Procolo, église paroissiale. Il n'y a à voir qu'une magnifique table de verd antique; & dans un souterrain qui a son issue par le cimetiere tenant à l'église, un grand tombeau de pierre fort ancien, que la tradition du pays assure avoir été celui de Pepin, roi d'Italie.

A san Giorgio, deux magnifiques tableaux de Paul Véronese. Le premier au maître-autel, représente saint Georges qui refuse d'adorer les idoles.... L'autre saint Barnabé qui guérit les maladies par le signe de la croix. Ce dernier tableau est bien préférable au premier, par la vérité de l'expression, quoique dans l'un & dans l'autre on y retrouve toutes les beautés du pinceau de cet admirable artiste. Au-dessus de la porte, un grand tableau du Tintoret, plein de feu & d'expression; il a pour sujet saint Jean-Baptiste qui baptise dans le désert.

San Zeno, église & abbaye de Bénédictins. On voit dans une chapelle quatre colonnes de marbre, travaillées comme de grosses cordes nouées par le milieu : imagination singulière dont je n'ai vu aucun autre exemple. Les portes de l'église sont de bronze & d'un travail médiocre ; le frontispice est décoré de bas-reliefs de travail gothique, chargés de plusieurs figures d'hommes & d'animaux dans des attitudes forcées ou ridicules : on y voit entr'autres deux coqs qui portent sur leurs épaules un renard attaché par les pieds à un bâton : imagination extravagante, & que l'on ne peut croire emblématique, attendu qu'on la voit répétée en plusieurs endroits, à-peu-près du même temps & dans le même goût.

A côté de cette église est une grosse tour quarrée d'une très-ancienne construction, qui faisoit une partie de l'ancien palais des évêques, où ont logé plusieurs empereurs dans le onziéme & le douziéme siécles.

128. *Palais Bevilacqua*. On y voit plusieurs morceaux antiques de sculpture qui sont dans le bon goût grec, parmi lesquels quelques bustes d'empereur, & une statue d'un jeune homme qui dort, qui est de la plus grande beauté... Plusieurs beaux tableaux de Paul Véronese, parmi lesquels... Venus se regardant au miroir ; une autre Venus avec

Palais. Cabinets de tableaux & de curiosités.

l'Amour pleurant.... Une femme avec un enfant qui careffe un chien..... Un petit tableau du jugement dernier, de quatre pieds & demi de haut, qui eft l'efquiffe finie de ce tableau immenfe qui eft dans la falle du grand confeil à Venife : elle eft infiniment au-deffus du grand tableau, on en voit mieux l'idée, on la faifit plus aifément, & on y eft plus frappé du beau génie du Tintoret : ce morceau eft admirablement bien confervé.

Le comte Rothario, gentilhomme Véronois, & bon peintre, a décoré fa maifon de plufieurs tableaux de fa façon, qui méritent d'être vus.

Le cabinet du marquis Gherardini a de beaux tableaux, que je n'ai vu que très-rapidement.

Le cabinet du comte Mofcardi, qui defcend par les femmes des l'Efcale, ainfi que l'annonce un ancien portrait qu'on voit chez lui, de Verde de l'Efcale, femme de Mofcardus Bonaccius, avec la date de 1361, a une très-belle fuite de médailles en grand & en moyen bronze ; quelques tables d'infcriptions antiques fur bronze & fur marbre, parmi lefquelles eft celle qui fuit en langue grecque... » Cofmia a vécu fix ans,
» dix-neuf

» dix-neuf jours & deux heures : Cof-
» mus & Théodote ont fait pofer cette
» infcription à la mémoire de leur ai-
» mable fille... « Ce monument de tendreffe paternelle n'eſt pas fort intéreffant ; mais il eſt antique, & par cette raiſon il a mérité une place diſtinguée dans ce cabinet : il eſt écrit en caracteres majuſcules, quarrés, & qui approchent beaucoup de la forme des caracteres d'un des manuſcrits trouvés à Herculanum, dont je parlerai à l'article de Naples... Pluſieurs inſtrumens de ſacrifices ; des urnes lacrimatoires de verre & de terre cuite ; des lampes ſépulcrales, dont quelques-unes en bronze & de très-belle forme ; des anneaux & cachets antiques.... Pluſieurs de ces prétendues pierres de tonnerre, qui ne ſont autre choſe que des cailloux de couleur brune, qui ont ſervi autrefois d'armes aux Barbares, ainſi que leur forme le dénote. Les ſauvages de l'Amérique employent encore au même uſage les pierres les plus dures ; ils en font des haches, & en arment leurs traits.

Il y a pluſieurs autres cabinets de curioſités à Vérone, & pluſieurs palais où l'on voit de belles collections de tableaux; ce qui prouve le goût que l'on a dans cette ville pour les sciences & & beaux arts. Elle a vu naître dans ces derniers temps le savant Jérôme Fracastor, Luigi Novarino, Onofrio Panvini, le cardinal Norris, Bianchini, le marquis Scipion Maffei; & parmi les artistes du premier mérite, Paolo Cagliari, dit Paul Véronese, Girolamo Campagna, Michel san Micheli... J'y ai vu travailler un peintre dont j'ai oublié le nom; il étoit occupé à finir un fort bon tableau de la mort de Socrate, qui doit être à Milan chez le comte Firmian.

Théâtres. 129. Le théâtre public est d'une bonne construction; l'avant-scène est décorée d'un goût fort noble. Il est précédé par plusieurs salles d'exercice où il y a quelques maîtres entretenus aux dépens du public; sur-tout on s'y exerce beaucoup à tirer des armes. Il y a d'autres salles où l'on s'assemble pour jouer au billard, au trictrac, aux échets. Cet édifice public a pour frontispice un grand vestibule ouvert, soutenu par des colonnes de toute la hauteur du bâtiment; il est précédé par une cour quarrée, entourée d'une galerie ouverte, revêtue de toutes sortes d'inscriptions & de bas-reliefs antiques, étrusques, grecs & romains, qui, à ce que je crois, y ont été rassemblés par le marquis Scipion Maffei. Je ne sçai même si cette maison ne lui appartenoit pas, & si l'on ne m'a point dit qu'il l'avoit laissée à la ville pour les usages dont j'ai parlé.

130. Il y a une quantité de noblesse établie à Vérone, & qui occupe des maisons ou palais, la plûpart d'une très-belle construction, qui contribuent beaucoup à la décoration de la ville, les corps de logis étant bâtis sur la rue même, & non dans le fond des cours.... Le quartier saint Thomas est peuplé, dit-on, de vingt mille ouvriers en soie & en laine, qui font un commerce considérable. Les gants de Vérone, & les peaux que l'on y prépare, ont de la réputation, & se transportent dans toute l'Italie. En général, il y a de l'industrie dans cette Ville, & le peuple y est actif...On y observe pour les fêtes & réjouissances publiques les mêmes usages qu'à Venise; on y porte dans ces temps le tabaro & la bahute avec le masque, avec moins de passion cependant qu'à Venise. {Commerce. Industrie. Température. Fertilité du pays.}

L'air est pur & fort vif à Vérone ; les eaux y sont de bonne qualité : l'Adige qui traverse cette ville, & qui remplit ses fossés, étant encore rapide, & coulant sur un terrain sabloneux, n'y forme point de marais; quoiqu'il arrive quelquefois, après les grandes pluies & dans les temps de la fonte des neiges, que ce fleuve cause de grands ravages dans la ville qu'il inonde.

Le territoire des environs produit beaucoup de denrées de consommation & d'un très-bon goût. La campagne y présente le plus agréable spectacle, surtout dans la belle saison. La route qui conduit à Bresse est pendant quelques milles dans un terrain sabloneux & fort sec; il est difficile d'y conduire des eaux pour l'arroser, à cause de son inégalité: cependant il n'est pas inculte ; la partie qui s'approche le plus des montagnes est couverte d'oliviers & d'arbres utiles: par-tout on voit des mûriers & d'autres arbres alignés, sur lesquels les plants de vignes sont appuyés; on les rejoint les uns aux autres, & ils forment une longue suite de guirlandes qui ornent la campagne, & la parent comme pour une fête générale. Les champs où sont plantées les vignes, sont ou semés de graines, ou en prairies artificielles, & les verds différens, émaillés de fleurs, forment autant de tapis variés qui enrichissent le tableau. A six milles au-delà de Vérone, le terrain devient plus uni ; il est arrosé de différens ruisseaux subdivisés en petits canaux : on voit que la végétation est plus abondante, la fertilité plus grande, & la campagne mieux peuplée.

131. La citadelle de Peschiera, bâtie sur le Mincio, à l'endroit où il sort du lac de Guardia, est une place appartenante à la république, & bien entretenue : elle a été conquise dans le quinziéme siécle sur les ducs de Mantoue. Avant qu'elle n'en fût en possession, elle étoit obligée d'avoir une escadre sur le lac qui lui appartenoit, pour faire passer ses troupes dans le Bressan, & ses autres états situés en-delà... Il y a quelques soldats de garnison dans cette citadelle. Le bourg, qui est à quelque distance, est assez bien bâti. Les bords du lac de Guardia sont très-riants ; il a trente-cinq milles dans sa plus grande longueur, à compter de Peschiera jusqu'au fond du lac dans les Alpes, & quatorze dans sa plus grande largeur. Les eaux en sont limpides & bonnes à boire. On y pêche d'excellens poissons, & en abondance. Il est entouré en partie par

Citadelle de Peschiera. Lac de Guardia.

les Alpes, aux pieds desquelles on voit dans la perspective beaucoup de beaux villages, de jolies maisons de campagne, & des jardins bien cultivés. Les orangers réussissent à souhait dans cette position.

Les montagnes couvertes en partie de bois, arides en partie, desquelles s'élevent des rochers à une très-grande hauteur, terminent avantageusement cette belle perspective. Il se fait quelque commerce, par le moyen de ce lac, avec les Grisons & le pays de Trente. J'ai vu au petit port de Gensano d'assez grosses barques marchandes... Près de la pointe de Sarmione, où l'on voit quelques vestiges de constructions antiques, que l'on appelle maison de Catulle, dans les eaux du lac, sont deux sources d'eaux chaudes & sulphureuses; l'endroit où elles bouillonnent, au-dessus du niveau des eaux, est sensible; cependant elles ne donnent aucun goût au reste du lac, & n'alterent point la qualité de ses eaux.

On quitte à regret les bords de ce lac, dont les vues & les situations sont d'une beauté séduisante. On y voit assez d'habitations, pour donner l'idée d'un pays bien peuplé & policé, où l'on peut vivre tranquillement & en sûreté; mais on n'y voit point de ces villes, séjours de l'intrigue & du désœuvrement, où le plus fort & le plus méchant triomphent impunément de la bonté & de la vertu, & vivent aux dépens du cultivateur industrieux, dans une superbe nonchalance. Il semble que dans ces heureuses contrées chacun doive contribuer, de son industrie & de ses soins, à la fertilité qui y régne, à l'aisance où l'on y vit, & à la tranquillité qui paroit y avoir fixé son séjour. Les bords de ces lacs, pour l'agrément, l'emportent de beaucoup sur le rivage de la mer; on n'y a point le triste spectacle des tempêtes, on n'y entend pas le terrible mugissement des flots en fureur, & la ressource de la pêche n'y est pas moins utile.

Les montagnes qui sont à la droite du chemin de Venise à Milan, sont arides pour la plûpart ; mais elles fournissent différentes carrieres de marbres & de belles pierres à bâtir. En approchant de Bresse, on trouve de riches mines de fer & de cuivre. On compte de Vérone à Bresse quarante-cinq milles. *Bresse. Son antiquité. Population.*

132. Bresse, (*Brescia*) capitale du Bressan, est située au pied des montagnes sur la riviere de Garzo, dont une

partie traverse la ville. La Mela, autre petite riviere, en est peu éloignée. Les Gaulois Cenomans en sont les fondateurs, & elle fut la capitale du nouvel état que ces peuples formerent au-delà des Alpes, & qui eut le nom de Gaule Transpadane. Elle appartint ensuite aux puissances qui dominerent en Italie, jusqu'à ce qu'après avoir été fort agitée par les factions des Guelphes & des Gibelins, elle passa au pouvoir des ducs de Milan. Ensuite elle se donna aux Vénitiens, appartint aux François, & enfin fut rendue aux Vénitiens, qui en sont les paisibles possesseurs depuis le commencement du seiziéme siécle.

La ville, dans son état actuel, a quatre milles de tour ; on en fait monter la population à cinquante mille ames, nombre considérable pour son étendue, mais qui ne paroît point exagéré, quand on fait attention au grand mouvement qui se fait dans cette ville. Il y a quelques rues bien alignées, cependant peu de maisons de grande apparence ; plusieurs places, dont la principale est celle de l'hôtel-de-ville, entourée de portiques, sous lesquels sont des boutiques de marchands. Elle est entourée de bonnes murailles terrassées & flanquées de grosses tours, d'un large fossé revêtu, plein d'eau, & défendue par un chemin couvert & plusieurs bastions & terres-pleins. Le château, qui est sur une colline élevée au couchant de la ville, est regardé comme une des meilleures places de la république, qui y entretient une garnison de cinq cents hommes : ce château est appellé dans le pays, *il falcone di Lombardia*.

133. L'église cathédrale, nouvellement bâtie aux frais des habitans & du cardinal Angelo-Maria Quirini, évêque de Bresse, est très-grande, & d'une construction noble & majestueuse. Le portail, auquel on travailloit encore en 1762, est d'une belle architecture, & répond à la magnificence intérieure de l'église. On y conserve une croix, pour laquelle le peuple a beaucoup d'attachement & de vénération : elle est d'une matiere transparente & couleur d'aurore; les Bressans l'appellent l'oriflamme; il y en a même qui croyent que c'est la véritable croix qui apparut à Constantin dans les airs, & qui vint ensuite se fixer où on la voit aujourd'hui. Il est très-commun en Italie de trouver le peuple dans des idées que l'on peut dire extravagantes, sur ce

Eglises & tableaux.

qui fait l'objet de son attachement ou de sa dévotion. Très-souvent ceux qui n'en croyent rien, tâchent au moins d'en imposer aux étrangers sur ces mêmes objets, soit pour se moquer de leur crédulité, soit pour se rendre plus considérables à leurs yeux ; car ils se regardent tous comme solidairement propriétaires de ces sortes d'effets, qui appartiennent à la commune, & non aux particuliers, & ils en tirent une très-grande vanité.

Sainte Eufémie martyre, ancien monastère de l'ordre de saint Benoît, & église bâtie dans le huitiéme siécle par Didier, roi des Lombards; on y voit encore les tombeaux de sa sœur Engelberte, de sa fille Ermengarde, & de deux princesses filles de l'Empereur Lothaire premier, qui y furent religieuses.

A sainte Affre, église de clercs réguliers; le magnifique tableau de Paul Veronese, qui représente le martyre de cette sainte, l'une des compositions où ce grand artiste a le plus déployé son rare génie pour la peinture, en hasardant beaucoup de choses nouvelles que l'on n'avoit pas osé tenter avant lui. Il est d'une magnificence de composition qui étonne; presque toutes les figures y sont d'une beauté & d'une variété de caracteres admirables. L'architecture y est traitée avec autant de vérité que de goût; enfin, en examinant ce sublime ouvrage, on ne peut trop regretter de s'appercevoir déja des ravages du temps... On voit dans cette même église un très-beau tableau du Titien, qui a pour sujet l'histoire de la femme adultere; les couleurs en sont encore très-fraîches, ce qui rend ce tableau infiniment précieux, attendu qu'il est rare d'en trouver d'aussi bien conservés, & qui apprennent à connoître la beauté du coloris du Titien. Il y a plusieurs autres bons tableaux dans cette église; mais les deux dont je viens de parler emportent toute l'attention des curieux.

Le palazzo publico, où se rend la justice, est un fort grand bâtiment décoré d'architecture; les salles principales sont ornées de tableaux & de peintures à fresque, qui paroissent de bonne main.

134. A côté de la cathédrale est un assez grand bâtiment, que le cardinal Quirini a destiné à placer une bibliothéque publique qu'il a commencée, &

Bibliothéque publique. Palais Avogadro.

qui est déja considérable. Dans une salle de cette maison sont diverses machines nouvelles & de bon choix pour les expériences physiques : on a rassemblé dans d'autres piéces différens desseins & études de peinture, d'architecture & de sculpture. Il paroît que le cardinal, connu dans la république des lettres par ses talens, & par la protection qu'il accordoit aux sciences, a eu dessein de former une académie des sciences & beaux arts à Bresse, & qu'il avoit rassemblé tout ce qui pouvoit en favoriser les progrès. Cet établissement est resté sous la protection de la république & des évêques de Bresse ses successeurs.

Le palais du comte Avogadro a une collection de tableaux précieux, parmi lesquels on en voit plusieurs de l'école vénitienne bien conservés... Un portrait de vieillard, par le Titien; une demi-figure de femme, du même... Une Vénus couchée, de grandeur naturelle, très-beau tableau du Titien; il est placé au-dessus d'une porte, & recouvert d'un rideau mal peint... Une adoration des Rois, de Paul Veronese, figures de demi-grandeur, frais de couleur ; d'une composition excellente ; toutes les têtes sont du plus beau caractere... Une Nativité... Un Chrift mort, figures de grandeur naturelle, par Jacques Palma... Plufieurs études de Piazzetta, dont une grande partie eft gravée... Samfon qui combat contre un lion, très-beau tableau de Rubens... Un petit tableau de la Samaritaine, par Solimeni de Naples : il eft gravé... Plufieurs efquiffes du même peintre, avec beaucoup d'efprit, & hardiment deffinées : on les reconnoît au ton de couleur gris, & aux ombres prefque noires, autant qu'au genre de compofition qui eft particuliere à ce peintre.

On voit dans cette ville plufieurs maifons peintes à l'extérieur, dont quelques-unes d'un goût affez piquant, fur-tout celles où l'on a imité quelque ordre d'architecture.

135. La ville eft gouvernée par un podeftat, choifi dans l'ordre des fénateurs. Comme la charge eft importante, on ne la confie qu'à un homme fage, d'un grand nom, & qui ait de l'expérience. La garnifon du château eft commandée par un châtelain, capitaine des armes, qui envoie tous les jours un détachement pour la garde des portes de la ville.

Le commerce eft d'armes de toutes

Gouvernement. Commerce. Productions. Privilége du pays.

especes, qui ont de la réputation, surtout les canons de fusil; de toiles, dont il se fait une grande exportation; d'étoffes de laine & de dentelles communes. Le peuple n'y est point paresseux, & s'occupe aux différentes manufactures établies dans la ville; les femmes y passent pour bonnes ménageres, fort laborieuses, avides de gain, gaies & fort libres en propos: pour peu que l'on s'arrête dans cette ville, on s'en apperçoit aisément.

Une partie du pays Bressan s'étend dans les vallées des Alpes, dont la situation est délicieuse; elles sont extrêmement fertiles & très-peuplées: celle surtout que l'on appelle la riviere de Bresse, dans laquelle est le lac de Benaco, est une des plus belles parties du pays: on la nomme ainsi par comparaison avec les côtes de Naples & de Gênes auxquelles on donne le nom de rivieres, & auxquelles elle ne céde en rien, pour les agrémens de la situation & la fertilité du sol. On trouve dans tout le Bressan des mines de fer & de cuivre, fort riches, & les forges forment un objet considérable dans le commerce du pays. La Valcamonica & les environs du lac Sonégo fourniffent des grenats, des topases & du cristal de roche. La pêche des lacs est abondante. Ce pays nourrit encore beaucoup de gros bétail & de moutons dont la laine est de bonne qualité. Chacune de ses vallées a pour commandant un gentilhomme Bressan, qui a le titre de capitaine, & qui dépend du podestat qui le met en place.

Les habitans du pays de Bresse jouissent d'un privilége, en vertu duquel il n'est permis à aucun étranger, même aux nobles Vénitiens, d'acquérir des fonds dans toute l'étendue du Bressan ; ce qui fait qu'ils jouissent tranquillement de leurs possessions, auxquelles les étrangers ne peuvent point mettre une valeur arbitraire. Ce pays, qui s'étend du midi au nord dans l'espace de cent milles, & de près de cinquante d'orient en occident, n'a qu'une seule ville qui est la capitale ; tout le reste est peuplé de gros villages ou de métairies qui sont répandues dans toute la campagne ; il pénétre fort avant sur les frontieres de la Valteline & des Grisons, par ces grandes vallées si belles & si fertiles dont j'ai parlé. Les habitans en sont robustes & vigoureux ; ils tiennent beaucoup du naturel des Suisses, &

l'administration municipale de ces différentes vallées est à peu près la même que celle qui est suivie en Suisse. Chaque communauté a ses magistrats ou syndics, qui s'assemblent de temps en temps pour les affaires générales dans le village chef-lieu de la vallée, du consentement du podestat, qui est toujours exactement informé de tout ce qui s'y passe.

Les collines qui sont sur la droite en arrivant de Vérone à Bresse, sont chargées de jolies maisons de campagne, de jardins bien cultivés, & de plantations d'arbres par-tout où l'on a pu en pratiquer: cette variété d'ornemens rend le tableau général du pays plus riche & plus intéressant.

De Bresse à Bergame on compte trente milles, qui se font par une grande plaine cultivée & remplie d'arbres

Bergame & pays. 136. Bergame est situé sur un côteau, où elle est bâtie en amphithéâtre. La cathédrale est dans la partie supérieure de la ville; par-derriere, sur la pointe d'une montagne peu éloignée, on voit un château ancien, appellé *la Capella*, dans une situation avantageuse, & qui sert en quelque sorte de couronnement à la ville de Bergame, vue de quelque distance : le bas de la perspective est garni par un beau fauxbourg, qui s'étend de la plaine aux murailles de la ville. Son enceinte n'est pas grande. Les Vénitiens l'on fait fortifier très-avantageusement d'une forte muraille terrassée, revêtue de tours & de boulevards, & d'un fossé défendu par plusieurs ouvrages avancés.

Cette ville, comme la plupart de celles de l'état de terre-ferme de Venise, doit son origine aux Gaulois Cenomans, qui la bâtirent environ 500 ans avant l'ere chrétienne. Tout ce pays étoit anciennement une république, dont le gouvernement ressembloit beaucoup à celui des Suisses de notre temps. Chaque ville & son territoire formoient un canton séparé, & ils se réunissoient, lorsque l'intérêt commun l'exigeoit. La forme ne changea point essentiellement, mais elle fut fort altérée, lorsque ces peuples vécurent dans la dépendance des gouverneurs, qui sous le nom de la république ou des empereurs y exerçoient une autorité presque arbitraire.

On met Bergame au nombre des villes qui furent ruinées par Attila ; ensuite elle passa au pouvoir des Lombards & des rois d'Italie, successeurs de Charlemagne, dont la puissance dura peu, & fut suivie d'une anarchie, pendant laquelle presque toutes les villes de Lombardie se formerent de nouveau en républiques jusquau temps où s'éleverent des seigneurs particuliers ou tyrans, qui s'emparerent de l'autorité souveraine, appuyés des factions qui diviserent si long-temps ce pays. Les Turriani & les Visconti furent les maîtres de Bergame; après eux les Suardi, les Cogliani, Martin de l'Escale & Pincinnino, qui fut assassiné dans une émeute populaire.

Philippe Visconti, duc de Milan, en fut le maître pendant quelque temps; mais après sa mort, la ville de Bergame se soumit volontairement aux Vénitiens, auxquels elle appartient depuis 1447. Louis XII, roi de France, s'en empara après la bataille d'Aignadel, comme d'une place démembrée du duché de Milan; mais en 1516 elle fut cédée irrévocablement aux Vénitiens.

L'église cathédrale est grande, bien bâtie, & ornée de plusieurs bons tableaux de peintres modernes de l'école de Venise. Son évêque est suffragant de Milan. Elle conserve plusieurs corps de saints martyrs de la légion Thébéenne, parmi lesquels, saint Alexandre, protecteur & patron de la ville, dont on célèbre la fête le 26 août. Dans ce temps il y a une foire fameuse à Bergame, où les Allemands, les Suisses & les Grisons font un commerce considérable.

Les autres églises remarquables sont sainte Marie majeure, saint Alexandre, saint Augustin, où l'on doit voir le tombeau d'Ambroise Calepin, né à Calpio, bourg du Bergamasque, dont il avoit pris son surnom : on doit le regarder comme le patriarche des compilateurs de dictionnaires, qui a eu la plus nombreuse lignée. La premiere édition de son dictionnaire que l'on regardoit comme un puits de science, fut faite en 1503, sept ans avant la mort de l'auteur, qui étoit religieux Augustin, fort estimé dans son ordre pour sa doctrine & sa piété... Le Tasse naquit à Bergame en 1544.

Le Bergamasque est très-peuplé, l'air y est pur & sain, les habitans y sont bien faits & robustes. Le pays étant sec & élevé, emploie peu de cultivateurs à raison de sa population ; ce qui est cause que l'on voit beaucoup de Bergamasques dans les autres villes de l'Italie, qui s'y emploient à toutes sortes d'occupations : ils passent même pour industrieux, & pour entendre très-bien toute sorte de commerce, où la plûpart s'enrichissent. Le langage du pays est rude & grossier ; c'est un jargon difficile à entendre : le territoire produit de bons vins, des huiles & beaucoup de fruits ; les montagnes arides nourrissent beaucoup de bêtes à laine, dont on fabrique des draps communs, qui servent à habiller la plus grande partie des habitans de la plaine de Lombardie. Ce pays passe encore pour fournir au théâtre Italien les meilleurs arlequins.

A dix milles environ de Bergame on passe l'Adda, grosse riviere qui sort du lac de Côme, & se réunit au Pô, au-dessous de Pizzighitone. Les environs de l'Adda & du canal qui y aboutit, présentent des points de vue très-agréables, formés par plusieurs belles maisons, des terrasses, des jardins & des bosquets. J'ai parlé du canal de l'Adda à l'article de Milan. Un voyageur moderne a écrit dans sa relation imprimée : »
» En allant de Bergame à Milan, on
» rencontre une grande riviere au pied
» d'un côteau élevé ; sur ce côteau

» coule, en sens contraire, une seconde
» riviere plus élevée de cinquante pieds. «
Cette riviere n'en est pas une, mais un
canal artificiel qui communique à l'Adda,
un mille ou deux au-dessus de la Colonica, où cet auteur avoit passé l'Adda, & immédiatement au-dessus le canal
qu'il a constamment pris pour une riviere jusqu'à Milan, sans s'appercevoir qu'il est revêtu en grande partie, &
que de temps en temps il y a des éclufes à passer.

137. Une partie du terrain du Bressan & du Bergamasque est sablonneux &
rempli de gros cailloux, ce qui n'annonce point une terre fertile & propre
à une végétation abondante ; cependant on voit le plat pays, cultivé avec
le plus grand soin, produire toute sorte
de grains & en abondance ; les plantes
y sont vigoureuses & bien nourries ;
par-tout on voit des vignes, des mûriers & des arbres fruitiers, ce que l'on
ne peut attribuer qu'à la conduite des
eaux, au soin avec lequel on les ménage & on les répand dans la campagne.

Pour y réussir dans les terrains inégaux, on soutient la riviere principale
que l'on subdivise en différens canaux,

Qualité du terroir. Maniere de le fertiliser.

à la hauteur où elle doit être pour porter l'eau dans le territoire voisin. Cette retenue ou digue est faite en maçonnerie ; des deux côtés il y a de petites bondes que l'on ouvre quand on veut faire entrer l'eau dans les canaux. Ces retenues pratiquées d'espace en espace dans le cours de la riviere, servent à porter l'eau par-tout où il en est besoin ; pour cela il ne faut point de machines, la riviere une fois soutenue, les cultivateurs font eux-mêmes le reste, chacun par rapport à ce qui lui appartient. C'est ce que l'on observera sur-tout le long du cours du Garzo & de la Mela dans le Bressan.

Les piéces de terre divisées, comme je l'ai dit ailleurs, sont entourées de fossés ou canaux dans lesquels coulent les eaux, & passent d'une piéce à l'autre, sans qu'il soit permis à aucun propriétaire d'en arrêter le cours, ou de le détourner. Ils ont une maniere fort simple pour porter l'eau dans quelques parties plus élevées que le niveau de l'eau. Ils pratiquent une espece de réservoir ou de large fossé à un des angles de la piéce élevée qu'ils veulent arroser, près du canal qu'ils élargissent un peu dans cet endroit ; & avec des pelles convexes, ils jettent l'eau dans le réservoir supérieur, jusqu'à ce qu'il y en ait une quantité suffisante pour arroser toute la piéce de terre. Ce travail n'est pas si considérable qu'on peut l'imaginer; deux hommes en un jour en font passer autant qu'il en faut pour arroser au moins quatre arpens de terre ou de pré. Quand les terres sont arrosées, on ne permet point de laisser perdre les eaux qui formeroient des marais à la longue; on les ramene par d'autres canaux, qui servent également à arroser des terres plus basses, à la riviere qui les a fournies, qui par ce moyen regagne au moins une partie de ce qu'elle perd, par les différentes saignées qui s'y font d'espace en espace.

Comme les eaux qui coulent des Alpes sont extrêmement limpides, & ne sont point chargées d'un limon gras comme celles de l'Apennin, les cultivateurs leur donnent une qualité très-propre à engraisser leurs terres, en même temps qu'elles les rafraîchissent & les humectent. Tout le gros bétail reste toujours parqué pendant la plus grande partie de l'année; on en amasse les fumiers aux angles de chaque piéce où ils ont séjourné ; on en fait des tas que les ruisseaux lavent en partie ; par ce moyen ils se chargent des graisses & des sels, & les distribuent dans les terres. Voilà ce que j'ai observé, sur-tout dans le Bressan & le Bergamasque, & ce qui sans doute se pratique ailleurs : ils ne faut pour cela qu'une industrie d'habitude dont tout paysan est capable ; mais il faut cette habitude. Je ne crois pas les habitans des campagnes de Lombardie plus laborieux & plus spirituels que ceux de la plûpart de nos provinces de France : cependant ils construisent eux-mêmes leurs petites écluses ; ils conduisent les eaux & les subdivisent avec une industrie simple, mais où l'on voit toute l'intelligence que l'on peut souhaiter dans ce travail. Les eaux des plus petits ruisseaux & des fontaines sont ménagées avec la plus grande économie.

Il faut voir les campagnes avant la premiere récolte, à la fin de mai & au commencement de juin, pour concevoir l'idée de l'abondance & de la fertilité même ; ce que l'on doit attribuer autant à ces arrosemens qu'à la bonté du sol. Quand la saison est favorable,

on

on coupe l'herbe des prés quatre fois par an. Dès que le foin est enlevé de la prairie, on la couvre d'eau; les graines qui étoient mûres s'y sont répandues, s'humectent, germent & renouvellent le fond du pré. Je ne parle point des prairies artificielles qui préfentent un fpectacle charmant, de même que les campagnes où l'on féme le lin, qui lorfqu'elles font en fleurs reffemblent à de vaftes jardins.

Cette méthode d'arrofer les terres fournit après les orages une reffource prompte: s'il n'y a plus d'efpérance de récolte, fur le champ on laboure & on féme de nouveaux grains, que l'on eft encore sûr de recueillir avant l'hiver; c'eft ce que j'ai vu pratiquer au mois de juin à la fuite d'une grêle confidérable qui avoit ravagé une partie du Bergamafque. Si dans ces contrées le payfan vivoit avec autant d'économie que dans les provinces de France, il feroit beaucoup plus riche; mais il fait une confommation prodigieufe de bled, par la manière dont fe fait le pain. Il eft prefque fans levain, & pétri fort dur; on ne lui donne point le temps de fermenter, & on n'y met que la fine farine; ce qui fait que toutes chofes égales, la même quantité de farine qui suffiroit en France à deux livres de pain, en produit à peine une en Lombardie, encore est-elle d'un très-petit volume, le pain étant nécessairement fort lourd & très-compact. C'est un des abus de ce pays ; mais qui paroît excusable par la grande fertilité qui y regne, & par l'usage que l'on sçait dominer par-tout, plus encore parmi les gens de la campagne, qui s'en tiennent opiniâtrement à ce qu'ils ont vu faire à leurs peres.

Fin du Tome second.

TABLE
DES MATIERES
DU TOME SECOND.

A.

ACADÉMIE Clémentine à Bologne, Pages 107, 121
--Bénédictine des Sciences, Belles-Lettres & Arts à Bologne. 121
Accouchemens (modeles pour les). 120
--Maniere d'instruire les sages-femmes. *Ibid.*
Adda, riviere. Son canal. 572
Adige, fleuve. 539
Adria, ville ancienne, & ses vins. 170
Aldroüandi (Ulysse) n'est pas mort pauvre comme on l'a dit. 109. Ses manuscrits. *Ibid.*
Algardi (Alexandre) sculpteur. 75
Algarotti (le comte François) 141
Altino, ville ruinée. Son éloge. 399
Ambassadeurs de Venise, leur choix. 422
Amiraglio, ce que c'est. 337
Amphithéâtre de Vérone. 542
Anatomie (salle d') à l'institut. 117
Anafeste (Paul-Luc) premier Doge de Venise. 176
Antenor, son épitaphe. 528
Archintho (Monseigneur) Vice-légat à Bologne. 61

TABLE

Architecture des édifices principaux à Venife 257.
   Maniere folide dont on y bâtit. 259.
Arcs antiques à Vérone. 545
Ariftocratie, quand établie à Venife. 178
Arétin (Pierre) fon tombeau. 319
Ariofte, fon tombeau. 164
Arfenal de Venife. Sa defcription. 323
--Petit au Palais. 289
Arts à Venife, & projet d'Académie. 487
Avogadors à Venife. Ce que c'eft. 230

B.

Ballotin du Doge. Ce que c'eft. 236
Bals & feux d'artifice pour l'élection du doge. 199.
   En quel habit les Ambafladeurs & Miniftres étrangers s'y trouvent. 200
Barbaro. Origine de ce nom à Venife. 295
Barnabotes à Venife. 388
Baffi (Matthieu de) capucin. Son tombeau. 348
Bergame, ville. 568. Ancien gouvernement du pays. 560. Ses Eglifes. 570. Population & induftrie. 571
Bibliothéque de faint Sauveur à Bologne & manufcrits curieux. 74
--De l'inftitut. 108
--Des Dominicains à Bologne & manufcrits. 81
Bibliothéque de la République de Venife. 301. Son état. 304. Enrichie par le Cardinal Beffarion. Ses manufcrits. *Ibid.* Chaires ducales qui y font établies. 307
Bibliothéque publique à Breffe. 563
Bologne, ville de l'Etat Eccléfiaftique. Ses révolutions. 51. Situation, étendue, gouvernement. 46. Habit des Magiftrats. 60. Archi-

tecture extérieure de la ville. 139. Mœurs & usages. *Ibid.* Maniere d'adopter. 142. Commerce & industrie. 147. Fertilité du pays. 148. Qualités de l'air & des eaux. 150
Bolonois. Leur zéle pour la patrie. 123
Borgo san Domnino, ville. 12
Bragaedin (M. Antoine) sa constance & son martire. 460. Monument élevé à sa mémoire. 356
Brenta (la) beauté de son canal. 512
Bresse, ville & château. 559. Gouvernement. Caractère du peuple & commerce. 565. Privilége de ses habitans. 567. Riviere de Bresse. 566
Bucentaure. 335

C.

Cabinet d'histoire naturelle à l'institut de Bologne. 115
-- A Padoue. 519
-- Du C. Moscardi à Vérone. 552
Canal (grand) à Venise, & autres canaux. 256
Castellans & Nicolottes à Venise. 464. Leur rivalité. 479
Censeurs à Venise, leurs fonctions. 231
Champ de la bataille de Parme. 37
Chancelier à Venise. 234
Charges, se sollicitent à Venise. 202
Chefs d'escadre. 250
Chevaux antiques de bronze 269
Ciconia (Paschal) doge, sa piété. 362
Cimetieres des Juifs à Venise. 398
Citadins à Venise 181. Comment unis avec les nobles. 182. Avantage de leur état. 461. Leurs usages. 462

Bb iij

Collége des nobles à Parme. 19
--Du Cardinal Albornos à Bologne. 105
Colleone (Bartholomeo) sa statue équestre. 356
Colonnes de la place Saint Marc, & proverbe à leur sujet. 300
Commerce à Venise. 495. Son état actuel. 499
Concile de Ferrare. 165
Conseils de Venise. 210. Collége. 215. Prégadi. 214. Sages-grands. 216. De terre ferme. 217. Des ordres, ou de mer. 218
Conseil des dix. 223
Conservatoires pour l'éducation des jeunes filles. 144
--*Le Convertite*. 389. *Le Zitelle*. 391
Correge. (le) peintre, en quel état ses grands ouvrages à Parme. 19
Cornaro (Catherine) Reine de Chipre. 322
Cospi (Ferdinand) noble Bolonois. 110
Cour de l'Infant Duc de Parme. 38
--Son ministre. 40
Cours souveraines de justice à Venise, criminelles & civiles. 229
Courses & combats de taureaux. 480
Courtisanes à Venise. 443

D.

Didier, roi des Lombards. 562
Doges de Venise, souverains absolus. 177
Doge de Venise. 184. Son élection. 185. Ses prérogatives & revenus. 184. Sa gestion examinée après sa mort. 195
Doge des Nicolottes. 465
Douane de mer à Venise & son bâtiment. 388

E.

Eaux. Comment distribuées dans les terres du
  Bergamasque & du Bressan. 573
--Causes de la fertilité du pays. 574
Écoles à Venise. Ce que c'est. 320
École de St Roch. Ses tableaux. 375
Églises des Augustins à Plaisance. 8
Églises de Bologne. 69 à 101
Églises de Venise. 315 à 390
Église ducale de saint Marc. Son architecture.
  Ses ornemens principaux. 265. Son trésor. 273
Église de Venise. ses usages. 413
Électorales (familles) à Venise. 179
Enzio, Roi de Sardaigne. 66. Son tombeau.
  80
Épousailles de la mer à Venise. 473
--Marche qui les précéde. 471
Erizzo (Paul) sa fermeté dans les tourmens.
  459
Espions du gouvernement. 226
Etendards de la place S. Marc. 513

F.

Farnese (Maison) 3. Ducs de Parme de ce
  nom. 3 & 4
Femmes à Venise. Leurs libertés. 441. Dames
  Vénitiennes. 446. Citadines. 448
Ferrare, duché. 157. Ses inondations, moyens
  de les prévénir. 158. Ses bornes. 157
--Ville de Ferrare. 160. Citadelle. 162. Eglises.
  163. Palais du Légat. 166. Mal peuplée, &
  pourquoi. 162
Fiorenzuola, bourg. 12

Bb iv

Foire de l'Ascension à Venise. 501
Fontaine publique à Bologne. 65
Forces d'Hercule. Spectacle. 479
Fornoue. Bataille de ce nom. 15
Foscarini (Marco) Doge de Venise. 195. Son incoronation & sa présentation au peuple. 196
Frari. Eglise de Franciscains. Ses monumens. 373

G.

Gattamelata (capitaine) sa statue équestre. 527
Giudecca, grande isle au midi de Venise. 389
Giulia Lama, femme peintre. 317
Giustiniani noble Vénitien, ambassadeur à Rome. 417
Glaces de Venise, leur fabrique. 403
Golfe de Venise. 244. Sa souveraineté. 245. Son étendue & ses bornes. 248. Gouverneur du golfe. 550
Gonfalonnier de Bologne. 60
Gondoles, leur forme. 261. Gondoliers. 263.
Gouvernement ecclésiastique de Venise. Ses particularités. 237
Granite d'Elbe. 300
Gravure à Venise. 492
Gueules de lion, ou denuncie secrette. 227 & 281
Guide (le) sa promptitude à peindre. 92

H.

Harrington. Ce qu'il pense de Venise. 183
Helene. Son épitaphe & anecdote singuliere. 84
Hôpital pour les matelots. 341

--Des incurables. 380
--Des Cathécumènes. 385

I.

JAlousie. Ce qui en est à Venise. 441 & 448
Jardin des simples à Bologne. 64
Jésuites à Venise. N'y sont que précairement.
361 & 364
Imprimerie & librairie à Venise. 493
Inquisition à Venise. 407
Ingratitude, vice des Républiques. 436
Inquisiteurs d'état à Venise. 219
--de terre-ferme. 252
Inscription antique 379
Institut de Bologne. 107
Jouailliers de Venise 499
Isis (temple d') à Bologne. 86
Isles des environs de Venise. 396

L.

LAc de Guardia. 557
--De Sonego. Pierres précieuses dans ses environs. 566
Lazaret ancien & nouveau à Venise. 396
Lelli (Ercolle) sculpteur & anatomiste. 105
117
Loix & gouvernement public respectés à Venise.
226
Lorédan (François) doge de Venise. Sa mort.
189. comment notifiée au sénat. 190. Ses funérailles. 192

M.

MAdona di san Luca. Belle galerie qui y conduit. 100. Architecture de l'Eglise. 101

Madona di Monte Berico à Vicence. Beauté de
 ses vûes. 536
Mansolini (Anna) habile artiste. 118
Manuscrit de l'Evangile de S. Marc. 273
Marasquin de Zara & Cerises dont on le fait.
 502
Marée, quand elle monte & descend dans le
 golfe Adriatique. 260
Mariages clandestins communs à Venise. 468
Marsigli (le C. Louis Ferdinand). 107
Masque, son usage à Venise. 454. Ses privi-
 léges. 455
Mendicanti, hôpital & conservatoire à Venise.
 349. Ses concerts spirituels. 350
Mer (la) n'a point diminué à Venise. 403
Mincio, riviere. 400
Mocenigo (Alvise) doge de Venise. 508
Modene ville capitale. 46
Mœurs & usages à Venise. 406
Monnoie à Venise. Son empreinte. 185
Mont Celese & ses montagnes. 171
Mont de piété à Bologne. 70
--A Venise. 233
Murano, ville près de Venise. 402
Musique. Sa perfection à Venise. 486

O.

Oratorio, ou concert spirituel à Bologne.
 89
Ordre de S. Georges à Parme. 24
Oriflamme, ou croix merveilleuse à Bresse.
 561
Orseolo (Pietro) doge de Venise. 265

P.

Padoue, son ancienneté. 514. Sa situation. 515. Son université. 517. Palais de la justice. 520

Palais des ducs à Plaisance. 10
-- A Parme. 30
Palazzo Giardino à Parme. 36
Palais public ou du légat à Bologne. 61
Palais Sampierri & ses tableaux fameux. 127. Caprara & sa galerie singuliere. 130. Zambeccari & sa riche collection de tableaux. 134. autres palais à Bologne. 126 à 137
Palais ducal à Venise. 178. Salles, statues & peintures. 282. Architecture. 296
--Barbarigo & tableaux du Titien. 404
--Bevilacqua à Vérone. 451
--Avogadro à Bresse. 564
Panoro, riviere. 48
Paniers de nefles, ce qu'ils signifient. 280
Parme (Etat de) Sa division. 1. Etendue du pays. 14. Paysannes de cet état. Leur habillement 15
Parme, ville. Son origine. 16. Situation & grandeur. 18. Eglises. 19. Culte religieux. 28. Population. 41. Industrie & commerce. 43
Paroisses de Venise. Leur origine. 176
Paul Veronese. Son épitaphe. 387
Pealtoni, ou petits bâtimens du doge & du sénat. 337
Peschiera, citadelle. 557
Petigliano. (Comte de) Sa statue équestre. 354
Petrifications curieuses. 539
Peuple de Venise. Sa liberté apparente dans l'élection du doge. 198

TABLE

Piazzetta, peintre de Venise, sa maniere. 387.
Pierre singuliere dans l'église de saint Marc à Venise. 272.
Pieta (la) hôpital des enfans trouvés à Venise, & son excellente musique. 342
Pitteri (Marco) fameux graveur. 492
Phosphore de Bologne, pierre avec laquelle on le fait & maniere de le préparer. 151
Plaisance, duché & ville. 5. Situation, & antiquité. 6. Concile tenu dans cette ville. 11
Place S. Marc à Venise. 320
Podestats & capitaines des armes. 251. Rendent la justice. 481
Polesin de Rovigo. Sa fertilité. 168
Police à Venise. 308
Politique, son siége à Venise. 422
Porte del pallio à Vérone. 547
Portraits des doges. 291
Presqu'isle où se fit le partage de l'Empire Romain. 48
Présent singulier fait au doge de Venise. 480
Prisons de Venise. 228. Combien terribles. 297 Anecdotes à ce sujet. 298
Promenade sur l'eau à Murano. 475
Procurateurs de saint Marc. 202. Leur entrée solemnelle & prérogatives. Habillement. 208
Provéditeur général de la mer. 250. Autres provéditeurs. 252

Q.

Quarantie civile & criminelle. 229
Quirini (le Cardinal). 561

R.

Raillerie dangereuse à Venise. 434
Rédempteur (le) belle église. 390

DES MATIERES. 589

Régates, ce que c'est. 475
Reggio, ville. 46
René de France, duchesse de Ferrare. 167
République de Venise. Etats de son domaine. 172.
    Ses richesses & revenus. 239. Dépenses. 240.
    Troupes en tems de paix. 242. Marine. 243
Resegari (Lauretta) cantatrice. 350
Rheno, riviere. 51
Rialto, pont à Venise. 370
Ridotti, ou jeux publics. 456
Rosalba Carriera. 405
Rovigo, ville. 169

S.

Saint Affre à Bresse. 562
S. Antoine de Padoue. 525. Sa fête. 528
Sainte Catherine Vigri. Ses reliques. 76
S. Christophe. Statue que l'on dit être de sa grandeur. 364
S. Georges le majeur, abbaye. 392. Ses monumens & tableaux. 394
S. Job, église. Remarque à ce sujet. 365
Sainte Justine de Padoue, abbaye. 523
Santa Maria della Salute, belle église de Venise. 382
San Michele in Bosco, abbaye d'Olivetains & sa galerie. 97
San Zacharia, abbaye. 345
Salles de l'institut. 111
Sansovin (Jacques) sculpteur. 310
Sannazar, ses vers à la louange de Venise. 254
Sarpi (Frapaolo) idée vraie de cet habile homme. 368
Scaliger (Jules-César). 541
Scalzi ou Carmes déchaux à Venise. 366

Secchia (la) riviere. 46
Sécretaires de la République de Venise. 235
Service de mer à Venise. 244
Servites, clercs réguliers. 91
Somasques, clercs réguliers. 341
Somptuaires (loix) à Venise. 507
Statues équestres d'Alexandre & Ranuce Farnese
 à Plaisance. 9
Statues à Bologne de Boniface VIII. & Grégoire
 XIII. 61. De Benoît XIV. D'Hercule. 62.
 De Paul III. 64. De Neptune. 65. De saint
 Antoine. 72. De saint Paul. 75. Des ducs de
 Ferrare. 166
--A Venise. Antiques. Ciceron. Marc-Aurelle.
 Pallas. La fortune. L'abondance 279. D'Anti-
 noüs. Bacchus. Antonin. Lucius-Verus. 289.
 Léda. Silene. Agrippine. Ganimede. 302. Ju-
 les-César. Agrippa. 359. De François Carrare.
 290

T.

Tableaux.
--A Parme du Correge. 19, 22, 23, 26; 31.
 Du Parmesan. 24, 27. Du Guerchin. 25.
 Augustin Carrache. 25, 36. Battoni. 34. Cignani. 36. Garofoli de l'Infante Archiduchesse.
 33
--A Bologne. Du Guide. 63, 74, 80, 93, 94,
 99, 97. Raphaël. 63, 82. Franceschini 72,
 77, 83. Tiarini. 94, 73, 79, 92. Louis Carrache. 79, 70, 76, 88, 95. Annibal Carrache. 76. Dominiquin. 78, 83. Francia 78.
 Leonel Spada. 79, 98. Le Guerchin. 90, 80,
 83, 87. L'Albane. 92. Calvart. *Ibid.* Inno-
 centio da Imola. *Ibid.*
--A Venise. Paul Veronese. 283, 292, 284,

288, 319, 346, 357, 362, 387, 395, 550, 562. Le Tintoret. 291, 294, 316, 318, 362, 364, 375, 552. Bassan. 386. Palma. 294, 386. Le Titien. 262, 549, 563. Jean Belin. 346. Tiépolo. 373. Luc Giordan. 384, 491

Taro, riviere. 2, 13
Théâtres de Parme. 34, 36
--De Bologne. 124
--De Venise. 486
--De Véronne. 554
--Anatomique à Bologne. 105
--Olympique à Vicence. 534
Titien Vecelli, peintre. 404
Tombeau de Pepin roi d'Italie. 550. Autres tombeaux. 352
Tours de Garisenda & Asinelli à Bologne. 57, 85
--De l'horloge & du clocher de S. Marc à Venise. 310
Tribuns de Venise se forment en république. 176
Tribunaux particuliers à Venise. 232

V.

Val di Taro. 14
Vallisnieri. Son cabinet d'histoire naturelle. 519
Velleïa, ville ancienne. 16
Venise. Idée historique. 172. Fondée à Rialto par les Padouans. 175. Différentes formes de son gouvernement. 183. Idée de la ville 253. Sa description par quartiers. 264. Centre de la politique. 422. Gouvernement solide. 431. Po-

lice. 451, 466. Peuple content de son état. 452. Ses inclinations. 463. Son caractere 466. Fêtes & divertissemens. 470. Denrées & productions du pays. 503. Qualités de l'air. 510

Vénitiens (nobles). 178. Distingués par classes. 179. ont imités les Romains. 299. Le sénat entretient la paix entr'eux. 424. Fierté des plus pauvres. 427. Ne servent jamais les princes étrangers. *Ibid.* Leur éducation. 429. Ne sont pas populaires. 430. Nouveaux nobles, ce que l'on en pense. 432. Jeunes nobles polis. 434. Leur attachement à la religion. 407, 459. Leurs cérémonies religieuses. 410. Usage à ce sujet. 413. Reproches qu'on leur fait. 414, 432. Leur puissance actuelle. 415. Leur discrétion. 417, 458. Les étrangers doivent l'imiter. 421. Fierté. 439. Circonspection avec les étrangers. 445. Vivacité de leurs passions. 469. Leur habillement. 507

Vergini (le) monastere de filles nobles à Venise. 339

Véronese (Paul) idée de ce peintre. 293

Vérone. Son ancienneté. 539. Fortifications & châteaux. 547. Population 548. Eglises & tableaux. 549. Commerce & industrie. 555

Vicence. Ville. 530. Eglises & palais. 531. Ce que l'on dit de ses habitans. 538

Ulric, patriarche d'Aquilée, comment représenté. 472

Université de Bologne. 102

--Jurisconsultes & Médecins qui en sont sortis. 104

Voïe Emilienne. 11

Urbain (fort) du Bolonnois. 50

Urne

DES MATIERES.

Urne antique. 93
Usine à filer la soie. 538

Z

Zanotti (Francesco-Maria). 141
Zecca, ou bâtiment de la monnoie à Venise. 308

Fin de la Table des Matieres du Tome II.

Errata du Tome Second.

PAge 163. Note lig. 5, Paulo lisez Pado.
Pag. 273, derniere lig. Pierre, lisez Paul.

www.ingramcontent.com/pod-product-compliance
Lightning Source LLC
Chambersburg PA
CBHW060300230426
43663CB00009B/1538